韶关学院（人才引进/博士启动）基金项目"体教融合视域下中国足球后备人才培养模式研究"（项目编号：9900064703）

中国足球后备人才培养模式研究

基于全人教育视角

周建伟｜著

九州出版社

JIUZHOUPRESS

图书在版编目（CIP）数据

中国足球后备人才培养模式研究：基于全人教育视
角／周建伟著 . -- 北京：九州出版社，2025. 5.
ISBN 978-7-5225-3886-0

Ⅰ. G843. 2

中国国家版本馆 CIP 数据核字第 2025CM2797 号

中国足球后备人才培养模式研究：基于全人教育视角

作　　者	周建伟　著
责任编辑	李　荣
出版发行	九州出版社
地　　址	北京市西城区阜外大街甲 35 号（100037）
发行电话	（010）68992190/3/5/6
网　　址	www. jiuzhoupress. com
印　　刷	三河市华东印刷有限公司
开　　本	710 毫米×1000 毫米　16 开
印　　张	15. 5
字　　数	206 千字
版　　次	2025 年 5 月第 1 版
印　　次	2025 年 5 月第 1 次印刷
书　　号	ISBN 978-7-5225-3886-0
定　　价	95. 00 元

目　录
CONTENTS

绪　论

人才培养模式作为人才培养过程的理论模型与操作样式，决定了人才培养的质量。本书首先考察中国足球后备人才培养模式改革背景、"全人教育"思想理论与实践、国内竞技体育后备人才培养、国内外足球后备人才培养模式等研究情况。

第一节　中国足球后备人才培养模式改革背景

一、实现体育大国向体育强国迈进、振兴足球事业的内在需要

改革开放四十多年来，我国各项事业突飞猛进，综合实力大幅提升，但发展的质量、效率和核心竞争力还存在某些不足。跨入新时代，中国社会的时代责任是继续推动国家快速发展和实现各项事业由大到强的转变。就体育领域而言，习近平同志在党的十九大报告中提出推进体育强国建设目标，这是中国特色社会主义进入新时代对体育改革发展提出的新要求和新定位的集中表现，深刻反映了我国体育事业由单一功能向多元功能转化、工具理性到价值理性提升、内部治理至外部治理转变的发展特征。①

---

① 柳鸣毅，丁煌，闫亚茹等．"体育强、中国强"的学理阐述——习近平总书记体育思想初探［J］．武汉体育学院学报，2018（1）：5-11.

作为世界第一大运动，足球事业的振兴与发展在很大程度上可促进体育运动全面发展，促进中国体育强国梦，绘就中华民族伟大复兴的宏伟蓝图。党的十八大以来，以习近平同志为核心的党中央把振兴足球运动作为发展体育运动、建设体育强国的一项重要任务，对青少年足球重要性的认识也更加深刻全面，提出要"下决心把我国足球事业搞上去"，对青少年足球工作作出一系列重要指示。青少年足球作为扩大足球人口规模、夯实足球人才根基的基础性工程，其人才培养质量关系到中国足球事业的全面、协调、可持续发展，理应成为未来足球事业的核心，也能为实现中国足球振兴、体育强国建设等注入新的生机与活力。

二、足球后备人才培养质量达成国家愿景的现实需要

2015 年 2 月 27 日，习近平总书记在中央全面深化改革委员会第十次会议上指出："发展振兴足球是建设体育强国的必然要求，也是全国人民的热切期盼，足球要坚持从娃娃抓起，夯实人才根基，特别是要抓好青少年，既重视技术能力培养，又注重意志品质培养，持续用力、久久为功。"① 同年 3 月 16 日，国务院办公厅印发了《中国足球改革发展总体方案》（以下简称《总体方案》），指出要"通过发展和振兴青少年足球，让更多青少年热爱足球、享受足球，使参与足球运动成为体验、适应社会规则和道德规范的有效途径，以及通过足球活动来提高青少年身体素质、丰富文化生活、弘扬爱国主义集体主义精神、锻炼意志，以促进足球运动员身心全面发展。"② 为了深入贯彻习近平总书记系列重要讲话精神和推动落实《总体方案》，推动中国足球健康发展，2016 年 4 月，由国家发展改

---

① 习近平主持召开中央全面深化改革领导小组第十次会议［EB/OL］. http://cpc. people. com. cn/n/2015/0228/c64094-26609375. html.

② 中国足球改革发展总体方案［EB/OL］. http://www. xinhuanet. com/politics/2015-03/16/c_ 1114653929. htm.

革委等部门共同编制的《中国足球中长期发展规划（2016—2050 年）》指出："应遵循足球运动发展规律，科学谋划，以人为本，从娃娃抓起，从基层抓起，从基础抓起，以服务于人的全面发展为宗旨，有序推进，持之以恒。"① 2019 年 8 月 26 日，教育部办公厅印发的《全国青少年校园足球教学指南（试行）》指出："坚持立德树人，以普及校园足球，培养学生综合素质和促进青少年健康成长为目标。"② 2020 年 8 月 31 日，体育总局、教育部印发的《关于深化体教融合 促进青少年健康发展意见》指出："深化具有中国特色体教融合发展，推动青少年文化学习和体育锻炼协调发展，促进青少年健康成长、锤炼意志、健全人格，培养德智体美劳全面发展的社会主义建设者和接班人。"③ 可见，党和国家领导人、国家职能部门等均从宏观视野和顶层设计高度，对足球运动应该培养什么样的人提出了要求指明了方向。

然而，当前足球后备人才培养过程中，"重训练、轻教育"思想严重，导致青少年球员发展片面化，这与《总体方案》提出的"通过足球活动来提高青少年身体素质、丰富文化生活、弘扬爱国主义集体主义精神、锻炼意志，以促进青少年全面发展"的目标不相符合，难以有效培养青少年学生的足球文化，难以促进其全面发展。

三、足球后备人才培养模式改革实现突破的现实需要

足球后备人才培养可谓老生常谈的话题，一直得到党和国家领导人的重视和全社会的关注。早在 20 世纪 70 年代，邓小平同志就提出"足球从

---

① 中国足球中长期发展规划（2016—2050 年）［EB/OL］. http：//www. edu-gov. cn/news/34348. html.
② 全国青少年校园足球教学指南（试行）［EB/OL］. http：//www. creditsailing. com/JiaoYuXinWen/624512. html.
③ 关于深化体教融合，促进青少年健康发展意见［EB/OL］. http：//www. sport. gov. cn/n321/n372/c963639/content. html.

娃娃抓起"的战略思想。党的十八大以来，习近平同志曾多次强调大力发展青少年足球是建设体育强国的必然要求。发展至今，足球后备人才培养各项工作稳步推进，取得了可喜成绩。例如，形成了以政府为主导，以教、体系统和社会团体等为"多元化"主体的培养格局；青少年足球竞赛场次不断增多；青少年人口不断扩大等。尽管我国足球后备人才培养工作取得了一些进展，但也应当认识到，当前培养的青少年球员普遍存在足球热情、规则意识、自信心、创造力及社会适应能力不强等问题[①]，表明我国足球后备人才培养质量有待进一步加强。

而人才培养模式作为人才培养过程的理论模型与操作样式，决定了人才培养的质量。符合教育规律和人才成长规律的培养模式可有效激发人的潜能，促进人的全面发展；反之，则阻碍人的健康成长。[②] 然而，当前我国足球后备人才培养模式中存在的某些问题，如培养目标单一、人文关怀缺失、文化教育不受重视、社会化教育缺位等现象，[③] 突出反映了培养过程过于重视青少年球员的工具理性而忽视其作为"人"价值理性的不足，也体现了过于强调比赛成绩而忽略青少年身心发展、缺乏对青少年球员完整人格培育的短板。这些情况有悖于教育规律和人才成长规律，严重影响了我国足球后备人才培养质量。因此，只有深入研究足球后备人才培养模式，探讨足球后备人才培养过程中的教育规律与人才成长规律，有的放矢地开展足球后备人才培养模式改革，才能有效提升足球后备人才培养质量。

综上所述，我国在由体育大国向体育强国迈进、振兴足球及深化足球后备人才培养改革的背景下，足球后备人才培养模式虽在某种程度上改变

---

① FEND 受访资料，2018 年 5 月 29 日上午，某地足球学校.

② 张旺，杜亚丽. 两种人才培养模式的反思与启示 [J]. 东北师大学报（哲学社会科学版），2016（5）：202-206.

③ 孙健，陈效科. 从教育视角审视中国青少年足球人才培养的问题及出路 [J]. 北京体育大学学报，2018（11）：110-115.

了以往单一的人才培养模式，形成了以政府为主导，以教、体系统和社会团体等为主体的多元化人才培养模式，在扩大青少年足球人口数量方面取得了不错的成绩，但在具体实践过程中也暴露出诸多问题，如培养目标单一、教练员队伍建设落后、人才输送渠道不畅通等，人才培养远未达到预期效果。因此，为有效达成青少年球员全面发展的人才培养目标，必须深入思考与探索符合教育规律和人才培养规律的足球后备人才培养模式。

全人教育思潮于 20 世纪 60、70 年代兴起于美国。面对现代人才培养的工具化、片面化教育观，全人教育有助于缓解和消除现代人才培养的工具化、片面化倾向，认为教育的过程不仅仅是知识的传递与技能的训练，更应关注人的内在情感体验与人格的全面培养。可见，全人教育既重视人之为人的教育，也重视广博知识的教授；既关注专业发展，也关注健全人格的发展。因全人教育符合人的全面发展需求，自提出后就迅速在欧洲及亚洲的日本、中国的港台地区传播开来，近年来，全人教育思潮在中国大陆也日益受到重视，成为一种世界性的教育思潮。

基于国家对人才培养规格的愿景和我国足球后备人才培养的现实困境，本书将在全人教育理念指导下，探讨构建中国足球后备人才培养模式，为我国足球后备人才培养提供参考。

第二节　国内外"全人教育"思想理论与实践

一、国内"全人教育"研究现状

在全人教育思潮影响下，近年来，国内学者对全人教育做了多方面研究，得出了丰富的研究成果。本书通过对全人教育基本理论与实践应用的相关文献进行归纳整理，就研究成果与研究趋势进行整体把握，以为后续研究奠定基础。

（一）关于全人教育思想理论的研究

通过查阅与全人教育研究相关的文献资料，发现我国学者的研究主要集中在全人教育思想产生的社会背景、思想渊源，以及与全人教育相关的概念界定、哲学基础、核心思想和基本特征等方面，下面分而述之。

1. 全人教育产生的社会背景

一种教育改革运动，如果不放在更大的社会改革运动背景下就无法充分理解它的来龙去脉。我国学者研究表明，全人教育产生的社会背景，源于近代以来西方世界矫枉过正的科学主义倾向，以及新理论与新学说的支撑。[①]

①近代以来西方世界矫枉过正的科学主义倾向

始于16世纪的近代自然科学，为人类发展开辟了一条科学之路。自此，自然科学从神学中得以解放；随着自然科学的发展，在19世纪70年代引发了第二次技术革命，这导致科学在将神学拉下神坛后，自己亦成为一种宗教，成了真理的化身，西方世界开始形成一种普遍的科学崇拜心理；时至20世纪六七十年代工业革命以来，曾给人类带来巨大效益的科学技术的负面效应开始显现，如学校教育中不以人的充分发展为目的，而是充斥着功利主义、物质主义、工具主义与官僚控制等倾向，人被看作物质的工具，而不是情感丰富的个体。

在此背景下，全人教育思想应运而生，其所强调的内容之一，即为教育目的从培养"半人"到培养"整全人"的转变、从培养专业化人才到培养完整人的转变、从教育的工具理性到价值理性的转变。

②新理论与新学说的支撑

全人教育思想的产生不仅源于自古以来的教育学说，更是现代社会层

---

① 赵玉生. 十余年来我国全人教育研究述要［J］. 太原师范学院学报（社会科学版），2012（4）：111-117.

出不穷的新学说、新理论的产物。尤其是 20 世纪兴起的许多新理论，成为现代全人教育思想产生的重要基础。总体上看，这些理论主要包括后现代主义、永恒主义、存在主义哲学等。

其中，后现代主义批判科技理性崇拜，关注人文世界；主张人与人及人与自然和谐相处；倡导创造性；提倡教育的多元化、开放化、民主化。永恒主义主张复古，认为古典人文主义经典集中揭示了世界的"永恒真理"，通过学习这些经典，人类可以获得"永恒真理"和"共同人性"的熏陶，这是人类教育的核心所在，它对现代社会人文精神的重塑具有重要意义。存在主义，在教育上表现为关注人的现实存在，关注个人的感受、体验等非理性因素，重在引导人人实现自我、发展自由个性。

综上所述，全人教育思想产生于近代以来西方世界矫枉过正的科学主义倾向，以及集中了各类新兴学说之所长，从中提炼出对教育本质的独特理解，从更高层次上阐释教育的最终目的、实施方法与根本意义。

2. 全人教育思想产生的思想渊源

关于全人教育思想的历史渊源，我国学者研究表明：全人教育作为一种教育思潮，在西方有着悠久的历史，而最早可追溯到古希腊时期的和谐教育思想。和谐教育思想认为教育的目的是培养人内在美与外在美的一致、体力与脑力的和谐、高尚心灵与健美体格的结合。例如，和谐教育的代表人物柏拉图在《理想国》中提出，应通过德、智、体、美诸因素，使受教育者养成"身心既美且善"和谐发展的人；之后，亚里士多德提出适应自然的和谐发展思想，认为合理的教育应该遵循人的自然发展进程，先是体格教育，使其拥有健康的体魄，然后以情感训练为主，使其养成良好习惯，最后才是发展他们的理智，使其关于思考，专心学问。[①]

文艺复兴时期，人文主义教育家弗吉里奥、维多利诺、爱尔维修、拉

---

① 谭敏. 台湾地区大学全人教育的理念及实践——以台湾中原大学为例［D］. 厦门大学硕士论文，2006.

伯雷等从人本立场出发，以人道反神道，歌颂、赞扬人的价值与尊严，宣扬人的思想解放和个人自由，提倡教育的目的是培养身心或者个性的全面发展。

17世纪，捷克教育家夸美纽斯受人文主义的深刻影响提出泛智论，即提倡"把一切知识教给一切人"，使人得到全面、充分、和谐发展。

18世纪，法国启蒙思想家、教育家卢梭，针对当时传统教育无视儿童个性及身心发展特点的问题，提出了自然教育思想。认为教育的目的和本质就是促进人的自然天性，即自由、理性和善良的全面发展，主张教育的中心应回归儿童本身，而不是向儿童灌输成人世界的标准。卢梭的自然教育理论对后世教育产生了深远影响，成为全人教育理论的肥沃土壤。受自然教育思想影响的瑞士教育家裴斯泰洛齐，倡导教育最重要的任务不是传递知识，而是发展人的内在潜能。他提出的"要素教育"思想，主张教育应从德育、智育和体育三方面来促进儿童各种潜能的和谐发展。

18世纪末19世纪初，德国教育改革者、柏林大学创始人洪堡提出，教育的目的在于培养全面发展的人。同时期的德国教育家第斯多惠提出了"全人类教育"的理想，认为学校的任务就是培养有博爱精神的人和自觉的公民，教学应当促进人的全面发展，有助于人的道德教育，并将培养真、善、美的公民作为教育的终极目的。19世纪中叶，马克思批判了资本主义工业大生产所造成的人片面畸形的发展状态，主张人的全面、自由发展。

时至20世纪，随着现代社会发展，许多新学说的兴起为当代全人教育思想的产生奠定了重要的理论基础。例如，后现代主义认为教育的目的是造就有批判精神的公民，使其跨越学术边界、文化边界，反对优势文化的独霸性与集权性；同时，后现代主义者认为，人终其一生都必须发展自己，唯有终身学习才能使人持续发展；此外，还主张实行全民教育，落实通识教育观，强调多元价值，这为重新审视原有机械的教育制度提供了一种新的视角。

20世纪初，美国进步主义教育思想之父帕克认为，儿童具有发展的可能性，教育必须尊重和维持儿童"自我激励"，即教育必须符合儿童自我设定的最高目标，反对用外在的目的要求儿童，主张教育即生活，教育即生长，教育即儿童经验的改造，倡导儿童中心主义，要求教育尊重儿童的本能和兴趣，在生活中、活动中发展儿童的潜能和创造性。只有这样，儿童才能积极地亲自参与有意义的活动，而任何通过体罚或奖赏来激励儿童的行为，都将阻碍儿童成长和发展的可能性。同期，德国哲学家、教育家雅思贝尔斯站在存在主义哲学立场提出"所谓教育，不过是人对人的主体间的灵肉交流活动"，其目的在启迪人的天性，使其自由地生成，最终达致"全人"的境界。

20世纪30年代前后，新传统派教育理论兴起，其中比较有代表性的为永恒主义教育流派。永恒主义哲学的核心观点即所有事物都是不可分割的整体的一部分，强调探求生命与存在的本源，其主要代表人物赫钦斯认为，教育的目的在于促进人的理性、道德和精神力量的充分发展，以培养完人、完整的人、自由的人、作为人的人，而不是片面发展的工具。整体论哲学强调整体大于部分之和，强调部分的相互联系性和相关性，整体各部分的变化将导致系统的变化，"整体""联系"是整体论的核心概念。

20世纪60年代以来兴起的人本主义教育思潮，为全人教育的发展又注入了新的思想源泉，它主张教育应以人格之完美为最终目的，重视科学人道主义教育及道德教育。为此，它强调对学生个体内心的关注及各方面的平衡发展。如人本主义教育的代表人物马斯洛认为，人的发展不仅包括知识、智力，而且包括情感、人际关系、态度、志向、创造力和价值观等。教育的目的在于促进人的主观能动性和内在潜能的充分、全面发展；人本主义教育的另一代表人物罗杰斯主张教育要培养"完整的人"，即"躯体、情感、心智、精神、心灵力量融会一体"的人。

20 世纪 70 年代，在后现代主义、进步主义教育思想、存在主义、永恒主义、整体论哲学以及人本主义教育思潮等基础上，一些激进的教育家继承并发展了人本主义学派的教育理想，提出了以"人的整体发展"为宗旨的联结与转化学习理论。在 70 年代末，全人教育的主要倡导者隆·米勒正式把这种理论称之为全人教育。1988 年，隆·米勒在美国佛蒙特州布兰顿市创办第一份以全人教育为宗旨的专业期刊—《全人教育评论》（后易名为《交锋：寻求生命意义和社会公正的教育》），以期把全人教育运动引向一场教育改造运动。1990 年 6 月，80 位支持全人教育的学者在芝加哥签署《教育 2000：全人教育的观点》，提出全人教育的十大原则。这标志着全人教育从温和的教育改良运动走向激进的教育改造运动。

需要指出的是，全人教育不仅在西方得到较好发展，在我国的传统文化中，也蕴藏着丰富的全人教育思想。早在周朝，就设置了"礼、乐、射、御、书、数"等"六艺"为教学科目，体现了全面发展的人才培养理念；而先秦时期的人才观，如孔子"仁人"或"圣人"、"君子"或"成人"、"士"的人才观、孟子"大丈夫"的道德型人才观、法家"法治"的人才观等，都具有鲜明的人本主义特色，以培养完整人格为目标，尤其注重人的道德品行；而我国传统哲学中素有"天人合一"的思想认识，体现了人与万物的和谐发展。全人教育所追求的正是这种整合观。

近代中国，蔡元培提出的军国民教育、实利主义教育、公民道德教育、世界观教育和美感教育五育并重的主张，其中，"公民道德""世界观"和"美育"等"三育"，就蕴含着浓厚的"全人教育"思想；另外，王国维提出的"教育之宗旨何在，在使人为完全之人物而已"主张、陶行知的"教学做合一"教育理论、杨贤江提出的"全人生指导"思想等，无不蕴含着丰富的全人教育因素。由此可见，我国教育理论中虽没有提出"全人教育"的概念，但在教育实践中又不断地倡导和实践其思想。

综上所述，在中外教育历史长河中存在着大量的全人教育思想，它们虽或只是零散的教育理念或仅为简单的理想建构，但这些探索均成为全人教育思想生长发展的丰沃土壤，为全人教育理论体系的形成奠定了基础。

3. 全人教育概念界定

（1）全人教育的定义

全人教育，最早可追溯自西方古典哲学家苏格拉底、亚里士多德等人的教育思想，"全人"对应的希腊词根"holo"，意为"完整的"，因此，全人教育意指通过教育培育完整的人。在教育理论方面，国内外学者对于全人教育的定义多种多样，虽然其表述及强调重点尚有差异，但对其核心内容的理解基本一致（如表 0.1）。

表 0.1　全人教育定义一览表

研究者	全人教育定义
小原国芳	全人教育是完全人格、和谐人格的教育，以培养具有真、善、美、圣、健、富的全人①
贡建明	全人教育意味着对人内在特质的关注，包括人的思维、精神、道德、情感、创造力、怜悯心、尊重感等，是一系列构成"人"的非物质要素②
杨亚辉	全人教育的内涵以"完整的人"为核心，崇尚人身、心、灵、魂的统一③
邓惠	全人教育内涵在于培养健全的人格，具有丰富知识、专业技能、良好品德、审美情趣、强健体魄、博大胸怀，成为有意义、有价值的生命体④
谢水南	全人教育即为健全、完整的教育⑤

① ［日］小原国芳. 小原国芳教育论著选（下）［M］. 北京：人民教育出版社，1993：4.
② 贡建明. 基于"全人教育"理念的大学英语阅读教学新探［J］. 太原城市职业技术学院学报，2016（4）：101-103.
③ 杨亚辉. 全人教育：培养全面发展的人的一种视角［J］. 中国高等教育，2010（12）：62.
④ 邓惠. 全人教育在小学语文教学中的探索与实践［D］. 贵州师范大学硕士论文，2016.
⑤ 谢水南. 全人教育［J］. 研习咨讯，1992（2）：4-5.

研究者	全人教育定义
张丽娜	全人教育首先应是人之为人的教育，其次是传授知识的教育，再者是和谐发展心智，以形成健全人格的教育①

综上，可以看出，尽管不同的学者对全人教育的认识存在差异，但他们存在以下共同点：①全人教育强调"以人为本"，肯定教育对象的主体地位，以培养具有批判性思维和创造力的人；②全人教育不仅关注知识与技能的传授，更强调对真、善、美等健全人格的培养；③全人教育以培养"整全人"为根本目的。

综合以上观点，结合本人的逻辑推理，本书认为，全人教育是"以人为本"的教育，是以实现人的"整全人"发展，充分发挥个人潜能、关注人身心和谐发展的以培养独立完整的个体为目标的一种教育范式，涵盖了人的知识、能力、情感、道德等各方面内容。

（2）全人教育的内涵

结合上述全人教育定义，本书认为全人教育内涵丰富，主要包括以下两个方面。

第一，全人教育提倡"以人为本"

全人教育提倡教师在教育过程中"以人为本"。所谓"以人为本"，指在教育教学过程中高度尊重学生个体差异，视学生为一个独立存在的学习体，全面依靠学生，把以往教学中主要依靠教师的教转变为主要依靠学生的学。教师的作用和价值体现在最大程度地调动学生的内在积极性，组织学生自主学习。这可以从全人教育十项基本原则中的以下原则中得以体现：一是强调每个学习者都是独特且有价值的，每个个体都内在地具有创造性，有独特的身体、情绪、智力和精神需求和能力，拥有无限的学习能

---

① 张丽娜."全人教育"的理论与实践 [M].长春：吉林人民出版社，2018：5.

力；二是教育是经验的产物，学习是一种积极的、多种感官参与的个体与世界间的互动过程；三是教育者应当是学习的支持者，学习应当是有机的、自然的过程，而不是教师根据社会的要求生产出某种产品；四是在学习的所有阶段都必须提供选择的机会；五是建立真正的民主教育模式，使所有公民能够以有意义的方式参与到社区和全球的生活中。①

第二，全人教育以培养"整全人"为根本目的

全人教育认为传统教育过于关注知识与技能的传授而忽视"人"的发展。可见，全人教育将对人的认识提升到了前所未有的高度，认为人是一种复杂的，具备各种能力、潜力和创造性力量的系统，这个系统内的各种素质是相互关联的，教育应以培养"整全人"为根本目的，而不是单纯地作为社会存在工具，人不应成为经济利益驱动下的机械个体。这并非贬低物质的重要性，并非否认社会存在的价值，而是认为教育的过程不仅仅是知识与技能的传授，更应关注人的内在情感体验与人格的全面培养，以实现人的精神与物质的统一。

（3）全人教育的外延

全人教育以培养"整全人"为根本目的，即强调在教育过程中"以人为本"，不仅要重视实用性知识与技能的传授，更要关注人的内在情感体验与人格的全面培养，以实现"整全人"培养目的。而为了实现"整全人"的培养目的，不仅涉及教育观念的深刻变革，同时也涉及课程观、教学观等的改变。具体来说，全人教育具有以下主要外延。

第一，全人教育的教育观

全人教育的教育观认为，个体发展应优先于国家经济发展。教育最主要、最根本的目的，就是要实现人类发展的内在可能性。教育应重新审视个体作为"人"的价值，即教育应更关注人的内在价值，比如创造力、想

---

① 柳东梅. 全人教育理念在会计本科教育中的实践［J］. 财会通讯，2012（10）：31-32.

象力、情感、同情心等。全人教育主张"以社会为本"和"以人为本"等两种教育观点的整合，既重视社会价值又重视人的价值的教育新理念。因此，为了实现人发展的内在可能性，全人教育认为教育不仅是知识与技能的传授，更重要的是对人生命意义的重视、挖掘人的内在潜能与促进人的全面和谐发展。

其中，全人教育对人生命意义的重视突出表现为人不仅要追求理想，为人生目标不懈奋斗、开拓进取，同时也要加强人际交往，在交往中相互合作，培养人与人之间相互理解、信任和关爱，这才是人之所以为人的真正意义。

另外，全人教育重视挖掘人的内在潜能，认为关注人的潜能发展将给人带来积极情感体验，增强人的信心，从而有助于促进人的全面发展。全人教育认为，教育除了向学生传授知识与技能，更重要的是对学生人文精神的培育。通过在教育的各个部分和环节贯彻落实对学生人文精神的培养，将有助于孕育学生的完美人格。隆·米勒也曾指出："全人教育是用人文教育的方法来达到全人发展的目的。"① 因此，在教育过程中，通过对人文教育的强调，有助于促进个体物质与精神的统一，实现个体的全面和谐发展。可见，只有实现人的发展的内在可能性，"人"才会是一个"有用的"人力资源，才能实现社会发展和自我发展之间的平衡。

第二，全人教育的课程观

要了解全人教育的课程观，就要从理解全人教育的知识观着手。全人教育强调演绎策略，其基本假设是：要理解一个事物，须从了解其背景的各部分之间的联系开始。也就是说，理解部分必须以理解整体为基础，这样才能理解部分之间及部分与整体的关系。不理解整体，部分就没有价值。可见，要想进行有意义的学习，就必须掌握相关的背景或情境。然

---

① Ron Miller. What are Schools for? [M]. Holistic Education, 1990: 25-30.

而，在以往的教学中，往往以学科为导向，培养学生单一学科知识，这种将各学科知识人为割裂的现象，将使学生形成片面、单一的知识结构，同时也导致学生思维方式的孤立性与片面性。总体上看，全人教育的课程观具有以下认识特点。[①]

首先，全人教育的课程观认识到世间万物的普遍联系性，意识到各学科都有其独特价值。在此基础上，教学过程中重视跨学科知识间的联系与整合。

其次，全人教育的课程观超越传统的课堂教学知识，认为生活的所有表现形式都是课程的组成部分，所以，主张课堂教学要广泛建立与外部世界的联系，以获得对外部世界的认知。

最后，全人教育的课程观是一种"转变"的课程观，它把课程即教学内容视为生成的、构建的和动态的，而不是预设的、指定的。学生在学习过程中通过主动与课程发生联结获得促进个人发展与社会变革的技能。可见，全人教育的课程观是基于"关系"的课程观，学生通过全人教育课程来考察直觉与线性思维、情感与躯体、各个知识领域、个人与社会及个人与自我等之间的关系，从而获得对自己的认识，以及习得处理这些关系所需要的基本技能，最终促进个体发展以及促进社会变革。

第三，全人教育的教学观

全人教育提倡教育教学中要以服务于"人"的需要为核心，以培养全面发展的"整全人"。而从培养"整全人"的目的出发，全人教育的教学观其本质是一种整合的学习观。[②] 整合学习，指在教学过程中，从整体的观念出发，把学生培养为知识、能力、情感、道德等各方面全面发展的"整全人"。因此，全人教育提倡的整合式教学观，具有如下特点。[③]

---

① Miller，John P. The Holistic Curriculum［M］. OISE Press，2019：33.

② 张东海．全人教育思潮与高等教育实践研究［D］. 华东师范大学博士论文，2007.

③ Miller，John P. Holistic Learning：A Teacher′s Guide to Integrated Studies［M］. OISE Press，1990：1.

首先，学习涵盖了知识、能力、情感、道德等各方面的全面发展，它不只是一个智力成长的过程，而是包含我们生命中的其他部分，如果我们否认这些部分就会影响我们整体的身心发展。

其次，在学习过程中，涉及学习主体多种认知方式的有机融合，如身体、思维、情感、想象等的共同参与，以培养具有整合思维的公民。

再者，学习的核心是联系，在学习过程中应建立联系思想，如个体与群体之间的联系、课程内容与日常生活的联系等，以促进学生对自我、他人与社会等的充分认识与理解。

最后，学习依赖一定的教学情境，通过创设动态性、生成性和构建性的学习型社区，即把学校变成能使学生学会如何与他人合作的"学习社区"，在此社区中，课程教学是整个生活。学习者在社区学习、生活中与社区成员发生关系，这有助于学生的各种经验深化及融通，以实现学习者知识、能力、情感、道德等的全面发展。

第四，全人教育的教师观

全人教育的教师观认为，要想实现"整全人"培养目标，首先须具备"全人"素养的教师，这是实现学生"整全人"培养的保障。[1] 而针对全人教师应该具备何种素质特征，约翰·米勒认为最重要的只有两个：真实与关怀。[2] 具体说，真实，即整体一致性，指一个人的行为同他的内核相联。由于我们的内核能够感到自我与其他所有生命的深刻联结，故真实的人能够认识到个人意识或内在生活同其他存在的联结。因此，作为教育者的教师必须首先认识到种种联系，做真实的自我，以自己真实的内心世界去影响学生，正如小原国芳所说："全人教育的本质在于，教育实际上是

---

[1]　［日］小原国芳. 小原国芳教育论著选（下）［M］. 刘剑乔，等译. 北京：人民教育出版社，1993：339.

[2]　［加］约翰·米勒. 如何成为全人教师［M］. 李昱平，等译. 心理出版社股份有限公司，2013：35.

从教师的心灵到学生的心灵的教育，是从教师的人格到学生的人格的教育。"① 关怀，教师如果是真实的，那么教师必定是关心学生的，因为如果教师认识到他与别人的联系，那么他必定是关注与关怀别人的，教师关怀学生，就会不加选择地同每个学生在一起，学会与学生共处，直接参与学生的学习和生活。而当学生感受到教师的关心时，将会与教师联结得更紧密，使课堂成为师生之间、生生之间融洽相处的学习社区，这有利于学生热情、快乐地学习。

其次，全人教育的教师观对教师教学中的角色进行了重新定位，改变了传统教学中教师知识传授者的角色。具体而言，认为具有"全人"素养的教师，能意识到学生学习是有机的、自然的过程，而不是教师根据社会的要求生产出某种产品。因此，教师在教学活动中应成为学生学习活动的领导者、组织者与促进者，以促进学生个体智力、情感、社会性、身体、审美和精神等方面潜能的最大化发展。

第五，全人教育的学生观

如前文所述，全人教育思想的哲学基础是整体论，整体论的核心观念是"整体""联系"。因此，基于全人教育的学生观，一方面视学生为复杂的，具备各种能力、潜力和创造性力量的系统，这个系统内的各素质是相互联系的，而不是割裂开来的，每项素质都具有发展的无限可能。所以，在教育过程中对学生各项素质的培养并不是逐项进行的，而是以促进学生各项素质的整体发展为目的。

另一方面，全人教育的学生观认为每个学习者具有不同的个性，具有独特的价值，天生具有各种能力、潜能和创造性力量，在身体、知识、情感、智力等方面具有个性化的需求和能力，以及无限的学习能力。因此，教师在教育教学过程中，应树立以学生为本的原则，理解和尊重学生个体

---

① 赵祥麟. 外国教育家评传［J］. 甘肃教育，2015（15）：128.

差异，采用满足不同学生需求的教学评价、教学策略等，以期充分发挥学生的主观能动性和进行主动的创造性学习，从而增强学生掌握知识和技能的能力，同时促进学生精神、道德、情感、艺术修养、人文素养、创新能力等非理性因素的发展。

最后，全人教育的学生观认为，树立以学生为本的学生观，有利于营造尊重、关爱学生的育人环境，使其无论是情感或者是意志都得到极大的关注，有利于学生发展，向着"全人"的目标前进。

第六，全人教育的评价观

全人教育以服务于"人"的需要为核心，以培养"整全人"为根本目的。因此，全人教育的评价观应着眼于如何培养一个完整的人而设定，而不是只关注评价的选拔功能。① 这就要求依据"整全人"的培养目标选择评价指标，并建立在学生是否具备整合的知识架构、是否具备完善的道德人格和是否全面发展等基础上；在评价类型的选择上，以服务于"人"的需求为落脚点，在实施终结性评价的同时，应重视对形成性评价的运用，以便不断改进和完善学生学习；在评价主体的选择上，应重视作为知识的构建者的学生在教学过程中的自我评价，它可以充分调动学生学习的积极性，有助于学生个性、创造性思维能力的培养。因此，全人的评价观应该是多元化的考核形式，以真正落实人的全面发展。

（4）整全人

结合上文对全人教育概念的阐述可知，全人教育以培养"整全人"为根本目的，即培养全面发展、和谐发展的人。关于"整全人"包括哪几方面的素质，按照隆·米勒的观点将其概括为六个方面：智能、情感、身体、社会性、审美和精神性。② 具体来说，智能系指学习、记忆相关知识

---

① 徐金山，陈效科，金嘉燕．对日本青少年足球发展进程的研究［J］．中国体育科技，2002（5）：16-19.

② 张东海．全人教育思潮与高等教育实践研究［D］．华东师范大学博士论文，2007.

的能力，创造性、批判性思维的能力，探索、分析的能力，提问的能力，解决问题的能力等；情感系指人对事物的关怀，包括对吸引他、感动他的事件的关怀，全人教育非常关注学生心理健康，并以此鼓励学生去关怀；身体系指躯体健康上的发展，在于培养健壮的体格。长寿的生命、调和的身体及技巧性，身体上的发展包含了比生理健康更广阔的内容；社会性系指人在道德层面的发展。每个人都生活在一定的社会环境下，其语言、情感发展都受到他与他人交往行为的影响；审美系指培养人对外表形式美与内在心灵美的热爱，鼓励儿童发展想象力与创造力；精神性系指人在身体、社会和其他个性特质之外的一种内在特征，来源于绝对存在的发展潜力与无限的创造力。

另外，隆·米勒还认为，人的这几项基本素质相互联系并以某种方式结为整体，各项素质都有无限发展可能。① 因此，在教育过程中，不仅仅是知识与技能的传授，更要重视人的情感、道德、审美和精神性等内在情感体验与人格的全面培养，以实现"整全人"培养目的。

4. 全人教育的哲学基础

关于全人教育的哲学基础，我国学者研究表明，全人教育以整体论作为自己的主要哲学基础，整体性、联结和存在是涵盖于其中的三个核心概念。

首先，整体性系指系统整体大于各部分之和，系统整体性具体表现为多种视野、系统性思维、独立性和多种水平。其中，多种视野指系统内各要素以复杂形式相互联系与制约；系统性思维指思考问题从局部到整体的思维、从线性到非线性的思维、从分析到综合的思维；独立性指系统在较大程度上能够独立、自动运行；多种水平指大系统中的各子系统间相互作用、相互影响的复杂方式。②

---

① 张东海. 全人教育思潮与高等教育实践研究 [D]. 华东师范大学博士论文，2007.

② 钟启泉. "整体教育"思潮的基本观点 [J]. 全球教育展望，2001（9）：11–18.

其次，联结系指事物之间普遍存在联系，事物之间的联系具体表现为相互依赖、相互关系、相互参与和非线性关系。其中，相互依赖指系统各个要素相互依赖，以及系统要素的功能取决于系统的整体功能；相互关系指系统之间、系统内各要素的复杂关联；相互参与指个体不应该与外部世界割裂开来，个体有改变和创造环境的能力；非线性关系指世界外物间存在的复杂性、渗透性和联结性。①

此外，存在指人全面地体验现在，指人内心的平和、诚实、智慧、洞察力。人的存在具体表现为整全人、创造性表达、成长和责任感。其中，整全人指"人"这一概念，涵盖了人的知识、能力、情感、道德等各方面内容；创造性表达指创造性表达的机会，对每个人都很重要；成长指每个人都可以达到精神世界的最高境界；责任感指人的选择与行动，具有较强的责任感和洞察力。②

综上所述，整体论的一个核心观念是整体性，其以联系概念为基础，强调事物之间通过广泛的联系结为一个整体，整体各部分的变化将导致整个系统的变化。因此，"整体""联系"两词是整体论的核心，深刻理解两词的内涵及意义，将有助于人们在看待教育问题时采用一种整体的、系统的思维。

5. 全人教育的基本特征

关于全人教育基本特征，我国学者研究表明，其主要集中在以下方面。③

①整全性：强调教育的根本目的是培养"整全人"。所谓"整全人"，以美国教育家隆·米勒的观点，即为具备身体、智能、情感、社会性、审

① 郑国桂. 全人教育视域下贵州高职院校学生素质和能力培养研究 [D]. 贵州师范大学硕士论文，2016.
② 刘宝存. 全人教育思潮的兴起与教育目标的转变 [J]. 比较教育研究，2004（9）：17-22.
③ 谢安邦，张东海. 全人教育的理论与实践 [D]. 华东师范大学出版社，2011.

美、精神性这六方面素质的人。

②主体性：强调在教学过程中以"学生为中心"，视学生为教学活动的主体，关注学生主体间存在的个体差异性和多样性，在教学过程中实施区别化、个性化教育，以充分发展每个学生的天赋、才能和潜力，形成区别于他人的个性化培养。

③贯通性：强调万事万物的普遍联系，强调人与自然、社会、他人的能动反应，人不能脱离自然、社会与他人而获得全面发展；同时，强调知识间的普遍联系，更关注各学科知识的深度融合，以最终实现"整全人"培养目的。

④发展性：强调教育应重视学生的全面可持续发展。横向上，重视学生全面和谐发展，要求教师在教学中要注重引导学生获得知识技能、内在情感体验等理性和非理性因素；纵向上，倡导在学生成长过程中应抓住学生学习知识、技能等的"机会窗"，将知识、技能传授予学生，以促进学生长远和可持续发展。

综上所述，全人教育的以上特征是全人教育思想区别于传统教育思想的标志，全人教育提倡"以人为本"，以培养智能、情感、身体、社会性、审美和精神性全面发展、持续发展的人为根本目的。

（二）关于全人教育实践应用的研究

关于全人教育实践应用方面的研究主要集中在基于全人教育教学改革、运动员文化教育、师资队伍建设和人才培养模式等方面。

首先，基于全人教育教学改革方面的研究。各学者基于全人教育提出了相关教学改革措施。例如，吴立宝认为应在全面理解全人教育内涵基础上，从设计以学生为中心的课程、创造有意义的学习经历、进行教育性评价等方面，渐进地在教育实践中落实全人教育思想。① 修彦认为教学中贯

---

① 吴立保，谢安邦．全人教育理念下的大学教学改革［J］．现代大学教育，2008（1）：69-74+112.

彻全人教育思想的措施包括更新教学观、转变教学方式与方法、注重实践活动的作用。① 肖菁敏认为教学中贯彻全人教育思想的措施包括校领导要加强学习，深入理解并及时渗透全人教育思想；教师要改变自己的教学方法和模式以适应全人教育思想；提高教师教学魅力；主动与家长沟通，寻求家长配合。② 蒋文昭认为基于全人教育思想的教师角色转变表现在从教学控制走向引领、从知识传承走向知识意义重建等等方面。③ 罗利琴分析了全人教育思想包含的三个核心概念，即整体、转化和灵性。④

其次，基于全人教育运动员文化教育方面的研究。纪超香从全人教育的维度审视当前我国运动员文化教育体系存在的问题，建议从确立"全人"价值向度和培养目标、构建"体教融合"的监管体制等方面重构基于全人教育思想的运动员文化教育体系。⑤ 文辅相认为，为充分发挥文化素质教育效果须树立起全人教育思想，并在其指导下实施教化、示范等深入开展文化素质教育的等途径。⑥

再次，基于全人教育师资队伍建设的研究。刘桂芬从全人教育的内涵出发指出面对当前辅导员学生工作中职责的错位应运用全人教育思想强化辅导员的服务理念、改善辅导员的工作思路和方法、促进辅导员自身成长。⑦ 蔡奇航等从全人教育有助于回答会计继续教育"是什么、为什么、

---

① 修彦，杜桂娥. 全人教育理念下的思想政治课教学探析 [J]. 吉林省教育学院学报，2010（1）：52-53.
② 肖菁敏. 全人教育在小学语文教学中的探索与实践 [J]. 名师在线，2018（14）：33-34.
③ 蒋文昭. 建构基于全人教育观念的教师角色：高校教学改革的一个视角 [J]. 中国大学教学，2010（8）：36-38.
④ 罗利琴. 全人教育理念视域下高职学生教育管理工作创新 [J]. 教育与职业，2019（4）：58-61.
⑤ 纪超香. 全人教育理念下运动员文化教育体系重构 [J]. 南京体育学院学报（社会科学版），2016（6）：84-89.
⑥ 文辅相. 文化素质教育应确立全人教育理念 [J]. 高等教育研究，2002（1）：27-30.
⑦ 刘桂芬. 全人教育理念在高校辅导员队伍建设中的应用 [J]. 教育与职业，2014（26）：80-82.

做什么"的问题出发，提出从会计继续教育管理系统等构建会计继续教育体系。① 张建敏从全人教育思想下的高校教师教学能力需求角度出发，认为基于全人教育思想的高校教师教学能力培养路径包括制度创新、观念转变、自我塑造和社会塑造等方面。②

最后，全人教育与人才培养模式方面的研究。文旭等通过探讨当今英语教育存在的"三重三轻"的问题，认为培养符合国家和世界需要的人才，须以全人教育思想为理论基础，构建以教育理念创新、课程体系重构、教学资源开发、实践平台搭建和评价体系为主的英语专业全人培养模式。③ 张加亮以全人教育思想为指导对高职院校学生特点、思想现状进行认识，对构建学生健康成长、自我发展和全面发展"三维一体"育人模式进行了思考与实践。④ 郭元凯从分析当前新生代农民工职业教育存在的问题出发指出为提升新生代农民工培养质量应以全人教育为指导，构建调整目标定位、改革教学模式和教学内容、打造"全人师资"队伍和制订职业学校的评价标准的培养模式。⑤ 刘亚以全人教育为指导，通过对普通高校公共体育课程结构体系与模式研究，建立以户外教育为基础、专项制教学为重点、社团体育为延伸的大学公共体育"全人教育"综合培养模式。⑥ 余丽红以全人教育思想为指导构建了改革课堂教学、创新德育形式和实施

---

① 蔡奇航，靳能泉. 基于全人教育视角的会计继续教育研究 [J]. 财会通讯，2013（22）：120-122.
② 张建敏. 全人教育理念下的高校教师教学能力培养探讨 [J]. 教育与职业，2009（35）：59-60.
③ 文旭，滕超. 英语专业"全人"培养模式探索与实践 [J]. 中国高等教育，2018（6）：38-40.
④ 张加亮. 全人教育理念下"三维一体"育人模式的创新实践 [J]. 黑龙江高教研究，2011（12）：83-85.
⑤ 郭元凯. 全人教育理念下新生代农民工职业教育的发展路径 [J]. 中国职业技术教育，2016（25）：50-53.
⑥ 刘亚. 基于"全人教育"理念下高校公共体育创新培养模式的探索 [J]. 首都体育学院学报，2016（4）：323-327.

激励性评价的人才培养模式。① 柳东梅认为，在"全人教育"的基础上落实本科会计专业的培养目标必须做好办学体制、专业设置、教育方法、培养方案、教学计划、师资培养、资源配置、人员配备、考核评价方式等方面的保证工作。②

二、国外"全人教育"研究现状

（一）关于全人教育思想理论的研究

国外学者关于全人教育思想的研究主要成果为：20世纪60、70年代，受人本主义教育理论影响，"人的完整发展"理论备受推崇。在此基础上，20世纪70年代末期，隆·米勒正式提出"全人教育"概念，它主要包括进步主义、人本主义等教育思想。③ 自此，全人教育的研究队伍逐渐扩大，涌现了一批较有分量的代表人物和研究成果，如加拿大学者约翰·米勒的《全人教育课程》，提出"平衡、包容与联结"为其遵循的三原则。④ 日本学者Yoshiharu Nakagawa发表的《教育的觉醒——东方哲学取径之全人教育研究》，以东方对环境、精神教育的思维为研究方向，探讨西方全人教育内涵。⑤

另外，全人教育学者在全人教育网上还发表了众多阐明全人教育基本问题的论文放。如在《全人教育中的价值观》一文指出，学校应以公开、诚信与相互尊重为准则，以相互支持而不是竞争与分层为基础，实现幸福

---

① 余丽红. 全人教育理念下的学校变革个案研究——以辽宁省丹东市凤城六中为例 [J]. 中国教育学刊，2010（12）：6-10.

② 柳东梅. 全人教育理念在会计本科教育中的实践 [J]. 财会通讯，2012（10）：31-32.

③ Ron Miller. What Are Schools for? Holistic Education in American Culture [M]. Holistic Education Press, 1997：37.

④ John P. Miller. The Holistic Curriculum [M]. Ontario Institute for Studies in Education Press, 1988：26.

⑤ Yoshiharu Nakagawa. Education for Awakening—An Eastern Approach to Holistic Education. Foundation for Educational Renewal [M]. Brandon, 2000：39.

是人与人之间的责任。① 《全人教育的目标》一文指出，教育应该被理解为一种培养儿童身心共同发展的艺术。② 《全人教育自己如何说：全人教育学派文献综述》一文，以 Atlas TI 为分析工具，对宣称自己正在实施全人教育的学校进行探索，从而得到样本学校全人教育实践的基本特征，这有利于人们进一步认识全人教育的内涵。③ 《自由与教育》一文，介绍了教育思想家克里斯纳摩提关于"自由"的阐释，以及关于人们需要获得什么知识、需要学习什么，教育是为了什么等问题的观点进行了介绍，同时也介绍了不同思想家关于人的发展问题的不同观点。④ 由此可见，以上学者对全人教育的理论发展做了有价值的探索和研究。

（二）关于全人教育实践应用的研究

首先，全人教育在教育宏观实践中的应用。最具代表性的是在美国与加拿大的可选择学校、全人教育学校以及瓦尔多夫学校教育改革中的应用，其实践特点是承认和尊重每个学生的发展进度和水平，尊重学生差异化学习方式，重视人生经验，学校的主要作用是帮助学生寻求个体之间的理解与生存的意义。⑤

其次，全人教育思想在教育微观实践中的应用，集中体现在以下方面：

---

① Values in Holistic Education ［EB/OL］. http：//www. holistic － education. net/articles/articles. htm.

② Purpose of Holistic Education ［EB/OL］. http：//www. holistic-education. net/visitors. htm.

③ What Holistic Education Claims about Itself：an Analysis of Holistic School' Literature ［EB/OL］. http：//www. holistic-education. net/articles/articles. htm.

④ Freedom and Education ［EB/OL］. http：//www. holistic － education. net/articles/articles. htm.

⑤ Roberto Trostli. Educating as an Art：The Waldorf Approach. In Carol L. Flake，Edited by. Holistic Education：Principles, Perspectives, and Practices ［C］. Brandon, VT：Holistic Education Press, 1993.

其一，课程设置。如加拿大的全人教育家约翰·米勒在其著作《全人教育课程》中，基于全人教育"联结"的哲学基础，设计出基于"联系"概念的课程体系，目的是"让教育对象了解学科间的联系，鼓励学生个体创造性思维，而不是狭隘的基本技能"①。

其二，教学。如美国加州金橡树学校推行的"快乐阅读计划"，通过在学校设立阅读实验室，让学生自主阅读材料，以转变学生对阅读的态度。快乐阅读计划获得成功的关键源于以下方面：①尝试性，让学生个体在体验学习中完成对语言从整体到部分的学习掌握；②真实性，教师鼓励学生学以致用，在实际情境中加深对所学语言知识的运用和理解；③反思，要求学生学会自我反馈，以检查自己阅读与书写情况；④自信，引导学生在自主学习中收获自信。

其三，环境教育。作为全人教育思想重要组成部分的环境教育，全人教育学者布朗利尝试在基础教育低年级推行环境教育，创立了"垃圾循环利用"主题教学，该主题教学设计数学、自然、哲学、语言学、社会学和人文科学六大学科知识领域。在主题教学的每一个领域的学习中都设计了引导、问题、目标、过程及评价五个环节，鼓励学生主动参与，以充分挖掘学生潜能。

第三节 国内竞技体育后备人才培养现状

足球后备人才培养作为我国竞技体育后备人才培养的组成部分，它不仅有着足球运动特有的发展规律，还具备竞技体育后备人才培养的共性，

---

① Jack Miller&Susan Drake. Implementing a Holistic Curriculum. In Carol L Flake Edited by Holistic Education: Principles, Perspectives, and Practices [C]. Brandon, VT: Holistic Education Press, 1993: 92-93.

所以，对我国竞技体育后备人才培养的相关研究成果进行梳理将为我国足球后备人才培养模式提供有益借鉴。通过阅读、整理文献发现，有关竞技体育后备人才培养的研究主要集中在以下几个方向。

一、国内竞技体育后备人才培养现状与对策研究

针对我国竞技体育后备人才培养现状与对策的研究，主要研究成果如下。

首先，对我国竞技体育后备人才培养影响因素的研究。例如，金玉等将影响和制约我国竞技体育后备人才培养的主要因素归结为"体育管理体制、训练、竞赛以及有关社会学因素"，进而提出树立现代化人才培养观，优化体育管理体制，深化改革现行训练体制、加速学校化和社会化进程，完善竞赛体制、发挥竞赛杠杆作用等对策。[①] 刘仁盛等研究认为，导致我国竞技体育后备人才短缺的根源在于发展模式、体制机制。[②]

其次，对我国足球后备人才培养现状、问题、对策等的研究。例如，王雷通过对我国体育后备人才培养症结进行分析，指出我国体育后备人才培养应有计划、分步地推进体制转轨，实现多元投资主体的对策。[③] 而吴有凯等则通过对我国竞技体育后备人才培养现状、症结以及发展趋势进行分析，提出了我国竞技体育后备人才培养应树立正确人才培养观念、有计划分步骤推进体制转轨、实现多元投资主体等对策。[④] 赵杨研究认为，我国竞技体育后备人才培养存在的问题包括人才规模日渐萎缩、招生困难、

① 金玉，潘绍伟，彭杰等 . 我国竞技体育后备人才培养现状与对策 ［J］. 体育与科学，2006（5）：82-86.

② 刘仁盛，庞立春 . 我国竞技体育后备人才培养研究 ［J］. 中国体育科技，2017（4）：42-47.

③ 王雷 . 我国竞技体育后备人才培养现状及发展对策 ［J］. 武汉体育学院学报，2007（2）：74-76.

④ 吴有凯，曾秀端 . 我国竞技体育后备人才培养现状及发展对策 ［J］. 体育科学研究，2010（2）：61-63.

学训矛盾、业余训练水平有待提高等。① 基于此，提出完善竞技体育后备人才培养体系、合理优化体育项目布局、提高科学选材和科学训练水平等对策。张波等通过对新时代我国竞技体育后备人才质量需求定位以及审视现有后备人才培养存在的问题，提出应形成"以人为本"的培养理念；强化体系，构建顶层设计；夯实学校体育基础；整合资源，挖掘社会力量；优化选材机制等对策。② 卢文云研究认为，迈向体育强国，我国竞技体育发展面临服务国家发展大局的作用发挥不充分、后备人才萎缩、竞技成绩下滑、创新驱动不足、治理能力有待提升等问题。③ 针对这些问题，提出应充分发挥竞技体育的多元功能、构建举国体制与市场机制相结合的新体制、推动竞技体育发展从要素驱动向创新驱动转变、改革竞技体育后备人才培养体制等对策。

综上所述，我国竞技体育后备人才培养中存在"体、教"系统缺乏深层合作、学训矛盾、资金投入及分配方式相对单一、输送渠道单一及成材率低、体育后备人才短缺等现实问题。针对这些问题，学者提出了树立正确的人才培养观念、构建举国体制与市场机制相结合的新体制、实现投资主体多元化、加速学校化和社会化进程等竞技体育后备人才培养改革策略。

二、国内竞技体育后备人才培养体制研究

针对我国竞技体育后备人才培养体制的研究，主要研究成果如下。

首先，对我国竞技体育后备人才培养体制问题与对策的研究。例如，

---

① 赵杨. 忧虑与出路—我国竞技体育后备人才培养现状及对策［D］. 首都体育学院硕士论文，2017.

② 张波，汪作朋，葛春林等. 我国竞技体育后备人才培养的审视与发展路径［J］. 体育文化导刊，2018（7）：57-61.

③ 卢文云. 迈向体育强国我国竞技体育发展面临的问题与对策［J］. 沈阳体育学院学报，2020（2）：75-81+107.

马志和等研究认为，我国竞技体育后备人才培养体制存在"行政手段整合，资源配置效率不高""运动训练与文化教育脱节""投资渠道单一，供需矛盾加剧"等缺陷。① 基于此，认为在当前社会主义市场经济条件下，我国竞技体育后备人才培养体制赖以依存的土壤已失去，必须采取"政府主导下的市场化"培养模式，才能保障我国竞技体育的可持续发展。张贵敏等针对我国现行"三级训练网"竞技体育后备人才培养体系存在的问题，建议通过体制转型来解决，并指出体制转型须在政府主导下分步实施："有计划分步推进体制转型、建立'体教型'人才培养模式、实行后备人才的市场交流制度、实现竞技体育后备人才培养多元化投资主体、加强教练员队伍建设。"② 张凤珍研究认为，我国竞技体育后备人才培养体制存在训练科学化程度不高、运动员文化素质普遍偏低、竞赛杠杆的调节作用没得到充分发挥的弊端，为此提出了推进竞技体育后备人才培养体制创新、建立训练与文化教育相结合的运行机制、完善竞赛体制等对策。③

其次，对我国竞技体育后备人才培养体制改革趋势的研究。如潘前等结合美国竞技体育后备人才培养体制优势，分析我国竞技体育后备人才培养体制的改革趋势是实行体教结合与扩大后备队伍以培养优秀运动员。建议完善优秀运动员培养体系、以学校为中心扩大后备队伍规模、拓宽竞技体育后备人才投资渠道等。④ 马志和等通过比较研究中外竞技体育后备人才培养体制，指出"中国应学习国外经验，转变政府职能，在保障原有体制运行效率前提下，构建教育系统一体化人才培养体系，积极发动社会力

---

① 马志和，徐宏伟，赵鸽尔. 中外竞技体育后备人才培养体制的比较研究 [J]. 体育科研，2003（3）：55-58.

② 张贵敏，曹继红. 论我国竞技体育后备人才培养体制的转型 [J]. 沈阳体育学院学报，2005（5）：7-9+12.

③ 张凤珍. 我国竞技体育后备人才培养体制的现状分析及对策 [J]. 体育与科学，2008（2）：69-71.

④ 潘前，陈伟霖，吴友凯. 对新时期我国竞技体育后备人才培养体制改革的思考 [J]. 首都体育学院学报，2007（2）：25-28.

量参与人才培养"①。

综上所述，我国竞技体育后备人才培养体制，一直随我国经济发展、社会转型在不停地进行适应性调整与改革。而在当前社会主义市场经济条件下，为了保障我国竞技体育的可持续发展，应进行竞技体育后备人才培养投资主体的多元化改革，有计划、分步骤推进体制转型，建立"体教型"竞技体育后备人才培养模式。

三、国内竞技体育后备人才培养模式研究

针对我国竞技体育后备人才培养模式的研究，主要研究成果如下。

首先，对我国竞技体育后备人才培养模式问题与对策的研究。例如，徐伟宏等通过对竞技体育后备人才培养模式问题的分析，提出体并于教，构建新型"小学—中学—大学"竞技体育后备人才培养模式的新思路。②李松华通过对竞技体育后备人才培养模式现状进行全方位、深层次分析，在此基础上探究了竞技体育后备人才培养方案，即提高社会在竞技体育后备人才培养工作中的地位，以及让体教结合向体教共生转变。③ 李丹丹等针对现行人才培养模式存在的运动员选材缺乏科学性、人才培养与输送渠道不完善、缺乏科学创新的训练方法、文化理论学习效率不高等问题，提出了优化人才培养路径的"完善竞技体育后备人才选拔标准、人才培养与输送向高校倾斜和提高文化学习效率，保障专项训练实践"等对策。④

其次，对我国竞技体育后备人才培养"体教结合"模式的研究，如阳

---

① 马志和，徐宏伟，赵鸽尔．中外竞技体育后备人才培养体制的比较研究［J］.体育科研，2003（3）：55-58.

② 徐伟宏，柯茜．构建新型"小学-中学-大学"一条龙竞技体育后备人才培养模式［J］.武汉体育学院学报，2012（11）：78-81.

③ 李松华．竞技体育后备人才培养研究［J］.教育教学论坛，2019（26）：54-55.

④ 李丹丹，杨宇飞．基于"体教共生"视角下竞技体育后备人才多元培养与路径优化研究［J］.南京体育学院学报，2020（6）：61-64.

艺武等通过对"体教结合"与"教体结合"内涵解读，指出"教体结合"后备人才培养模式是时代发展的必然趋势，必将引导我国竞技体育后备人才培养由传统的"教体分离"模式向完全依托教育系统培养的全新模式转变。① 而吴建喜、池建通过对体教融合培养我国竞技体育后备人才的必然性、可行性及方略的研究，为我国转变竞技体育发展模式提供了参考。② 刘扶民、汪晖通过对浙江衢州"体教结合"竞技体育后备人才培养模式的研究，为拓宽新时代基层竞技体育后备人才培养新渠道提出了"加强教体部门的深度协作，健全畅通一体化培养机制，探索改革体校文化课教育模式，在学校大力推行'一校一品'教学方式，培育壮大社会办体育力量"等对策。③

最后，对我国竞技体育后备人才培养模式发展趋势的研究，如王松等研究认为，从培养趋势看，我国竞技体育后备人才培养正逐渐脱离"举国体制"下的政府单一培养模式，向政府主导、多元主体合作的"多元化"培养模式迈进。④ 而胡小明基于分享运动理念的视角，认为随着社会发展，竞技体育培养运动精英的传统模式遭遇严重危机，而为解决运动员学训矛盾而实施的体教结合模式，因行业间的生硬契合而效果欠佳。⑤ 基于此，文章认为，随着国力快速增强，我国的体育发展方式应由局部超前转变为全面关注民生，人才培养模式将转向拓展体育公共空间的分享运动，而基层业余训练将成为分享运动的实施路径。

---

① 阳艺武，刘同员．"体教结合"与"教体结合"的内涵解读［J］．体育学刊，2009（5）：45-48.
② 吴建喜，池建．论我国竞技体育发展方式转变中体教结合向体教融合的嬗变［J］．北京体育大学学报，2014（4）：88-93.
③ 刘扶民，汪晖．基层竞技体育后备人才培养新模式探索——以浙江衢州为例［J］．体育文化导刊，2018（12）：1-5.
④ 王松，张凤彪，崔佳琦．我国竞技体育后备人才培养研究述评［J］．上海体育学院学报，2020（7）：16-25.
⑤ 胡小明．从"体教结合"到"分享运动"——探索竞技运动后备人才培养的新路径［J］．体育科学，2011（6）：5-9.

综上所述，随着经济、社会发展及人们价值观念的变化，我国形成于计划经济时期的"体校—省市体工队—国家队"的"三级式"竞技体育后备人才培养模式，其问题与弊端日益突出。学者们提出应向政府主导、多元主体合作的"多元化"培养模式（如"体教结合"）迈进，建立体育系统、教育系统和社会系统联合培养的多元后备人才培养模式，为我国竞技体育后备人才培养模式的发展提供了可资借鉴的理论基础。

第四节　国内外足球后备人才培养模式现状

一、"足球后备人才"概念界定

对"足球后备人才"进行准确合理的定义，是研究"足球后备人才培养模式"的逻辑起点。

要对"足球后备人才"进行合理界定，首先，必须先认识与之相关联的概念——人才。《现代汉语词典》对人才给出的定义是："德才兼备、有某种特长的人。"强调人才应是全面发展、某种特长突出之人。人才学界比较认可的是叶忠海对人才的界定：人才是指在一定社会条件下，具有一定知识和技能，能以其创造性劳动，对社会或社会某方面的发展，作出某种较大贡献的人。[①] 本研究采用《现代汉语词典》对"人才"的界定，认为"人才"应是"特长突出、全面发展的人"。

其次，根据"属+种差"的"定义"界定规则，足球后备人才的属概念应为竞技体育后备人才。要明晰足球后备人才的概念，就应当对其上位概念"竞技体育后备人才"有明确的认识。贺新奇认为，竞技体育后备人

---

① 叶忠海. 人才学基本原理［M］. 蓝天出版社，2004：115-127.

才泛指在身体、心理上具有较高水平运动能力的潜质，能接受系统的训练并参与相应的正式竞赛，具有取得优异成绩可能性的个人。① 阳艺武认为，狭义的竞技体育后备人才专指具有一定潜能的青少年运动员这一特殊群体。②

再者，足球后备人才培养相关政策的表述也能为足球后备人才概念的界定提供依据。如《全国青少年校园足球活动的实施方案》对指导思想的表述，即"以增强学生体质，培养青少年拼搏进取、团结协作的体育精神为宗旨，通过广泛开展校园足球活动，建立和完善小学、初中、高中和大学四级足球联赛，在青少年学生中普及足球知识与技能，形成校园足球文化，从而培养全面发展、特长突出的青少年足球后备人才"。另外，《中国足球改革总体方案》的出台，揭示了我国足球后备人才的本质内涵，即通过教育系统、体育系统和社会团体的多元化培养体系，以培养足球技能和健全人格全面发展的人才，这突出了足球技能与健全人格的协同发展。

基于以上要点，本文尝试将足球后备人才的概念界定为：通过教育系统、体育系统和社会团体等培养主体实施系统训练、正式足球竞赛和文化学习，为高层次足球竞技领域输送"足球特长突出、人格全面发展"的青少年球员。由此可知，对足球后备人才的界定不应仅仅局限于竞技水平单一的发展，而应考虑文化、人格、竞技等多维度的发展，是一种全面的综合性发展。

为明晰研究边界，针对足球后备人才概念所涉及的青少年年龄范围、主体身份以及足球后备人才培养主体等做进一步界定。其中，针对青少年的年龄范围界定，不同国家、不同项目对其界定有所不同。如美国健康促

---

① 贺新奇. 我国足球后备人才培养体制研究 [D]. 北京体育大学博士论文，2008.

② 阳艺武. 体育强国背景下我国竞技体育后备人才培养的理论问题思考 [D]. 第 3 届中国体育博士高层论坛论文集，2010.

进的纲领性计划《健康美国人 2020》将青少年定义为 13—18 岁的人群。①
国内有学者从广义、狭义两个角度对青少年进行界定：广义的青少年包括
儿童（6—11 岁）、狭义的青少年（12—17 岁）和青年（18—40 岁）三个
年龄段；狭义的青少年指个体由儿童转变为成人的过渡期，特指 12—17
岁的未成年人，12—14 岁为少年期，即青春期，15—17 岁为青年初期。②

本书在结合各学者对青少年年龄范围界定基础上，依据足球项目的特
点，将青少年球员年龄范围界定为"7—18 岁"之间。同时，针对青少年
球员主体身份的界定，本书选取的研究群体为进行系统训练、足球竞赛和
文化学习的青少年球员。针对足球后备人才培养主体的界定，本书在关于
我国足球后备人才培养模式现状调查与分析部分，鉴于当前我国足球后备
人才培养主体的构成是教育系统、体育系统和社会团体，因此，选取的足
球后备人才培养主体有校园足球特色学校、足球学校、业余足球俱乐部、
各级青训中心和职业足球俱乐部梯队。

二、"人才培养模式"概念界定

为客观全面地界定"人才培养模式"，首先要分析何为模式、何为人
才培养。

关于模式，维基百科词条将其解释为解决问题的方法论，并将其方法
概括、归纳到理论高度，即为模式。《现代汉语词典》将其定义为某种事
物的标准形式或标准样式。③《辞海》对其的定义是范本或模本的式样。④

---

① Healthy People 2020 Physical Activity ［EB/OL］. http：//www. Healthypeople. gov/2020/
topicsobjectives2020/overview. aspx？topicid＝33.

② 莫晓春. 关于"青少年"年龄界定问题的思考［J］. 广西青年干部学院学报，2009
（2）：44-46.

③ 中国社会科学院语言研究所词典编辑室. 现代汉语词典［M］. 北京：商务印书馆，
2016：895.

④ 夏征农. 辞海［M］. 上海：上海辞书出版社，1999：178.

在认知心理学中，模式是指信息处理的过程；在社会学中，模式是指研究自然现象或社会现象的解释方案和理论图式，是指一种思维方式和思想体系。此外，各学者也给出了对模式内涵的理解。宋遂周认为，模式是实践与理论的结合，是理论的体现，是经验的抽象概括。① 董泽芳认为，模式是在一定思想指导下，建立某种活动的理论模型与操作样式，它由若干要素组成。② 林俪认为，模式就是从不断重复出现的事件中发现和抽象出的规律。③ 可见，模式作为一种思想体系，指在一定思想指导下，运用相应的方法和手段去解决某种问题，并将方法和手段概括、归纳到理论高度，即为模式。

关于人才培养，国景涛认为，培养主体通过预设培养目标，并在培养过程中采取一定培养措施作用于培养客体，使其身心发生变化，以使培养客体达到预设的培养目标。④ 另有董泽芳认为，人才培养涉及教育理念的提出、培养目标的确定、培养对象的选择、培养主体的开发、培养途径的利用、培养过程的优化、人才培养的制度保障。⑤ 可见，人才培养作为一个系统工程，包括理念、主体、客体、目标、途径、模式与制度七个要素。

而关于"人才培养模式"概念的理解，学术界更是定义繁多，代表性的主要观点如表所示。

---

① 宋遂周. 中国民族院校人才培养模式研究 [D]. 中央民族大学博士论文，2010.
② 董泽芳. 高校人才培养模式的概念界定与要素解析 [J]. 大学教育科学，2012（3）：30-36.
③ 林俪. 中国青少年足球培养模式研究 [D]. 北京体育大学硕士论文，2012.
④ 国景涛. 中德青少年足球人才培养模式的比较研究 [D]. 山东师范大学硕士论文，2011.
⑤ 董泽芳. 高校人才培养模式的概念界定与要素解析 [J]. 大学教育科学，2012（3）：30-36.

表 0.2　人才培养模式定义一览表

研究者	人才培养模式定义
国景涛	人才培养模式是在一定现代教育理论、教育思想指导下按照特定的培养目标和人才规格，以相对稳定的教学内容和课程体系。管理制度和评估方式，实施人才教育的过程的总和①
董泽芳	人才培养模式是在特定教育理念指导下，为实现特定人才培养目标，有关人才培养过程的运作模型和组织样式，主要由人才培养理念、专业设置模式、课程设置方式、教学制度体系、教学组织形式、隐性课程形式、教学管理模式与教育评价方式八大要素构成②
刘明浚	人才培养模式是指在一定办学条件下，为实现一定教育目标而选择的教育、教学式样③
俞信	人才培养模式是在一定教学理念指导下，根据培养目标的要求，构成人才培养体系所有要素的系统结构④
龚怡祖、阴天榜等	人才培养模式是在一定教育理论指导下，为实现特定培养目标而采取的组织形式和运行机制，它是对培养过程的谋划、建构和管理⑤

由上表可知，学者们对人才培养模式的定义各不相同，但归纳起来，人们对人才培养模式属性的认识主要体现在"结构"或"过程"范畴的争议上。持"结构范畴"观点的学者认为，人才培养模式是在一定教学理念指导下，根据培养目标的要求，构成人才培养体系所有要素的系统结构；持"过程范畴"观点的学者认为，人才培养模式是在一定教育理论指导下，为实现特定培养目标而采取的组织形式和运行机制，它是对培养过程的谋划、建构和管理。

本书认为，虽然不同的学者对人才培养模式定义有不同理解，但他们

① 国景涛. 中德青少年足球人才培养模式的比较研究 [D]. 山东师范大学硕士论文，2011.
② 董泽芳. 高校人才培养模式的概念界定与要素解析 [J]. 大学教育科学，2012（3）：30-36.
③ 刘明浚. 大学教育环境论要 [M]. 航空工业出版社，1993：188.
④ 俞信. 对素质和人才培养模式的基本认识 [J]. 高等工程教育研究，1997（4）：9-11.
⑤ 龚怡祖. 略论大学培养模式 [J]. 高等教育研究，1998（1）：86-87；阴天榜，张建华，杨炳学. 论培养模式 [J]. 中国高教研究，1998（4）：44-45.

相互间并不冲突，本质认识上是一致的，其一致性表现如下：（1）人才培养模式受特定教育理念的指导；（2）人才培养模式的本质为实现人才培养目标；（3）人才培养模式是由培养理念、培养目标、培养过程、培养管理和培养评价等要素构成的系统结构。

基于前人研究成果，本书将人才培养模式定义为：在一定教育理念指导下，为实现特定人才培养目标，由培养理念、培养目标、培养过程、培养管理和培养评价等要素构成的有关人才培养过程的设计与建构范式。本书将以此定义作为后续研究工作的逻辑起点开展研究工作。

三、"足球后备人才培养模式"概念界定

通过以上对足球后备人才与人才培养模式概念的阐释，以及结合相关学者对"足球后备人才培养模式"概念的界定，本书尝试将足球后备人才培养模式定义为：在一定教育理念指导下，为培养足球特长突出、全面发展的青少年球员，由培养理念、培养目标、培养过程（即培养路径、训练、竞赛、教练员培育）、人才培养管理和人才选拔评价等要素构成的有关足球后备人才培养过程的设计与建构。

四、国内足球后备人才培养模式研究

足球后备人才培养模式的产生、发展与其所处的社会经济体制相联系。计划经济体制时期，人才培养由政府直接出资进行管理，形成国家队、省市体工队和业余体校训练的"三级训练"人才培养模式。伴随着我国社会主义市场经济体制的逐步建立，"三级训练"人才培养模式长期以来存在的弊端，如学训矛盾、高淘汰率、人才培养渠道单一等问题也日益凸显。基于此，1986年，"体教结合"的提法与实践应运而生。之后，随着我国社会主义市场经济的不断深入和体育发展体制的不断完善，又出现了多元化的后备人才培养模式，如"职业俱乐部梯队模式""足球学校后

备人才培养模式""业余足球俱乐部后备人才培养模式"等。可以说，多元化培养模式更符合现阶段我国国情和发展现状。现基于我国足球后备人才培养模式产生与发展状况，对前人在这三方面的研究进行梳理、总结。

（一）"三级训练"培养模式

计划经济体制时期建立起来的业余体校—省市专业队—国家队"三级训练"足球后备人才培养模式，这在当时我国资源匮乏的时代，通过集中有限的人力、物力、财力发展足球后备力量，曾为我国培养了一大批足球后备人才，促进了我国足球运动的发展。但是，在计划经济体制下，这样一种独立运作、教体分离、自成体系的人才培养模式，由于权力高度集中、利益主体单一、自我调节机制和活力缺乏等原因，难以适应我国日益社会化的国情。① 同时，有学者进一步指出"三级训练"人才培养模式存在后备人才培养资源配置效率不高、培养过程中激励不足、培养目标单一、球员全面发展受阻、人才培养粗放经营、科技含量不足、培养效益不高等问题，亟须改进。②

（二）"体教结合"培养模式

改革开放后，随着计划经济向市场经济转型过程中政府对足球后备人才培养拨款逐年减少以及不再负责退役运动员的安置等问题，使得原有的三级训练模式的中间和底层生源减少，招生困难，足球后备人才数量不足现象日益突出。在此大环境下，1986 年出现了"体教结合"学习训练模式，以谋求运动员的全面发展。但经过 20 多年的实践，从足球后备人才逐年减少的人口数量和历年运动水平来看，"体教结合"培养模式效果似

---

① 梁栋. 可持续发展理论原则与转型期我国足球后备人才培养的研究——中国足球学校与 BTV 三高足球俱乐部的剖析 [D]. 北京体育大学博士论文，2002.
② 曹卫华. 中国女足后备人才培养研究 [D]. 北京体育大学硕士论文，2008；贺春亮. 北京市青少年足球运动员培养路径研究 [D]. 北京体育大学硕士论文，2008.

乎并不理想。①

　　为普及足球运动，实现青少年足球人口大幅增加，2009 年 6 月，国家体育总局和教育部联合成立了"全国青少年校园足球工作领导小组"，正式启动"全国校园足球计划"。自校园足球活动开展以来，全国各地积极贯彻落实党中央、国务院的决策部署。在有关部委的通力合作下，校园足球改革发展在组织领导、政策体系、教学改革、特色示范、竞赛联赛、师资队伍、经费投入等方面积极探索，不断创新，校园足球工作取得了重要阶段性成果，为今后的发展打下了良好的基础，但是，总体来看，校园足球还处于起步阶段，"身板"还很薄弱。②

　　比如，有学者论述了校园足球顶层设计存在的问题：现行体育体制的落后制约了校园足球良性发展；无视教育规律，校园足球布局不合理；经费投资低效等；③ 顶层设计普及性与具体落实差别性之间的矛盾。④ 校园足球实践过程中存在的问题主要表现为：在深化落实校园足球政策的实践过程中存在着急功近利思想、教体联动不足、指导内容的空乏及评价考核偏离等原因，致使校园足球实践存在着教育价值偏离、发展目标错位、管理运行分化、内容形式化、教师教练化等现象；⑤ 面临培养环境之困、培

---

① 周刚，贺凯．我国"体教结合"足球后备人才培养体系研究分析 ［J］．湖北体育科技，2011（2）：134-136.

② 陈宝生．在第四次全国青少年校园足球工作领导小组会议上的讲话 ［Z］．北京：2018-12-10.

③ 毛振明，刘天彪，李海燕．校园足球实施一年来的成绩、经验与问题——论"新校园足球"的顶层设计之四 ［J］．武汉体育学院学报，2016（3）：5-10.

④ 袁田．新周期下我国校园足球发展若干问题的理性思考 ［J］．武汉体育学院学报，2017（10）：82-87.

⑤ 娄方平，向禹．校园足球实践发展审视：现象、成因与治理 ［J］．武汉体育学院学报，2016（3）：96-100.

养主体之困以及项目发展之困；① 形式主义严重，偏离真义，"初心"跑偏；② 校园足球角色与功能错位、发展思维与发展模式激进、功利主义与应试教育观念严重；③ 校园足球发展中存在着发展"真义"偏离、内容形式陷于窠臼、条件保障欠缺、区域发展失衡、管理运行分化等问题；④ 各自为战，统合不够；制度滞后，机制不足；资源不足，难惠基层；⑤ 资源开发不充分，师资力量缺乏；保障体系不健全；训练和比赛水平低；⑥ "学、训"矛盾以及家长的不支持，导致学生参与足球活动的积极性降低；⑦ 校园足球统筹发展不均衡，⑧ 高中、初中、小学之比远没达到预想；⑨ 校园足球活动的育人功能落实不到位；普及与提高的关系异化；⑩ 校本课程开设不力、课外活动不力、内容方式陈旧。⑪

（三）社会参与模式

随着我国社会主义市场经济的不断深入和体育发展体制的不断完善，

———————————

① 段炼，张守伟．中国校园足球后备人才培养的现实困境与破解之道［J］．体育文化导刊，2019（11）：92-96.

② 张廷安．中国校园足球未来发展中应当确立的科学发展观［J］．北京体育大学学报，2015（1）：106-113+131.

③ 何强．校园足球热的冷思考［J］．体育学刊，2015（2）：5-10.

④ 李卫东，刘艳明，李溯等．校园足球发展的问题审视及优化路径［J］．上海体育学院学报，2019（5）：19-23.

⑤ 贺新奇．我国足球后备人才培养体制研究［D］．北京体育大学博士论文，2008.

⑥ 毛振明，刘天彪．再论"新校园足球"的顶层设计——从德国青少年足球运动员的培养看中国的校园足球［J］．武汉体育学院学报，2015（6）：5-11.

⑦ 石鑫．内蒙古自治区足球后备人才培养体系的研究［D］．北京体育大学硕士论文，2018.

⑧ 罗冲，龚波．新形势下中国校园足球青训体系的内涵、困境与出路［J］．武汉体育学院学报，2019（4）：80-85.

⑨ 刘海元，冯天民．对全国青少年校园足球特色学校建设若干问题的思考［J］．体育学刊，2019（2）：6-15.

⑩ 龚波，陶然成，董众鸣．当前中国校园足球若干重大问题探讨［J］．上海体育学院学报，2017（1）：61-67.

⑪ 董众鸣，柳志刚．上海市校园足球活动开展现状、存在的问题及建议［J］．上海体育学院学报，2015（4）：90-94.

特别是在足球职业化改革后，足球后备人才培养也开始由过去封闭、单一化模式向着开放、多元化模式转变，出现了职业俱乐部梯队、足球学校和业余足球俱乐部等社会办学模式。多元化主体的人才培养模式符合市场经济的趋势与要求，但在市场经济条件下，诸多问题也暴露出来，这些问题的存在，也引起学界的高度关注并在以下方面产生了研究成果。

第一，关于职业俱乐部梯队培养模式的研究。有学者研究认为：部分俱乐部对后备人才培养重视不够，人才整体水平不高、对青少年运动员培养规律认识不够深刻，影响年轻球员的全面发展；部分俱乐部以盈利为目的，造成较坏的社会影响；① 梯队年龄断层明显，单支梯队运动员数量偏多，选拔机制不严格，运动员整体水平不高；② 俱乐部对后备人才培养力度不大，后备梯队建设数量少，各梯队球员数量分布不均衡，存在年龄断层现象；教练员团队配置不够完善；教练员锦标主义思想严重；青少年球员培养观念落后；球员文化较差。加上"学、训"矛盾突出，使球员出路变窄；比赛体制不完善；③ 经费投资力度不够，场地缺乏；教育系统与体育系统缺乏合作，不重视球员文化课学习；④ 单支球队人数过多，且梯队层次划分单一。⑤

第二，关于足球学校后备人才培养模式的研究。韩勇等人研究指出，足球学校大多实行粗放型经营，缺乏规范管理，办学条件不能达到国家标准；"学、训"矛盾突出，不重视青少年球员的全面培养；有的足球学校甚至以盈利为目的，收费高；训练水平不高、效果差；监管机制不健全；

① 颜中杰. 我国职业足球俱乐部后备人才培养现状与发展对策研究［D］. 上海体育学院博士论文，2009.
② 彭玲群，颜中杰. 我国中超职业足球俱乐部梯队运动员现状研究［J］. 山东体育学院报，2012（6）：81-87.
③ 李瀚宇. 中超职业足球俱乐部后备足球人才培养模式研究［D］. 山东体育学院硕士论文，2013.
④ 周远清. 关于深化教育体制改革，培养适应21世纪需要高质量人才的意见［R］. 1998.
⑤ 顾伟农，张红松，李政君. 广东省中超职业足球俱乐部后备人才培养研究——以广东省恒大、富力足球俱乐部为例［J］. 广州体育学院学报，2016（6）：80-84.

后备人才出路过窄等问题。① 刘江南指出，传统足球学校存在的问题依然未能有效解决。②

第三，关于业余足球俱乐部后备人才培养模式的研究。王长权等人研究指出，业余足球俱乐部整体发展快，但区域发展不平衡；俱乐部管理不完善，市场监管力度不够；俱乐部对教练员投入不够；教练员拥有较高的专业技能，但文化程度不高；"学、训"矛盾突出，忽视球员文化知识的学习；收费高；球员出路较单一。③

综上所述，在计划经济体制时期，我国足球后备人才培养以业余体校——省市专业队——国家队"三级训练"培养模式为主，伴随着我国社会主义市场经济体制的逐步建立与发展，当前我国足球后备人才培养逐渐转变为"体教结合"模式，以及社会参与培养模式为主的多元化培养模式。三种培养模式在不同历史阶段均为我国足球后备人才培养做出了突出贡献，但通过对文献的分析可知，不同模式的产生是为了更好地解决原有模式存在的不足。因此，本研究将在前人研究成果基础上探讨当前我国足球后备人才培养模式存在的问题并探寻发展的思路，以进一步完善我国足球后备人才培养模式。

五、国外足球后备人才培养模式相关研究

由于社会经济、文化等的差异，国外足球后备人才培养模式与我国存在一定差异。相关的学术研究也从不同的视角和层面对国外足球后备人才培养模式进行了研究，具体内容如下。

---

① 韩勇，王蒲. 中国足球学校现状与对策研究［J］. 首都体育学院学报，2001（2）：68-72.

② 刘江南. 中国青少年足球训练理论与实践探索：恒大足球学校的实证研究［J］. 首都体育学院学报，2017（5）：399-403.

③ 王长权，郎健，叶志竞. 中国青少年足球俱乐部发展现状的研究［J］. 沈阳体育学院学报，2008（5）：97-100.

（一）德国足球后备人才培养模式研究

侯志涛研究指出，德国推行以职业足球俱乐部竞技中心、培训基地、足球精英学校为主，结合学校足球的培养模式。① 国景涛研究指出，德国重视青少年足球普及工作，运用科学合理的训练方法与手段对不同年龄段和不同层次的青少年足球人才进行培养，建立了"业余俱乐部—各地区训练中心—国家级青训中心"的全方位、立体化的培养模式。② 范海龙研究指出，德国足球后备人才培养以职业足球俱乐部竞技中心、青训基地、足球精英学校为主，结合学校足球、业余俱乐部的综合培养体系。③ 另外，还有研究指出，德国足球人才培养的核心理念是"兴趣培养，教育为先"。④ 德国足球后备人才培养模式以俱乐部梯队培养为主，但也十分重视俱乐部与学校的合作。⑤

（二）法国足球后备人才培养模式研究

目前，对法国足球后备人才培养模式进行专门研究的成果尚未出现，但研究法国青少年足球的相关文章中稍有涉及。例如，邱林通过对法国足球后备人才培养体系进行研究发现，法国秉持的培养理念是注重发展青少年球员的公民意识、比赛能力、身心发展。训练方面奉行"五环节训练课"模式，其竞赛模式包括俱乐部竞赛与学校竞赛两种形式，其选拔模式分为校园足球和俱乐部足球选拔两种方式，共同构成了完善的教练员培训体系。⑥ 李春阳对法国青少年足球训练理念进行分析，指出其核心理念是

---

① 侯志涛. 中、日、德三国青少年男子足球培养模式的比较分析 ［D］. 北京体育大学硕士论文，2011.

② 国景涛. 中德青少年足球人才培养模式的比较研究 ［D］. 山东师范大学硕士论文，2011.

③ 范海龙. 中日德足球后备人才培养模式比较研究 ［D］. 上海师范大学硕士论文，2013.

④ 德国足协. 青少年足球训练指导纲要 ［EB/OL］. ［2018-12-26］. https：//www.dfb.de/ligen-maenner/.

⑤ 罗建钢. 国外足球后备人才培养体系及其启示 ［J］. 体育学刊，2013（4）：35-38.

⑥ 邱林，王家宏，戴福祥. 中法青少年足球培养体系比较研究 ［J］. 上海体育学院学报，2017（6）：34-41.

一切训练围绕比赛，以培养球员的思考能力和创造力。① 李志荣对法国青少年球员培养进行研究发现：法国培养优秀青少年球员的模式为俱乐部青训中心和"尖子班"制度并非常重视青少年球员文化课的学习。青少年球员的发展出路主要有升学和签约俱乐部等形式。②

（三）英格兰足球后备人才培养模式研究

有研究认为，英格兰足球后备人才培养方式主要包括基础层次的校园足球和社区足球俱乐部以及提高层次的职业俱乐部青训梯队。③ 为提高学校和社区青少年足球参与，英格兰足球总会（FA）于 1997 年推出"特许标准计划"，将校园足球从低到高依次分为初级学校、初级发展学校、中级学校、中级发展学校和专业学校，并建立相对应比赛。同时，建立县郡、地区、全国性比赛；将社区足球从低到高依次分为标准俱乐部、标准高级俱乐部和标准社区俱乐部。④ 此外，为了促进青少年球员不断提高，英格兰足球总会于 2011 年 10 月 20 日推出"精英球员计划"，构成了一个"4 级 3 段"的青训体系，并对各级足球学院和各个阶段的培养目标、训练模式、比赛安排、球员管理做了具体说明。⑤

（四）日本足球后备人才培养模式研究

我国学者从不同角度研究了日本足球后备人才培养模式。例如，侯志涛研究指出，日本足球后备人才培养以学校足球培养、职业俱乐部梯队、

---

① 李春阳. 法国青少年足球训练实践与理念及其启示 [J]. 体育学刊, 2017 (6)：127-131.

② 李志荣, 杨世东. 英、德、法、日四国校园足球后备人才培养特点分析 [J]. 体育文化导刊, 2018 (1)：116-121.

③ 陈栋, 周红妹, 李博等. 英格兰足球后备人才培养体系解读及启示 [J]. 体育文化导刊, 2017 (8)：87-92.

④ 英国学校优秀足球苗子选拔培养制度及教学指南调研 [J]. 基础教育参考, 2015 (11)：73-77.

⑤ 李博, 陈栋, 陈国华. 英格兰足总《精英球员表现计划》解读与启示 [J]. 沈阳体育学院学报, 2017 (1)：106-111+144.

足球学校培、训练中心培养为主。① 徐金山、陈效科等通过对日本青训状况的调研指出，日本结合自身实际情况，建立了俱乐部训练中心制度。② 王鹏涛基于对学校足球后备人才培养的研究指出，日本的小学、中学和大学建有自己的足球俱乐部，并组织足球队进行校际足球比赛。③ 陆小聪基于对职业俱乐部后备人才培养的研究指出，为了重视后备人才培养，在J联赛举办初期，J联盟就制定了明确规范的俱乐部准入制度，明确要求俱乐部建立二线队、三线队和四线队，并对各球队年龄分别做了明确界定。④ 任春刚的研究指出，日本模式有如下特征：对青少年足球人才的培养比较普及化、学校化；家庭投入小，俱乐部投入大；重视球员文化教育；学习巴西足球风格，但又追求团队合作；培训体系开放，通过"走出去、请进来"模式培养优秀球员。⑤

综上所述，国外足球后备人才培养模式虽不尽相同，但均以政府、社会相结合为主。总结其经验为：拥有明确且统一的足球后备人才培养理念并深入贯彻执行；在学校普及足球活动以扩大后备人才培养基数；引入市场机制促进足球后备人才培养；实施训练、竞赛分级；后备人才培养以社会参与模式为主，政府在后备人才培养过程中起主导作用。可见，国外足球强国通过建立本国特色的足球后备人才培养模式使其足球后备人才源源不断，这为进一步完善我国足球后备人才培养模式提供了很好的借鉴意义。

---

① 张廷安. 中国校园足球未来发展中应当确立的科学发展观 [J]. 北京体育大学学报，2015（1）：106-113+131.

② 徐金山，陈效科，金嘉燕. 对日本青少年足球发展进程的研究 [J]. 中国体育科技，2002（5）：16-19.

③ 王朋涛. 对日本足球后备力量培养状况的研究 [J]. 辽宁体育科技，2003（2）：17-19.

④ 陆小聪，乔超，郑莉敏. 日本职业足球运动的历史与现状 [J]. 体育科研，2009（5）：49-52.

⑤ 任春刚. 世界主要足球强国后备人才培养模式及启示 [J]. 沈阳体育学院学报，2011（6）：117-120.

六、国内外足球后备人才培养模式对比研究

有研究认为，国外足球后备人才培养模式注重人的全面发展；注重人才培养短、长期目标的有机结合；注重各人才培养方式的紧密衔接；比赛种类和场次多；教练员培育体系完善。[①] 另有研究指出，较之中国，国外足球后备人才培养拥有先进的培养理念，注重球员全面发展；采用"体教结合"的人才培养模式；拥有科学完整的青少年足球训练大纲。[②]

此外，虽然专门对中外足球后备人才培养模式进行比较研究的文章不多见，但是对中外足球后备人才培养进行研究的文章中对该主题亦有所涉及。如有研究指出，相比于世界足球强国，我国足球后备人才培养以足球学校、职业足球俱乐部后备梯队为主，忽视学校足球。[③] 另有研究指出，发展校园足球是我国足球后备人才培养的必然选择。[④] 再者，学者对人才培养模式各组成要素的中外对比研究中发现，与中国相比，国外俱乐部足球后备人才选拔方式多样、训练科学、竞赛类型与比赛场次较多、重视球员文化教育、球员出路多样。[⑤] 发展目标长远且具体，重视学校足球的开展，教练员综合素质过硬。[⑥] 相比法国，我国足球后备人才培养理念不统

---

① 张廷安．中国校园足球未来发展中应当确立的科学发展观［J］．北京体育大学学报，2015（1）：106-113+131.

② 毛振明，何宜川，查萍．"足球操"辨析与校园足球大课间的发展构想［J］．沈阳体育学院学报，2018（6）：1-5.

③ 孙一，梁永桥，毕海波．中、日、韩三国青少年足球培养体系比较研究［J］．中国体育科技，2008（4）：60-65.

④ 江金哲，郑华玲．中韩足球后备人才培养渠道的对比研究［J］．宜春学院学报，2010（4）：161-162.

⑤ 颜中杰，马成全，矫洪申．中外职业足球俱乐部后备人才培养比较研究［J］．武汉体育学院学报，2009（8）：76-81.

⑥ 孙一，梁永桥，毕海波．中日足球青少年培养比较［J］．北京体育大学学报，2008（9）：1173-1176.

一、培养路径主线不明、缺乏符合足球项目发展规律的训练模式等问题。①
与德国相比，我国存在培养理念不明确、培养路径不清、竞赛体系不完
善、选拔体系缺乏衔接载体、教练员培训体系亟待规范等问题。②

综上所述，我国虽已形成多元化的足球后备人才培养模式，但相比于
国外足球强国的后备人才培养模式，当前我国足球后备人才培养模式各组
成要素在实践运作过程中存在一定偏差，如培养理念不明确、培养路径不
清、竞赛体系不完善、选拔体系缺乏衔接载体、教练员培训体系亟待规范
等问题。因此，如何解决以上问题，是需要进一步探讨的难点。

---

① 郝纲. 中国校园足球活动开展的现状问题及对策研究 ［J］. 当代体育科技，2018（26）：
167+169.
② 胡琦，谢朝忠. 中德青少年足球人才培养体系比较研究 ［J］. 体育文化导刊，2019
（10）：49-55.

第一章

中国足球后备人才培养模式研究

全人教育以培养"整全人"为根本目的，对促进人的全面发展具有重要指导作用。足球后备人才培养模式作为对足球人才培养过程的设计与构建，决定人才培养质量。面对当前我国足球后备人才培养的工具化、片面化倾向，本章将通过文献研究法、访谈法、实地考察法、问卷调查法等研究方法，从全人教育视角对我国足球后备人才培养模式各组成要素（如人才培养理念、人才培养管理、人才培养路径、教练员培育、选材、训练和竞赛）的实践运作进行调查分析。

第一节 中国足球后备人才培养模式历史回顾

自新中国成立以来，我国足球后备人才培养工作已走过七十多年的历程。回顾历史，可以总结一定的经验和不足，以为新时代我国足球后备人才培养工作提供参考。依据我国政治、经济发展和足球事业改革历程，可将我国足球后备人才培养模式的发展分为两个阶段：计划经济下足球后备人才培养阶段和市场经济下的足球后备人才培养阶段，① 下面分而述之。

---

① 任春刚. 世界主要足球强国后备人才培养模式及启示［J］. 沈阳体育学院学报，2011（6）：117–120.

一、计划经济下足球后备人才培养模式

新中国成立初期，由于我国国际地位与声誉尚处在上升期，通过体育来创建与国际社会沟通、交流的环境，成为国家施政方略之一。作为关系体育事业全面、协调、可持续发展的竞技体育后备人才培养，在举国体制背景下，借助政府的行政优势，在国家行政力量干预下，获得了快速发展。而作为世界第一运动的足球，建立起了以青少年业余体育学校、普通业余体校、传统项目学校、学校体育班、基础训练点、基层代表队等为塔基，以重点业余体校、体育中学、单项运动学校和体育运动学校为塔身，以高校代表队、厂矿代表队、解放军代表队、省市代表队和国家代表队为塔尖的金字塔形的、层层衔接的业余训练与专业训练三级人才培养体系。其突出特点是：塔基注重扩大人才规模、打好基础；塔身侧重于提高运动技术水平，并向上一级队伍输送人才；塔尖则集中最优秀运动员，代表最高水平。这一时期的足球后备人才培养模式，其优点是借助社会主义制度优越性，发挥党和政府的领导能力、组织能力和动员能力，高效整合全国各方面人力、物力和财力等优势资源，保证了优秀青少年球员的选拔与集中培养，为我国造就了一大批优秀的足球后备人才，有力地推动了我国足球运动的发展和提高。

然而，这一人才培养模式在为我国培养大量足球后备人才的同时也暴露出诸多弊端。例如，我国业余体校将青少年集中到一起学习、训练、生活，虽然有利于加强对青少年的集中管理，但由于青少年过早脱离家庭、学校和社会，导致其身心健康成长受到影响。此外，早期进行专业化训练、大运动量训练的现象严重，导致青少年潜力过早开发，阻碍了青少年运动员的长远发展。究其原因，是因为在计划经济体制下，我国的足球事业以政府为单一主体，足球事业的发展战略由政府单独制定，这导致我国足球事业完全依附于政府行政行为，其发展战略和发展目标表现出明显的政治化色彩，如各省（市）队把"提高运动技术水平，创造优秀运动成绩"作为培养目标，把运动成绩看作最主要的培养目的；青少年体育运动学校则以"培养与输送优秀足球后备人才"作为培养目标。

二、市场经济下足球后备人才培养模式

1992 年以后，随着社会转型、制度变迁，足球运动逐步走向市场化和职业化道路，最终带来中国足球后备人才培养模式的重大变化。在投资方式上，转变为以社会投资为主、国家为辅，并形成了以俱乐部为主体、多种形式并存的足球后备人才培养模式。其中，主要形式包括足球学校、体育传统项目学校、体育运动学校、职业足球俱乐部梯队和青少年业余足球俱乐部。可见，随着我国经济的飞速发展、市场经济地位的确立、社会力量的崛起，通过构建举国体制与市场机制相结合的足球后备人才培养体制、机制，推进政事分开、事企分开、管办分离，形成了足球后备人才培养中的"小政府、强社团、大社会"的发展格局，有力地推进了我国足球后备人才培养模式在培养主体、投资主体、培养方式等方面的多元化发展，使得我国足球后备人才数量呈逐年上升趋势。

虽然我国足球后备人才培养形成了以政府与社会主体联合进行的模式，但总体来看，在市场经济体制下，政府在这种多元化模式中仍处于主导地位，其制定的人才培养发展战略和发展目标呈现出明显的政治化倾向；同时，受社会功利化思想的影响，各培养主体急功近利的人才培养理念严重，在人才培养过程中"重技轻教"，轻视青少年球员的文化教育，以取得优异的比赛成绩为人才培养目标。受此人才培养目标的指引，在训练方面，为了追求比赛成绩，教练员忽视青少年球员培养规律，对青少年进行早期专业化、成人化训练；在竞赛方面，虽然建立起竞技与普及两个系列的相对稳定和完整的竞赛体系，但足球管理者为了追求好的政绩，把主要精力放在了提高系列的竞赛方面。此外，教练员为了追求短期比赛成

绩，在各级各类比赛中虚报年龄，以大打小；在足球后备人才选拔方面，各培养主体在足球后备人才的测试、考核、选拔上仍主要采用终结性评价方法，教练员主观地以球员的比赛表现及一些原有的技能标准来判断、选拔和评价队员。可见，市场经济下多元化的足球后备人才培养模式虽然在足球后备人才培养数量上呈现逐年上升趋势，但由于受急功近利思想的影响，导致在人才培养的具体实施过程中出现偏差，最终使青少年球员全面、可持续发展受阻。

第二节　全人教育视角下足球后备人才培养模式研究的现实意义与可行性分析

如前所述，长期以来，我国足球后备人才培养模式虽然为国家培养了大批优秀的足球后备人才，有力地推动了我国足球运动的发展和提高，但各培养主体在人才培养过程中"重技轻教"思想严重，导致足球后备人才培养的工具化、片面化倾向。这种现象有悖于足球后备人才培养落实立德树人根本任务的要求。因此，为实现足球后备人才培养落实立德树人根本任务，拟从全人教育视角出发审视足球后备人才培养模式构建的现实意义和可行性。

一、全人教育视角下足球后备人才培养模式研究的现实意义

（一）实施"全人教育"是解决足球后备人才培养模式现存问题的指南

全人教育以人的整体发展为导向，强调在教育过程中不仅要重视实用性知识与技能的传授，更要关注人的内在情感体验与人格的全面培养，以实现人的精神与物质的统一。可见，全人教育在关注对学习者知识与技能

传授的同时，更强调对学习者人文精神的培养，以实现"整全人"培养目的，隆·米勒也曾指出，全人教育是用人文教育的方法来实现全人发展的目的。① 这表明，通过在教育的各个部分和环节中落实人文精神的培养，才能真正培养出人文的、道德的、精神的全人。

足球后备人才培养模式作为人才培养过程的理论模型与操作样式，决定了足球后备人才培养质量。然而，当前我国足球后备人才培养模式存在的突出问题，如培养目标单一、人文关怀缺失、文化教育不受重视、社会化教育缺位等现象，充分反映了我国足球后备人才培养过于强调人的工具理性，而忽视青少年作为"人"的价值理性这一现实。过于强调比赛成绩，而忽略青少年自身发展需要，缺乏对青少年球员完整人格的培育，违背了"足球后备人才培养最终目标是促进人的全面发展"这一本质要求，严重影响了我国足球后备人才培养质量。因此，作为强调对学习者人文精神进行培养的全人教育，是解决足球后备人才培养模式现存问题的科学指南，能够保障青少年球员在收获知识与技能的同时孕育其完美人格，以实现青少年球员的整全人的培养目的。

（二）实施"全人教育"是实现足球后备人才培养目标的重要途径

2015 年 3 月 16 日，在《国务院办公厅关于印发中国足球改革发展总体方案的通知》中，"通过发展和振兴青少年足球，让更多青少年热爱足球、享受足球，使参与足球运动成为体验、适应社会规则和道德规范的有效途径，以及通过足球活动来提高青少年身体素质、丰富文化生活、弘扬爱国主义集体主义精神、锻炼意志，以促进足球运动员身心全面发展"被正式提出；另外，教育部办公厅于 2016 年 6 月印发的《全国青少年校园足球教学指南（试行）》这一文件中，"坚持立德树人，以普及校园足球，培养学生综合素质和促进青少年健康成长为目标"也正式确立。以上

---

① 张东海. 全人教育思潮与高等教育实践研究［D］. 华东师范大学博士论文，2007.

文件共同表明，足球后备人才培养的最终目的是激励青少年形成拼搏进取、团结协作、快乐分享的体育精神；养成尊重规则、尊重对手、尊重观众的行为规范；提升民族凝聚力和自豪感，以最终实现知识、能力、情感和道德等的全面发展。

全人教育注重对受教育者知识、能力、情感和道德等的全面培育，其根本目的是培养"整全人"。所以，其培养目标与我国足球后备人才培养目标相吻合。故以"全人教育"思想指导足球后备人才培养，就成为实现足球后备人才培养目标的重要途径。

二、全人教育视角下足球后备人才培养模式研究的可行性分析

（一）全人教育与"全面发展"的教育在内涵上相通

全人教育的目的在于培养"整全人"，认为"整全人"应具备的基本素质包括智能、情感、身体、社会性、审美和精神性，认为这六方面素质相互联系且以某种方式结为整体，每一种素质都具有无限的发展可能性。因此，全人教育强调，在教育过程中，不仅仅是知识与技能的传授，更要重视人的情感、道德、审美和精神性等内在情感体验与人格的全面培养，以实现"整全人"培养目的。可见，全人教育就其内涵而言，首先是"以人为本"的教育；其次是培养人身心全面发展的教育，"身"即身体，"心"就是心理，包括智能、情感、社会性、精神性和审美，即"真""善""美"。

这与我国倡导的"德、智、体、美、劳全面发展"的教育方针在内涵上相通。一方面，全人教育和全面发展的教育均是"以人为本"的教育，立足于整个生命过程，从人的根本上使人得到发展，使学生自主能动地学习而不是被动地接受，全面发展人的各方面素质，使人的潜能得到最大化的发展，成为适应社会发展的新时代全方位人才。另一方面，全人教育和全面发展的教育在内容主张上都强调人的智育、德育、体育、美育等的和

谐发展，如"德"与"情感""社会性""精神性"相对应，"智"与"智能"相对应，"体"与"身体"相对应，"美"与"审美"相对应。

（二）全人教育与足球后备人才培养最终的培养目标相同

在宏观层面，2020年体育总局、教育部颁布的《深化体教融合，促进青少年健康发展意见》指出：深化具有中国特色体教融合发展，推动青少年文化学习和体育锻炼协调发展，促进青少年健康成长、锤炼意志、健全人格，培养德智体美劳全面发展的社会主义建设者和接班人。而在现代教育发展过程中，足球作为一种有效的教育手段，是学校教育中不可分割的一部分。通过学生身体力行的参与，可使其在掌握足球知识与技能的同时获得真善美的教育和熏陶，实现价值教育与生活实践之间的有效沟通，以达成青少年球员德智体美劳全面发展的培养目的。① 由此可见，学生通过足球活动的参与，可以感知真善美教育的浸润，促进真善美修养的提升。

首先，足球教育内含丰富的"求真因素"——科学教育

长期以来，我国学校体育受到"体质健康论"的影响，强身健体作为一种教学手段反而变成了体育教育的教学目标，导致授课内容以竞技运动内容为主，普遍存在"只见教学，未见育人"的弊端。教育绝不能把知识和技能作为唯一内容，必须承担"立德树人"的重要使命和责任。从这一点上讲，体育教育任重道远。因此，体育教育不能以单纯的运动技能为核心安排教学，而应全面确立起认"真"、求"真"、辨"真"的教育。作为体育教育中的重要内容，足球教学对青少年球员实施"求真"教育而言，有三种途径和表现。

第一，内容真实：足球教练传授科学客观的足球技能和战术。

足球教练要做好足球知识与技能的传授，让青少年球员具备基本的足球知识及技能。在此过程中，必须亲力亲为，亲自体验、亲自参与、亲自感

---

① 体育教育：全人教育的重中之重！［EB/OL］. http://www.sohu.com/a/308777234_546967.

知、亲自提升。必须让球员通过实际的练习和比赛掌握足球知识与技能。

第二，情感真实：足球教练引导青少年球员体验真实的球场情感。

足球教练要在教学过程中不断对青少年球员加以引导，创设各种条件，鼓励青少年通过独立思考内化足球运动中感悟到的良好品德和知识，如怎样正确看待得失成败、如何践行公平原则、何为对竞争对手的应有态度等，使其成为一生受用的行为准则和思考习惯。这些潜移默化的浸润和教育，不仅让青少年球员受益，还能直接或间接地影响家庭和社会。

第三，体验真实：青少年球员在足球训练实践中获得真实参与感受。

在足球训练实践中必须安排一定的负荷强度和负荷量方可实现特定的教育目标。青少年儿童只有通过亲身参与足球运动才能更真实客观地体验到足球运动带来的人生感受，包括成功、失败、团结、奋进、拼搏、挫折、沮丧等情感，从而促进青少年球员的心理发育，提高其抗挫力。

其次，足球教育中渗透丰富的"求善因素"——道德教育

求善的教育对应到实践中即常说的道德教育。在让道德教育结果转化为青少年球员自主、自觉、自为的意愿与追求方面，足球教育具有天生的优势。

在足球教育中，足球教练的崇德敬业、乐于奉献、关爱学生等高尚品德，对青少年球员正确价值观、道德观的建立会产生潜移默化的影响。通过教练的示范作用，球员从接受、认可教练，逐渐发展到模仿教练的耐心、奉献、热情、公平、无私等优点。同时，在足球训练和竞赛中，拼搏精神、同甘共苦、团队意识的氛围能够感染和影响每一位参与者。对培养青少年球员价值取向和社会规范、陶冶青少年球员道德情操、促进青少年球员全面发展等方面，都有积极意义。

最后，足球教育中蕴含丰富的"尚美因素"——美育教育

第一，来自足球技战术的外在美。

足球教育既可以创造美，更可以引导青少年球员感受美、发现美和欣

赏美。足球教育中"美"的表现无处不在。如：球员匀称的体形，健康的肤色，发达的肌肉，足球的传接球、过人、射门、防守等技术，进攻节奏、防守阵型、中场争夺等，无不充分展示出足球的美，能给参与的青少年球员带来充分的美的刺激。

第二，源于心灵深处的内在美。

在足球运动中，青少年球员既可以不断感受着身体形态和足球轨迹、躯体力量与比赛节奏之间的有机统一，更能体验到团结奋进、融洽和谐的相互结合。在此过程中，能自然而然地忘却学习、生活中的压力，获得身心放松的体验，在增强形态美、力量美的同时获得精神美、心灵美的各种感悟。

综上，在宏观层面，党和国家强调在人才培养过程中兼顾国家与青少年球员个人两方面的需要。这具体到足球后备人才培养过程中，即通过青少年亲身参与足球活动，在掌握足球知识与技能同时促进青少年真善美的教育和熏陶，以培养德智体美劳全面发展的社会主义建设者和接班人。全人教育坚持"以社会为本"与"以人为本"的融合，把社会价值和人的价值统一起来。在宏观层面上，全人教育所具有的"以社会为本"与"以人为本"双向价值功能和足球后备人才培养"为国育才"与"青少年球员全面发展"双重使命完全对应契合。因此，全人教育契合了新时期我国足球后备人才培养的现实要求，为我国足球后备人才培养模式改革提供了重要的理论支撑。

（三）足球后备人才培养过程的基本矛盾为其提供了动力

在微观层面，足球后备人才培养要实现青少年球员全面发展的目标，必须构建包括人才培养理念、管理、路径、教练员培育、选材、训练、竞赛等方面在内的人才培养模式。而足球后备人才培养模式作为对足球后备人才培养过程的设计与建构，亦即对人才培养理念、管理、路径、教练员培育、选材、训练、竞赛等因素的设计与建构。因此，足球后备人才培养过程中的矛盾，就是指足球后备人才培养过程中各因素内外部之间存在的矛盾。比如，人才培养理念内部矛盾，从传统的人才培养理念来说，其基本矛盾是对人才培养的工具理性与价值理性的矛盾，足球后备人才培养单位一味地注重青少年球员足球知识与技能的传授，而忽略青少年球员的内在需求，即强调人才培养的工具理性，而忽视其价值理性。然而，随着人们对足球后备人才培养质量严重下滑的不断关注，开始提倡在对青少年球员的培养中应重视全面发展，这在一定程度上促进了青少年培养质量的提升，但是在根深蒂固的传统人才培养理念的影响下，实现青少年球员身心的全面发展还没有真正得以落实。

全人教育是"以人为本"的教育，以实现"整全人"为目的，富含"教育观""课程观""教学观""教师观""学生观""评价观"等理念。因此，在微观层面和具体操作上，全人教育理念能指导建构足球后备人才培养模式。具体说来，全人教育针对足球后备人才培养模式各构成因素内外部之间存在的矛盾，通过改革优化人才培养理念、管理、路径、教练员培育、选材、训练、竞赛等途径和措施，指导构建足球后备人才培养模式，以有效达成足球后备人才培养预期目标。所以说，足球后备人才培养过程中各因素内外部存在的基本矛盾成了实施全人教育的基本动力。

第三节 全人教育视角下中国足球后备人才培养模式现状调查与分析

人才培养模式作为人才培养过程的理论模型与操作样式，是在一定教育理念指导下对人才培养过程中若干要素的设计与建构范式。[①] 本节基于

---

① 董泽芳. 高校人才培养模式的概念界定与要素解析［J］. 大学教育科学，2012（3）：30-36.

对我国足球后备人才培养理念、人才培养管理、人才培养路径、教练员培育、选材、训练和竞赛的现状调查，从全人教育视角分析当前各培养主体在足球后备人才培养过程中存在的共性问题。

一、人才培养理念："重训练、轻教育"思想严重

在足球领域，相当长一段时间内，我国足球后备人才培养以"业余体校—省市专业队—国家队"的三级训练模式为主，虽然有效推动了我国足球运动的快速发展，但由于业余体校与普通学校之间人才培养理念不一致，业余体校"重训练、轻教育"思想较严重，将竞赛成绩放首位，而忽视青少年球员的文化学习；同时，将业余体校的管理权划归体育部门，使它游离于教育体系之外，导致教育部门的优质教育资源难以与业余体校共享，造成竞技体育体制内的青少年球员因无法接受良好教育而难以达到"整全人"发展的效果。

伴随着我国计划经济逐渐向市场经济转变，1992 年我国足球项目进行管理体制改革，逐渐打破以往计划经济体制下的青少年足球后备人才培养模式，取而代之的是职业足球俱乐部青训、业余足球俱乐部和足球学校等共同培养的模式。其中，对足球后备人才培养理念的定位，改变了以往以竞赛成绩作为单一目标的观念，逐渐意识到足球后备人才培养应考虑对其文化、人格、竞技等多维度的培养。例如，2015 年 3 月国务院办公厅印发《中国足球改革发展总体方案》（以下简称《总体方案》）指出，通过发展和振兴青少年足球，让更多青少年热爱足球、享受足球，使参与足球运动成为体验、适应社会规则和道德规范的有效途径，以促进青少年的全面发展；另外，2016 年 4 月国家发展改革委等部门共同编制的《中国足球中长期发展规划（2016—2050 年）》（以下简称《发展规划》）也指出："足球运动的发展，应以人为本，以服务于人的全面发展为宗旨，有序推进，持之以恒。"这些举措充分体现了党中央、国务院从顶层设计的高度

对足球后备人才培养愿景进行了科学规划，所形成的青少年球员全面发展的人才培养共识，为我国足球后备人才培养质量要求指明了方向。然而，各培养主体在足球后备人才培养实践运作中能否对其深入贯彻落实、效果如何，仍属未知。本文通过实地访谈发现，当前我国足球后备人才培养理念在贯彻执行过程中存在一定偏差，主要表征如表1.1所示。

表1.1　中国足球后备人才培养理念问题表征

问题表征	开放式编码	代表性原始陈述举例
忽视文化教育	比赛第一	"我们现在比赛很多，这是好事，但对学习影响太大了。有些年龄段的球队要打客场比赛，一去一回需要三天时间，回来还要休息，再另找时间上文化课对他们来说近乎奢望。"（C-SWG）
	踢球挣钱	"我们教练，甚至家长经常给球员灌输一种思想，认为踢球的重点不是进行文化学习，而是学习足球技能，把球踢好了可以赚大钱。"（H-LXL）
	理念偏差	"球员对文化课学习重要性认识度不够，认为踢好球就万事大吉，球员将文化课学习当成可有可无的任务，家长也放松了对孩子文化课学习的监管。"（C-MB）
忽视足球教育功能	球场失范	"球员在训练、比赛中犯错时，我们的教练经常大声斥责球员，甚至是侮辱性的语言，这往往导致我们培养出来的球员缺乏包容心和爱心。"（T-CK）
	理念转变	"我们球员的一些言行举止需要改进，教练在训练、竞赛过程中不能仅仅是关注球员技能掌握情况，还要善于把足球作为一种有效的教育工具，引导球员学会正确的待人处事的方式。"（T-ZJT）
	"榜样"作用	"我在观看青少年球员的比赛过程中，经常看到教练员和家长因为不满裁判的判罚而抗议或辱骂裁判，这无形中给青少年球员树立了'榜样'作用。"（T-CCH）

问题表征	开放式编码	代表性原始陈述举例
人文关怀缺失	缺乏沟通	"青少年在足球运动中要承受很大的心理压力，尤其年龄大一点的青少年，他们承受的心理压力会更大，但我们教练在平日里缺乏与球员的沟通交流，忽视球员心理变化。"（C-WGH）
	缺乏职业规划	"很多时候我们只在乎球队成绩，而不关心对球员未来的职业规划，这是造成我们的球员只是为了踢球而踢球的主要原因。"（C-LMS）
	经常责骂	"球员一旦犯错，教练就会对着他们怒气冲冲地吼叫。我不懂中文，但从教练的身体语言和对球员的态度来判断，他们非常生气，球员极其害怕。"（C-FEND）

（一）忽视文化教育

历史经验告诉我们，为了培养身心全面发展的足球后备人才，应使竞技足球后备人才培养回归国民教育体系。《总体方案》中明确指出，为促进青少年球员全面发展，应搞好体教结合，加强文化教育。这表明，足球后备人才培养的使命在于培养全面发展的人，不是培养只懂得应用足球技能的"工具人"。只有实现体育与文化教育的深度融合，才能为实现"整全人"培养目标提供坚实保障。然而，在实地访谈基础上，针对青训教练是否重视球员文化教育进行的问卷调查中（表1.2），有74.6%（"非常不同意"35.6%+"不同意"39.0%）的教练认为青训教练不重视青少年球员文化教育。这进一步说明，当前我国足球后备人才培养过程中忽视青少年球员文化学习的现象普遍存在。

表1.2　教练对青训教练重视球员文化教育的认可程度

	频数	百分比（%）	累计百分比（%）
非常不同意	88	35.6	35.6
不同意	96	39.0	74.6

续表

	频数	百分比（%）	累计百分比（%）
一般	27	11.0	85.7
同意	25	10.2	95.8
非常同意	10	4.2	100.0
合计	246	100.0	

另外，实地访谈中还发现，培养单位忽视青少年球员文化学习的现象集中表现在以下三个方面：

首先，球员上课时间严重不够，学习没保障。正如访谈中一位教练所言，"我们的球员从六年级下学期开始大量的比赛与上课时间冲突，学习时间大量缩减，以至于完不成基本的学习任务，而教师在有限的教学时间里，由于忙着赶进度，很难想办法来扎实地进行教学；而外出比赛、集训时，球员学习没保障，学生较长时间外出大都没有文化课老师跟队教学管理，而多数教练只关注比赛，缺少对文化课学习的硬性要求，加上有的老师责任心不够强，没给学生留下学习任务，导致学生越是外出越是放松学习，学习上处于无政府状态"（C-XP）。

其次，教学质量差强人意，这主要反映在竞技足球后备人才培养单位。如学校校长 LXL 所言："现在多数竞技足球后备人才培养单位也有开设规范的文化课，但文化课教学质量并不高，这主要是因为受薪酬待遇、编制等问题的影响，无法吸引到优秀教师，'名师型'学科带头人缺乏，教师队伍整体水平不高；同时，不同于普通的中小学，竞技足球后备人才培养没有升学压力，导致文化课教师在自我能力提升、自我要求上不高。"（H-LXL）

最后，综合评价中对球员文化课学习重视不够。教练员 MB 持同样观点，"球员评价中对文化学习的要求大都是一纸空文，没有实质性的要求与执行，很少有球员因为文化课考试达不到要求而停训、停赛"（C-

MB）。

　　以上对青少年球员文化学习忽视的现实，究其原因，主要有二。首先，人们观念偏差导致行为失范。正如一位学校校长所言，"当前足球后备人才培养过程中，无论是教练还是媒体甚至家长都经常给青少年球员灌输一种思想，认为踢球的孩子重点不是进行文化课学习，而是学习足球技能，把球踢好了可以赚大钱。受此观念影响，球员把不读书、不学习当作很正常的事情，踢球几乎成为他们生活的全部"（H-LXL）。其次，学校只关注球队竞赛成绩而忽视课外文体活动。教练员 MB 就指出，"学校过于重视比赛成绩，对球员成绩之外的其他素质和兴趣缺乏培养。例如，缺少课余生活与娱乐项目，极少参与社会活动，几乎不与外界接触，生活枯燥乏味，手机成为他们最好的伙伴，这样的生活环境难以培养青少年球员对文化课学习的兴趣"（C-MB）。

　　通过上述访谈材料可以看出，当前我国足球后备人才培养过程中，培养单位"重技能，轻文化"现象严重，突出表现为课时量不足、教学质量差强人意。究其原因，主要在于培养单位、球员家长观念上的偏差，缺乏对文化课学习重要性的认识，认为踢球的目的就是赚钱，球员应把主要精力放在足球技能的掌握上，而不是进行文化课学习，这也间接导致球员消极地对待文化课学习；此外，只看重球队竞赛成绩，忽视球员课外文体活动。当青少年球员长时间处于较封闭的教学、生活环境之下，缺乏社会实践的机会，进一步削弱了球员进行文化课学习的动机，甚至导致逐渐失去了文化课学习的兴趣。

　　从全人教育的角度来分析，按照小原国芳的观点，"全人教育就是完全人格、和谐人格的教育，它的教育内容应该包括人类文化的全部，而缺乏人类文化的教育则是畸形的教育"的观点。① 所以，接受文化教育对人

---

① ［日］小原国芳. 小原国芳教育论著选（下）［M］. 刘剑乔，等译. 北京：人民教育出版社，1993：4.

的健康全面发展具有重要意义。科学知识教育能够训练人的逻辑思维，开阔人的视野；而人文知识教育能够培育人高尚而丰富的情感，促进完全人格的发展。正如美国著名教育家杜威指出的："知识具有人文主义的性质，不是因为它是过去人类的产物，而是因为它在解放人类智力和人类同情心方面做出了贡献。"① 因此，在足球后备人才培养过程中，不但要重视足球技能的传授，还要重视文化知识的学习，以培养"特长突出、全面发展"的青少年球员。

（二）忽视足球的教育功能

2018 年 9 月 10 日，习近平同志在全国教育大会上发表重要讲话，强调要树立健康第一的教育理念，开齐开足体育课，帮助学生在体育锻炼中享受乐趣、增强体质、健全人格、锤炼意志。② 同时，《总体方案》也指出，校园足球的开展要充分认识足球育人功能，不应局限于对足球知识与技能的传授，还要培养青少年的足球兴趣，并在活动中体验社会规则和道德规范，以促进青少年球员的全面发展，培养具有健全人格的社会公民。由此可见，过往经验已告诉我们，足球可谓一所关于人生的学校，在这所"学校"里，青训教练应意识到对青少年球员的培养，不仅仅是足球知识与技能的传授，更要通过足球活动开发人的智力、情感、身心、美感、创造力和精神潜力等，以实现足球的育人功能。然而，针对青训教练认为从事青训工作的教练员是否重视足球教育功能进行的问卷调查中（表 1.3），有高达 63.5%（"非常不同意" 25.4%+"不同意" 38.1%）的青训教练认为教练员不重视足球教育功能，这进一步表明青训教练普遍忽视发挥足球的教育功能。

---

① ［美］杜威．外国教育名著丛书：民主主义与教育［M］．北京：人民教育出版社，1990：78.

② 习近平：坚持中国特色社会主义教育发展道路培养德智体美劳全面发展的社会主义建设者和接班人［EB/OL］．http://www.xinhuanet.com/politics/2018-09/10/c_1123408400.htm.

表 1.3 青训教练对教练员重视足球教育功能的认可程度

	频数	百分比（%）	累计百分比（%）
非常不同意	62	25.4	25.4
不同意	94	38.1	63.5
一般	21	8.5	72.0
同意	27	11.0	83.1
非常同意	42	17.0	100.0
合计	246	100.0	

同时，实际调研也发现，当前我国足球后备人才培养过程中，多数教练没有把青训工作当作教育工作，而仅为单纯的技能传授，普遍存在"重技能、轻教育"的现象。正如访谈中一位教练所言，"我们的教练唯成绩论思想严重，害怕输球。在训练或比赛中，当球员没有达到教练期望时，教练更多的是指责甚至打骂球员，而不懂得输球也可以化为培养球员内心的课程"（C-CTAZ）。

可是，忽视足球的育人功能将容易造成青少年球员在训练、竞赛中产生诸多不良行为，教练员 LXB 就指出，"我们的青少年球员在比赛中规则意识不强，因裁判误判而不服从判罚甚至围攻裁判的现象时有发生；缺乏自信，在比分落后局面下喜欢抱怨队友而非包容和信任；缺乏坚韧的意志品质，在压力情境下缺乏勇于克服困难的意志品质；不懂礼仪文化，多数球员不懂得感恩，如在赛后不懂得感恩裁判、教练以及家长的辛勤付出"（C-LXB）。

同时，教练员 SWG 也表达了类似的观点，"我在观看青超联赛中发现，青少年球员普遍存在一些共性问题：一是缺乏社会适应能力。部分球员缺乏自我管理能力，无法独自解决生活、训练与比赛中遇到的挫折和困难，个别球员成为职业球员后社交能力差，与社会严重脱节，除了踢球什么也不会。二是缺乏对足球的热爱。目前，国内的队员选择踢球大部分是受家长引导走上这条道路，而家长让孩子踢球主要是为了解决孩子未来出路和挣大钱，功利心过重，从本质上缺乏对孩子正确的引导和良好价值观的树立，孩子从小就背着包袱在踢球，难以体验到足球活动带来的乐趣。三是缺乏进取心。胸无大志，只满足于能打上职业比赛，缺乏成为顶尖球员的主观能动性。然而，球技的高低只能决定他是否成为职业足球运动员，而精神层面的高度将决定他是否成为顶尖足球运动员。四是'两低一高'。有的球员'格局低'，缺乏长远职业规划，这主要受家长和外界影响，球员踢球仅是因为能挣钱；有的球员'觉悟低'，缺乏职业素养，价值观出现偏差，突出表现为，在俱乐部踢球时拼尽全力，而为国家队踢球时状态全无；有的球员特别是个别有天赋的球员'心气高'，自命不凡，存在个人英雄主义，比赛中单打独斗，输球后相互指责埋怨，这严重影响了球队的凝聚力和战斗力"（C-SWG）。

通过以上案例可知，目前在我国足球后备人才培养过程中，青训教练存在严重的功利倾向，过于强调比赛成绩，工具理性压制价值理性，青少年球员的价值被"矮化"，由此限制了足球育人功能的发挥，如通过足球活动对青少年球员进行规则意识、尊重意识、公平竞争意识、交流与合作意识、团队意识、集体荣誉感等公民教育与价值观教育，从而导致青少年球员的片面发展。

从全人教育的角度来分析，全人教育认为体育的目的绝不是奖旗、奖章、纪录和奖杯，手段和目的不能混同。认为体育的目的在于：一是保持、获得和增进健康，另外就是从体育中得到的而且也只能通过体育得到的道德训练。[①] 由此可见，作为体育工作者，不能把体育的作用仅仅局限于身体的发展，还要把锻炼人的意志、培养人的心理及适应能力作为重要目标，即"健身"是手段，"育人"是目的。所以，在足球后备人才培养

---

① ［日］小原国芳. 小原国芳教育论著选（下）［M］. 刘剑乔，等译. 北京：人民教育出版社，1993：304.

过程中要求青训教练在传授足球知识与技能的同时更要注重发挥足球的育人功能，培养球员积极的情感体验，以培养德才兼备的青少年球员。

（三）人文关怀缺失

中国教育学会会长顾明远曾经说道："教师工作不是像其他职业那样使用什么工具，而是利用教师自己的知识、智慧、人格魅力来影响学生，由此形成的'心理场'是滋养学生成长的最佳环境。"① 这表明，教师在教学中除了传授给学生知识与技能，更要关注对学生的人文关怀。通过营造温暖安全的心理环境，从而促进学生身心健康发展。

足球后备人才培养作为一种教育活动，了解青训教练对青少年球员的人文关怀状况，对青少年球员的"整全人"培养有其重要意义。针对青训教练对青少年球员人文关怀认可程度进行的问卷调查中（表 1.4），有63.5%（"非常同意"23.7%+"同意"39.8%）的青训教练认为我国教练员训练中以球员为中心，培养球员创新思维；有70.3%（"非常同意"25.4%+"同意"44.9%）的青训教练认为我国教练员训练中善于倾听球员想法，常与球员进行有效的沟通；有64.3%（"非常同意"21.1%+"同意"43.2%）的青训教练认为我国教练员训练中往往信任球员，在球员参与下共同决策，并采用积极或鼓励性的语言或动作激励球员；有50.9%（"不同意"29.7%+"非常不同意"21.2%）的青训教练认为我国教练员在训练、比赛中不会因为球员出错而训斥、惩罚球员。

---

① 编写组．中国师德风范总卷［M］．武汉：华中师范大学出版社，2005：17-18.

表 1.4 教练对青少年球员人文关怀认可程度

	非常不同意		不同意		一般		同意		非常同意	
	频次	百分比	频次	百分比	频次	百分比	频次	百分比	频次	百分比
训练以球员为中心,培养球员创新思维	17	6.8	31	12.7	42	17.0	98	39.8	58	23.7
教练员善于倾听球员想法,常与球员进行沟通	10	4.2	23	9.3	40	16.1	110	44.9	63	25.4
训练采用积极、鼓励性的语言或动作激励球员	12	5.1	38	15.3	38	15.3	106	43.2	52	21.1
训练、比赛中球员出现错误后训斥、惩罚球员	52	21.2	73	29.7	56	22.9	42	17.0	23	9.3

以上调查结果显示,当前我国足球后备人才培养,青训教练认为我国多数教练员训练中能够以球员为中心,能经常与球员进行沟通以及信任球员。同时,有超出一半的青训教练认为我国教练员训练、比赛中能够善待和包容球员。然而,实地访谈结果与问卷调研结果之间存在较大差异,实地访谈过程中普遍发现多数教练员往往忽视对球员的人文关怀。这表明青训教练的主观认识与现实状况存在较大差异。

例如,在实地访谈中,外籍教练 Fend 提到,"训练之余,我组织了一次与球员的座谈会,会上向球员提出了四个问题,并从球队中挑选三个球员代表进行回答。第一个问题是我们球队有多少人未来想成为职业球员,三个人的回答较一致,说将近一半球员未来想成为职业球员;第二个问题是我们球队在平日的训练里有多少球员是以百分百的努力投入训练,第一个球员代表说我们队员投入了 60% 的努力去训练,另外两个球员代表说我们队员投入了50%的努力去训练，没有球员是以百分之百的努力去训练；第三个问题是我们球员在比赛中有没有拼搏精神，第一个球员代表说我们队有40%的人在比赛中具有拼搏精神，另外两个球员代表说我们队有30%的人比赛中具有拼搏精神；第四个问题是球员对自己当前从事的足球运动是否热爱，第一个球员代表说球队有20%的人真正热爱踢球，另一个人说球队有10%的人真正热爱踢球，最令人惊讶的是球队的队长说球队没有球员是真正喜欢踢足球的"（C-Fend）。

在以上访谈材料中，虽然外籍教练Fend调查的球员数量有限，但在一定程度上代表了部分青少年球员的真实想法。针对部分青少年球员表现出来的对未来道路的迷失、对训练与竞赛的消极应付，以及对足球缺乏热忱等现实，究其原因，关键在于青训教练缺乏对青少年球员的人文关怀。

通过以上案例可知，当前我国足球后备人才培养过程中，青训教练对青少年球员人文关怀缺失，不懂得尊重球员，忽视对球员进行心理疏导，引发青少年球员对未来方向迷失、对训练与竞赛消极应付，乃至对足球失去热忱等心理问题。而对球员人文关怀的缺失，在于当前多数青训教练功利思想严重，为了比赛成绩、奖金和名誉，难免浮躁和急功近利，训练中视球员为"工具"，而不是以球员为本位助其达到全人发展为目的。

从全人教育的角度来分析，全人教育要求体育教师首先具有较高的道德修养，具备高尚的道德情操和精神素养，不准体罚和打骂学生，要懂得以道德去引导学生，用精神去激励学生，"因为体育教师对学生的感化作用比社会科、伦理科的老师的感化作用大得多"①。可见，全人教育十分重视人格感化，强调教学就是用教师的心灵去感染学生的心灵，用教师的人格去陶冶学生的人格，可以说'教育即是爱'。所以，为了促进青少年球

---

① ［日］小原国芳．小原国芳教育论著选（下）［M］．刘剑乔，等译．北京：人民教育出版社，1993：304.

员的"整全人"培养目的，在足球后备人才培养过程中应确立以青少年球员为中心的教学主张，即强调教学过程中对球员真诚的、无条件的关爱，视球员为教学中心，教练员为球员而教。

二、人才培养管理：尚未建立多方协同育人管理格局

2015 年开始的中国足球管理改革是一场深刻的、全面的改革，它由曾经的举国体制转变为目前的举国体制与市场机制相结合的管理模式，既可发挥社会主义制度优势，整合资源、形成合力，又充分发挥了市场的调节作用。例如，教育系统内，从 2015 年开始，校园足球管理权由中国足协划归教育部门，为了推动全国青少年校园足球工作高质量发展，教育部会同国家发改委、国家体育总局、中国足协等 7 个部门成立了全国青少年校园足球工作领导小组，负责全国青少年校园足球工作协调、议事和决策；地方各级教育行政部门也成立了相应的青少年校园足球工作领导小组，负责校园足球工作的指导与监督工作。2018 年，在体育系统内，中国足协成立足球青训部，具体负责男足精英球员培养的整体规划、U18 以下各级国少、国青队伍的比赛、训练安排、全国足球青训体系建设发展等工作；地方各级体育行政部门同级设立相应的青训管理机构，负责相应工作。在教体双方管理部门的指导和支持下，足球后备人才培养进程得到大幅度推进。

然而，这种管理模式虽在一定程度上规避了以往行政机构掌控足球工作所有事务的局面，但在足球后备人才培养各项工作的开展过程中，由于政府政策法规不完善，导致各管理主体间存在责权不明确、资源缺乏整合利用、钳制了足球后备人才培养质量等问题。以下通过典型访谈材料加以论述。

"国家从宏观层面虽然提出我国青少年足球的发展需要各相关部门各司其职、各负其责、协同配合，但是在实际的运行过程中却存在诸多矛

盾。例如，教育系统跟体育系统存在矛盾，也就是体教结合的问题。如何去发挥体育系统专业人才和技术资源的优势，怎么去利用好教育系统的教学资源，实际上是个比较大的问题"（M-SHL）。

"在校园足球开展的主导权划归教育部后，为了校园足球的顺利开展，成立了由教育部、国家体育总局、团中央等部委联合组成的全国校园足球领导工作小组。但新机构成立以来，责权并不清晰，制度机制并未跟上。例如，教育部虽然在校园足球活动过程中享有主导权，但在足球专业性人力资源和技术资源储备方面严重不足。本应得到国家体育总局与足球协会的大力支持，但由于体育总局与足球协会的一些职能暂时无法移交，如教练员与裁判员培训与认证以及竞赛组织管理和专业性技术指导等，导致校园足球在开展过程问题不断，如竞赛体系交叉，教练员、裁判员培训重叠等，基层学校和教练员也常搞不清以上活动是由哪个部门组织承办"（M-HCS）。

通过以上案例可知，当前我国足球后备人才培养管理主体间存在责权不明确、资源缺乏整合利用及过于依赖市场主体的调节而忽视政府的宏观调控等现象。从全人教育的整体论哲学基础角度来看，事物之间相互联系构成整体，且系统整体大于部分之和。因此，作为开放体系和系统工程的现代教育，其教育对象—青少年的成长受到家庭、学校和社会等多因素的影响。为了促进青少年身心健康和谐发展，须各方形成科学有效的合作育人模式。基于此，可以认为，在我国足球后备人才培养管理过程中应明晰各管理主体的责权范围，在发挥市场主体调节作用的同时重视政府的宏观调控功能，以有效整合各方资源来保障青少年球员的全面发展。

三、人才培养路径：尚未形成横向联动、纵向贯通路径模式

《总体方案》指出，"拓展青少年球员成长渠道和空间，增强校园足球、社会足球人才培养意识，畅通优秀苗子从校园足球、社会足球到职业

足球成长通道，搞好体教结合，以促进足球运动员全面发展"①。可见，青少年球员培养路径的科学性事关足球运动员身心的健康持续发展。当前，我国青少年球员培养路径在国家层面已形成以政府为主导，以教、体系统和社会团体等为多元主体的培养格局。如图1.1所示，教育系统建立校园足球特色校，将足球后备人才培养由传统的"三级训练网"向"高校高水平足球运动队"扩展，所形成的体育和教育共同推动、读训平衡培养共识，对提升我国足球后备人才文化素质和综合素质、助力我国足球运动的

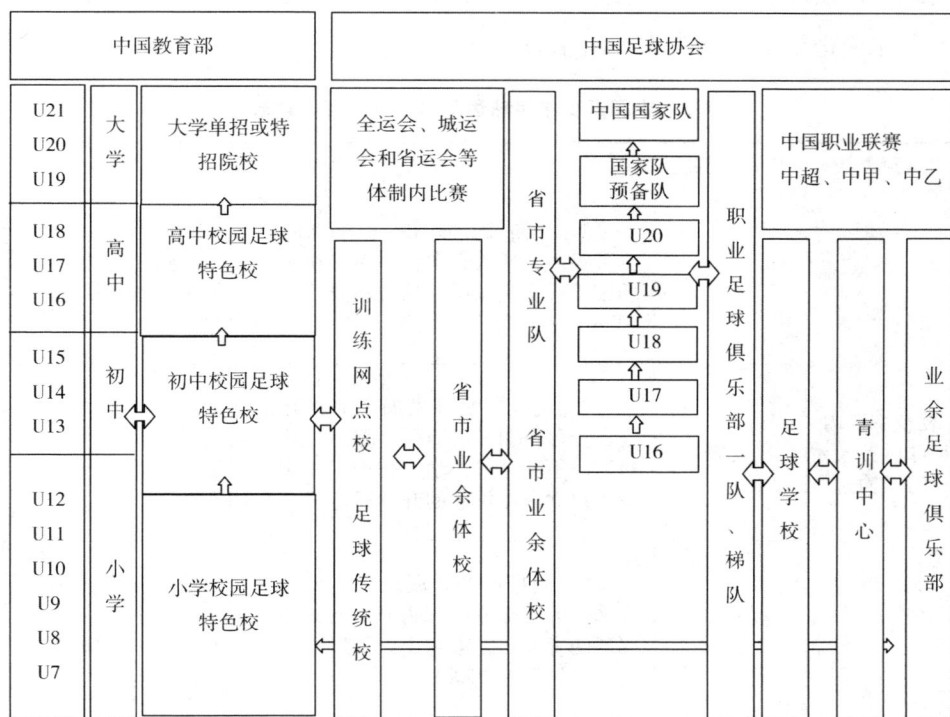

图 1.1 中国青少年足球运动员培养路径

---

① 中国足球改革发展总体方案［EB/OL］. http：//www. xinhuanet. com/politics/2015－03/16/c_ 1114653929. htm.

快速发展做出积极贡献；职业足球俱乐部组建后备梯队，将足球后备人才培养纳入职业足球发展的整体体系，并开展多层次的跨域、跨境交流等。这样通过多种培养方式的探索、尝试，真正调动多元主体的力量和积极性，正体现了《总体方案》中关于拓展足球运动员成长渠道和空间的决策部署。

由图1.1可知，当前，我国足球后备人才培养已形成教育系统、体育系统和社会系统联动的多元化培养路径，具有较强的科学性和系统性。但实地访谈发现，各培养主体之间却并未形成横向联动、上下畅通的足球后备人才输送渠道，如表1.5所示。

表1.5 中国青少年足球运动员培养路径问题表征

问题表征	开放式编码	代表性原始陈述举例
教育系统内足球后备人才培养输送	没有出路	"小学阶段，踢球的孩子真的很多，但是到了初中就少了很多，进入高中就只有极少数在踢了，这是因为我们的家长看不到孩子踢球能有什么出路，就不许孩子踢了。"（T-CLL）
	政策缺失	"目前校园足球发展态势良好，但在人才培养和流动中，仍存在明显的障碍，须进一步打通校园足球人才成长通道，不断完善小学、初中、高中优秀足球运动员升学政策，建立衔接贯通的升学通道。"（T-CK）
	重提高轻普及	"校园足球的开展忽视了普及，片面地抓提高，将校足球队的比赛成绩作为开展校园足球的主要任务，这导致踢球的青少年越来越少，最后向上输送人才时才发现'源头无水'。"（T-ZX）

问题表征	开放式编码	代表性原始陈述举例
体育系统内足球后备人才培养输送	梯队不足	"职业足球俱乐部不注重梯队建设，没有形成职业足球俱乐部梯队向职业足球俱乐部一线队造血的良性机制。"（C-HYJ）
	效率低下	"足球学校是向职业足球俱乐部梯队输送人才的主渠道，但足校向职业足球俱乐部梯队人才输送效率低。"（C-CXK）
	难担重任	"现在很多省市都建立了青训中心，但青训中心还很难担负起足球后备人才培养的重任。"（C-LSB）
教育系统与体育系统之间足球后备人才培养输送	缺乏合作	"体育系统与教育系统缺乏沟通合作，相互间人才输送存在障碍，地方保护色彩严重，人员流动存在巨大壁垒，横向、纵向未形成有效衔接，普及与提高一直处于割裂发展状态。"（H-HZJ）
	目标相悖	"区县体校、省市体校和省市专业队的培养目标与学校培养目标相背离，给球员的流动带来障碍。"（H-LXL）
	资源整合不均	"我们教育系统因缺乏优质体育资源，导致培养的足球后备人才质量，难以符合职业队需求，球员难有向职业球员发展的可能。"（T-LM）

（一）教育系统内足球后备人才输送

目前，校园足球归教育部门主管，已初步构建起"四位一体（校园足球特色校—高校高水平足球队—试点县（区）—改革试验区）"的校园足球发展格局，并依据球员文化成绩和足球竞技能力形成"小学—初中—高中—大学"的培养路径。针对青训教练对教育系统内足球后备人才培养输送渠道畅通认可程度进行的问卷调查中（如表1.6），在教育系统内，有54.5%（"非常同意"24.2%+"同意"30.3%）的校园足球教练认为教育系统内足球后备人才培养输送渠道畅通。

表 1.6　青训教练对教育系统内足球后备人才培养输送渠道畅通认可程度

	频数	百分比（%）	累计百分比（%）
非常不同意	12	9.1	9.1
不同意	19	15.1	24.2
一般	27	21.2	45.4
同意	39	30.3	75.7
非常同意	31	24.2	100.0
合计	128	100.0	

虽然有以上针对教练员访谈的乐观结果，但实地访谈中部分受访者却指出，教育系统内足球后备人才培养输送渠道还存在着不足，须进一步完善。例如，一位足球教师指出："小学阶段踢球的孩子真的很多，但是到了初中踢球的孩子就少了很多，进入高中就只有极少数的在踢了，这是因为我们的家长看不到孩子踢球能有什么出路，就不许孩子踢了。"（T–CLL）他所说的"出路"问题指的就是踢球的孩子小学升初中、初中升高中以及高中进大学等系列问题。

在这一问题上，学校校长 HZJ 也表达了类似观点："目前校园足球'布局城市'的'布点学校'地区性差异较大，在小学、初中、高中、大学 4 个学段中，小学分布地区性差异最大。同时，区域内各级学校布局比例不均衡，这种情况影响了足球天赋较好的学生的继续深造；而作为校园足球'龙头'作用的高校高水平足球队，虽然数量大幅增加，但相较于高中阶段踢球的学生数量，每年招收的足球特长生名额偏少，显然不利于校园足球大学、中学和小学'一条龙'的建立和功能的发挥。"（H–HZJ）

通过以上访谈材料可知，踢球孩子的出路问题是影响踢球积极性的关键因素，而"布局城市"中"布点学校"存在的地区性差异及区域内各级学校布局比例的不均衡等问题又成为影响孩子踢球出路的主要原因。

（二）体育系统内足球后备人才输送

目前，足球学校、业余足球俱乐部、青训中心、职业俱乐部梯队归体育系统主管，形成"足球学校、足球俱乐部、青训中心—职业足球俱乐部—国家队"的培养路径。然而，针对青训教练对体育系统内足球后备人才培养输送渠道认可程度进行的问卷调查中，有52.9%（"非常不同意"15.2%+"不同意"37.7%）的教练认为体育系统内足球后备人才培养输送渠道不畅通（如表1.7）。这进一步表明，在体育系统内足球后备人才培养输送渠道不畅通的现象普遍存在。

表1.7 青训教练对体育系统内足球后备人才培养输送渠道畅通认可程度

	频数	百分比（%）	累计百分比（%）
非常不同意	18	15.2	15.2
不同意	44	37.7	52.9
一般	27	22.9	75.8
同意	26	21.6	97.4
非常同意	3	2.6	100.0
合计	118	100.0	

在实地访谈中，针对体育系统内足球后备人才培养输送渠道不畅通的原因，青训足球专家HYJ指出："职业足球俱乐部将所有精力投入一线队成绩的提升，不重视梯队建设，没有形成职业足球俱乐部梯队向职业足球俱乐部一线队造血的良性机制。"（C-HYJ）而另一位青训足球专家就足球学校的人才输送状况说到："尽管足球学校是向职业足球俱乐部梯队输送人才的主渠道，但足校向职业足球俱乐部梯队人才输送效率低，这是因为'三集中'的足校培养模式。青训教练受功利思想的影响，青少年球员早期专项化训练严重。由于球员潜力被过早开发，导致'早衰'现象严重；同时，过分追求青少年球员竞技能力的提升，忽视球员文化课学习，使球员培养违背了足球人才培养规律和教育规律，最终造成青少年球员难以向更高层次发展。"（C-CXK）

另外，自2016年以来，足协在足球发展基础较好的省市建立了青训中心，但就其人才输送情况来说并不理想。关于这一问题，青训专家 LSB 的观点具有代表性，"从目前建立的青训中心来看，普遍存在的问题有：青训教练配置不足，现有教练水平较低，训练质量不高；精英梯队训练落实不到位，日常训练时间难以保证；不同年龄段精英训练布局不够合理，缺乏统筹规划；体教融合、一体化发展的壁垒未完全打破，导致精英培训受到影响。当前业余足球俱乐部数量不多，主要存在于北上广等经济发达城市，且主要以盈利为目的，收费普遍较高，导致那些家庭收入一般但天赋异禀的青少年球员难以获得培训机会，使得当前业余足球俱乐部很难担负其足球后备人才培养的重任"（C-LSB）。

通过上述访谈材料不难发现，在体育系统内，足球后备人才输送渠道不畅通，存在和后备人才培养体系优化不相适应之处。首先，职业足球俱乐部层面，不重视梯队建设，自身缺乏造血功能，俱乐部运转难以为继；其次，足球学校、青训中心层面，训练质量不高，训练效果低，影响青少年球员向更高层次发展。

针对教育系统、体育系统内足球后备人才输送渠道不畅通的状况，从全人教育视角审视，全人教育发展性特征表明，在学生纵向发展上，主张教师在培养学生过程中应根据学生身心发展规律，抓住知识、技能等学习"关键期"，在其"关键期"以最好的方式传授必要的知识、技能等；同时，对学生的培养进行长远规划，以保障学生获得可持续发展。因此，从全人教育的发展性特征分析，针对当前教育系统、体育系统内足球后备人才培养输送渠道不畅的问题，应构建纵向贯通的足球后备人才培养路径，通过贯通纵向育人各环节保障青少年球员在其知识、技能等学习的"关键期"接受及时培育，以促进青少年球员在纵向上获得可持续发展。

（三）教育系统与体育系统之间足球后备人才输送

目前，教体系统之间呈现出多样化的培养路径，如职业足球俱乐部与学校展开合作，成立俱乐部网点训练基地。但是，针对青训教练对教育系统与体育系统之间足球后备人才培养输送渠道认可程度进行的问卷调查中，有56.0%（"非常不同意"12.3%＋"不同意"43.7%）的青训教练认为教体系统之间足球后备人才培养输送渠道不畅通（如表1.8），这进一步表明，我国足球后备人才培养虽有路径，但各培养主体之间并未形成横向联动的足球后备人才输送渠道。

表1.8　青训教练对教育系统与体育系统间足球后备

人才培养输送渠道畅通的认可程度

	频数	百分比（%）	累计百分比（%）
非常不同意	30	12.3	12.3
不同意	108	43.7	56.0
一般	51	20.9	76.9
同意	46	18.6	95.5
非常同意	11	4.5	100.0
合计	246	100.0	

实地访谈中，某校校长LXL的观点非常具有代表性，"体育系统在足球后备人才培养中，球员'进'与'出'通道受阻。在我看来，'进'的通道不畅通，是由于区县体校、省市体校和省市专业队的培养目标与学校培养目标相背离，'三集中'的体校和省市专业队培养目标较单一，'重竞技、轻文化'现象突出，造成球员'低升学率和高淘汰率'。'出'的通道受阻，在于我们培养的足球后备人才质量难以符合职业队需求；同时，由于忽视文化课学习，导致球员知识储备少，除了会踢球外再没有一技之长，导致球员退役后难以适应社会、再就业困难。正是由于体育系统在足球后备人才培养过程中'进'与'出'通道受阻，最终导致体校在足球后备人才培养中学生越来越紧缺"（H-LXL）。另有某校校长HZJ进一步指出，"体育系统与教育系统缺乏沟通合作，相互间人才输送存在障碍，地方保护色彩严重，人员流动存在巨大壁垒，横向、纵向未形成有效衔

接，普及与提高一直处于割裂发展状态"（H-HZJ）。

通过以上案例可知，当前教育系统与体育系统间人才输送渠道不畅，人才成长空间不大，球员培养效益不高。究其原因，主要有二。

第一，教育系统与体育系统人才培养目标不统一。教育系统"重智轻体"，体育系统"重训练、轻文化"，这种目标的不一致导致了培养实践的差异，也阻碍了两大系统间足球人才的自由流动。

第二，各培养主体间缺乏有效的相互沟通与合作，尚未形成畅通的人才输送渠道。例如，有研究指出："中国足球后备人才培养虽有路径，但主线不清、主次不明，且体育、教育两大系统人才输送阻碍重重，在横向与纵向上并未形成有效衔接，普及与提高一直处于割裂发展态势。"

当前，两大系统之间足球后备人才培养输送渠道不畅的上述现状可以从全人教育的角度得到启示。全人教育发展性特征表明，在学生横向发展上，主张教师在培养学生过程中引导学生获得知识与技能、培养情感与人格等理性和非理性因素，以保障学生身心全面发展。因此，从全人教育的发展性特征视角审视，针对当前两大系统之间足球后备人才培养输送渠道不畅的问题，应构建横向联动的足球后备人才培养路径，通过整合双方优势资源形成育人合力，共同促进青少年球员在横向上得以全面发展。

四、教练员培育：青训教练数量匮乏、质量水平待提高

全人教育是面向全体教育对象的教育，是培养具有健全人格、和谐发展的"整全人"的教育。教练员作为向青少年运动员施教的主体，队伍的数量以及职业素养和发展水平对青少年运动员的教育效果具有举足轻重的作用，而具备"全人"素养的教练是培养具有健全人格、和谐发展的高质量"整全人"的重要前提和有力保障。然而，在实地访谈中发现，目前我国青训教练存在数量匮乏、教练质量水平有待提高的现实状况，如表1.9所示。

表 1.9　中国足球后备人才培养教练员培育问题表征

问题表征	开放式编码	代表性原始陈述举例
教练数量 匮乏	缺足球专业 教师	"学校没有足球专业的足球教师，从事足球教学的都是其他专项的体育教师。"（T-CS）
	分配不均	"中国青训教练数量少是不争的事实，并且大部分集中于职业俱乐部梯队，真正在基层从事青训工作、在校园普及足球运动的持证教练员非常稀缺。"（T-TC）
青训教练 质量水平 有待提高	水平良莠不齐	"目前我们青训教练的专业水平也存在良莠不齐的现象，无教练员证书者、教练业务能力不达标者也在一定程度上存在。"（T-CCH）
	参训不易	"我国现有的足球教练员培训资源难以满足日益增长的教练员培训需求，不仅业余俱乐部教练员和校园足球教练难有培训学习的机会，而且多数专业青训队伍的教练员培训机会也不多，况且学习是一个长时间累积的过程，一两次培训不能对教练员的水平有实质性的提高。"（C-CWC）
	缺乏针对性	"这几年开展的'国培''省培'，在一定程度上缓解了足球教师不足的问题，但由于"国培""省培"多采用中国足协 D 级教练员培训课程，对于大多数没有足球运动经历的体育教师来说，在短期内要求他们理解和掌握所学的培训知识是十分困难的，因而使得培训质量难以达到预期效果。"（T-XM）
	课程单一	"我们国家教练员培训课程单一，主要是有关技战术知识的教学。但是，在足球发达国家，即便是最初级的教练员培训课程，不仅包括基本动作的正确示范，同时还包括营养学、心理学、社交礼仪、人的身体构造、相关伤病的急救流程等等。"（E-LN）

（一）教练数量匮乏

目前，中国足协形成了 D、C、B、A 和职业级教练员培训体系，为了扩大各等级教练数量，满足我国足球青训快速发展对教练的需求，一方面，教育部积极组织开展全国青少年校园足球教练员国家级专项培训；同时，中国足协逐年加大对各等级教练的培训力度（如表 1.10）。

表 1.10 2009-2018 年各等级教练员培训情况统计表

		2009	2010	2011	2012	2013	2014	2015	2016	2017	2018	合计
D 级	期数	9	35	52	74	82	105	122	331	459	661	1930
	参加人数	207	778	1210	1784	1986	2413	4540	7600	10753	15551	46822
C 级	期数	2	1	6	8	7	15	22	27	36	81	205
	参加人数	17	8	113	160	145	335	482	634	845	1925	4664
B 级	期数	0	1	2	4	2	3	2	5	3	13	35
	参加人数	0	25	30	69	27	66	47	120	68	309	761
A 级	期数	2	1	2	1	3	3	2	2	3	4	23
	参加人数	43	24	38	19	50	72	42	47	51	95	481
职业级	期数	1	1	1	1	1	1	1	1	1	1	10
	参加人数	21	17	19	16	20	13	16	16	13	24	175

注：数据资料来源于中国足球协会官网

表 1.11 青训教练对教练人数能满足青训开展需求认可程度

	频数	百分比（%）	累计百分比（%）
非常不同意	56	22.9	22.9
不同意	98	39.8	62.7
一般	61	24.6	87.3
同意	25	10.2	97.5
非常同意	6	2.5	100.0
合计	246	100.0	

然而，就目前我国青训教练数量能否满足青训开展需求进行的问卷调

查中（表1.11），有62.7%（"不同意"39.8%+"非常不同意"22.9%）的青训教练对此观点持否定态度，这进一步表明，当前我国青训教练数量远不能满足青少年足球活动开展的需求。另据相关统计，截至2017年，我国各级足球教练注册总人数为40796人，其中D级教练27745人、C级9983人、B级2027人、A级899人、职业级142人。① 反观近邻日本，截至2017年，各级足球教练总注册人数超过8万人。再比较两国人口总数，截至2017年日本约为1.26亿人，我国为13.9008亿，我国总人口数约为日本的11倍，但足球教练总人数却只占日本教练总人数的一半左右，这充分说明我国足球教练的匮乏。据中国足协统计，虽然近年来以青少年为主要服务对象的B、C、D级教练培训人数有所增长，但由于历史欠账太多，仍然无法满足快速发展的校园足球、社会足球和职业俱乐部梯队对教练的需求。正如访谈中一位足球教师所言，"目前的'国培''省培'在一定程度上缓解了足球教师不足的问题，但校园足球专业师资紧缺的情况在未来仍将存在"（T-MDH）。

（二）青训教练质量水平有待提高

为了保障青少年球员培养质量，近年来教育系统与体育系统逐渐加大了对青少年足球教练的培训力度。其中，在教育系统内，教育部积极组织开展全国青少年校园足球教练员国家级专项培训，并对校园足球教师中的优秀人员进行教练员培训，还选派优秀的校园足球教师到英国和法国进行为期3个月的学习和训练。此外，在体育系统内，从2020年开始，中国足协组织开展精英青少年教练员培训，以加强和提高年轻精英教练员的水平和质量。

然而，针对青训教练对我国青训教练质量水平认可程度进行的问卷调查结果显示（表1.12），青训教练基本认可我国青训教练质量水平"一

① 2017-2009-2008-2003-1997年及之前等级教练员培训基本情况统计表［EB/OL］. http://www.thecfa.cn/jlypxlmym/index.html.

般"的占 51.7%，不同意我国青训教练高质量水平的占 33.1%，只有 10.1%（"同意"7.6%+"非常同意"2.5%）的青训教练认可我国青训教练质量水平高。这些数据进一步反映出当前我国高水平足球青训教练的匮乏。

表 1.12　青训教练对中国青训教练高质量水平认可程度

	频数	百分比（%）	累计百分比（%）
非常不同意	13	5.1	5.1
不同意	81	33.1	38.2
一般	127	51.7	89.9
同意	19	7.6	97.5
非常同意	6	2.5	100.0
合计	246	100.0	

另外，由实地访谈还进一步验证了我国青训教练质量水平不高的现象。正如访谈中一位青训教练所言："中国青训，相比于世界足球发达国家，似乎训练次数更多，但是我们培养的球员质量却远不如人家，关键在于我们青训教练水平普遍赶不上人家。"（C-YB）对于造成我国青训教练质量水平不高的原因，管理者 LJB 的观点十分具有代表性："我们竞技足球的青训教练，绝大部分为退役职业足球运动员，由于从小脱离正常的学校教育环境，使得他们虽然在足球技能方面具有一定优势，但文化水平不高，从而导致他们分析、解决问题的能力不足，这限制了他们执教能力的进一步提升；而指导校园足球的足球教练，多为毕业于高等师范院校体育教育专业的足球专项的学生。他们虽然拥有较高的文化水平和足球理论知识，但缺乏对足球运动的感性认识和经验，也限制了他们执教水平的提高。"（M-LJB）

同时，针对我国青训教练水平不高的原因，也有受访对象从教练员培训的角度谈及，具有代表性的观点有"当前的校园足球，从事足球教学训练的体育教师数量不足、专业技术水平不高是普遍现象。虽然近年来由教育部组织开展的'国培''省培'，在一定程度上缓解了足球教师不足的问题，但由于'国培''省培'多采用中国足协 D 级教练员培训课程，这对于大多数没有足球运动经历的体育教师来说，在短期内要求他们理解和掌握所学的培训知识十分困难。因此，尽管开展'国培''省培'初衷是好的，但因为忽略了对培训对象特点和需求的分析，造成培训课程缺乏针对性和培训质量难以达到预期效果"（T-XM）；"当前我国青训教练培训存在的不足有三方面。一方面，青训教练的培养目标过于单一，主要以传授技战术知识为主，这种单一的教练员培养目标导致多数青训教练训练中只关注运动技能的传授而忽视足球的教育功能。另一方面，青训教练的培训内容缺乏针对性，培训内容并未根据青少年年龄阶段特点进行针对性设置，这导致部分青训教练训练内容安排缺乏针对性、科学性。再一方面，培训中教学模式单一，主要采用以'讲师讲、学员听与练'为主的传统授课模式，造成青训教练在指导青少年球员训练过程中多以'教练员为中心'，采用灌输式教学法，不利于发展青少年球员的创造力"（C-SWG）。

通过以上案例可知，目前，我国青训教练质量水平普遍偏低，主要原因有三点：第一，青训教练难以获得培训和继续教育的机会；第二，培训目标单一，以传授教练员足球专项战术为主，较少涉及青少年心理、青少年体能发展、社会学、运动生物力学、运动医学、营养学等方面的知识，导致教练员培养的片面性；第三，培训内容缺乏针对性，不能依据教练特点及球员身心发展特征科学制定既适合教练需求又适合各年龄段球员实践的培训课程。

众所周知，高素质的青训教练才能培养高素质的青少年球员，正如荷兰教练阿里-肖所言："足球青训成材率高不高，70%取决于青少年足球教练的水平。"从全人教育的角度来分析，全人教育认为教育的关键是教师，要培养全人，教师首先要成为道德、学问、人格等方面毫无瑕疵的全人，否则教育不能成功。[①] 可见，教育成败的关键在于教师的素养，教师要培养全人，首先自己得成为全人。所以，对正处于智力、情感、社会性、创造性与潜能发展关键期的青少年球员，需要有热情、能创新和关注青少年球员智力、情感、社会性、创造性和潜能等全面发展的青训教练。这就要求在加大对青训教练教育和继续培训力度的同时，应树立"全人教练"的培养目标，使教练本人首先成为全人教练。也就是说，他们不仅得是知识的传播者，还要融入学生的学习、生活，培养兼备情感、品德和精神富足的"整全人"，真正做到"教书育人、以德树人"。

五、选材：指标单一，尚未建立长期纵向跟踪评估系统

人才选拔制度决定着人才培养规格。因此，为了培养身心全面发展的青少年球员，构建完善的选材组织架构、形成多样化的选材途径、建立科学全面的选材指标和人才档案信息库是重要保障。然而，在实地访谈中发现，在我国足球后备人才培养选材过程中，选材组织架构、选材途径、选材评估标准和人才档案信息库等方面都有待进一步完善，如表1.13所示。

表1.13　中国足球后备人才培养选材问题表征

问题表征	开放式编码	代表性原始陈述举例
选材组织架构	粗放管理	"学校选材工作由三四人进行粗放型管理，尚未形成完善的选材组织架构。"（E-LDF）
	临时小组	"我们学校挑选足球特长生，都是由体育科组三四个体育老师临时组成考核小组，里头只有我自己是足球专业的老师，并没有建立专门的选材组织架构。"（T-WXX）

[①] ［日］小原国芳. 小原国芳教育论著选（下）［M］. 刘剑乔，等译. 北京：人民教育出版社，1993：344.

续表

问题表征	开放式编码	代表性原始陈述举例
选材途径	覆盖面窄	"选材覆盖面过窄，人才培养基地对一些足球重点城市的足球特色校和偏远地区没有覆盖。"（E-GEX）
	机制不全	"地方保护主义比较严重，比如学校很看好的一些球员，但是地方足协不放人。因为没有地方足协的同意，球员转会也就无法完成，球员即使来到我们学校也参加不了正式比赛。"（C-CJL）
选材评估标准	重形态与技术	"在选拔青少年球员时，我们往往考虑的是球员体型、身体素质和球技。如果比赛意识好，那基本上就会被选中。"（E-DAG）
	重身体素质	"为了在短期内出成绩，教练在挑选球员时更青睐于选择速度快、爆发力强的球员，但是头脑聪明的小球员常常被埋没、淘汰。"（T-WC）
	重技战术	"现在我们很多教练在选拔青少年球员时，主要考察的是球员的技术以及战术思维等，但是却忽略了对足球之外的诸如性格、家庭背景和教育背景等因素的考核。"（T-NC）
人才档案信息库	忽视信息跟踪	"虽然现在很多竞技足球后备人才培养为球员建立了个人档案信息，但是缺乏对球员个人信息的长期跟踪评估，导致对球员的选拔只注重一过性选拔，容易导致天赋球员的流失。"（E-DAG）
	信息不全	"在校园足球活动的开展过程中，我们不重视对足球运动员家庭情况、学习情况、身体素质、训练效果等的记载，这不利于去培养、发现和选拔足球人才。"（T-WXX）
	转变观念	"为了保障选拔过程的科学性、系统性，有必要建立青少年足球人才档案库，以记录球员不同阶段的发育情况、机能状况、参赛技术统计等信息。"（H-LYC）

（一）选材组织架构

针对青训教练对我国足球后备人才培养选材组织架构的认可程度进行的问卷调查结果显示（表1.14），有59.3%（"非常不同意"14.4%+"不同意"44.9%）的青训教练不认同我国已形成完善的选材组织架构。这些数据表明，当前我国足球后备人才培养选材组织架构有待继续完善。

表1.14 青训教练对中国足球后备人才培养选材组织架构的认可程度

	频数	百分比（%）	累计百分比（%）
非常不同意	35	14.4	14.4
不同意	110	44.9	59.3
一般	56	22.9	82.2
同意	28	11.0	93.2
非常同意	17	6.8	100.0
合计	246	100.0	

另外，对笔者实地走访的足球后备人才培养单位的调研结果显示，在我国足球后备人才培养过程中培养单位逐渐意识到搭建选材组织架构在足球后备人才选拔中的重要性，如青训中心配备有专门的选拔小组，小组成员多由青训总监、青训中心教练以及智库成员组成。但是，当前多数培养单位在足球选材过程中投入的人力极其有限，一般只由几人负责选材工作，且大多不是专职"球探"，而是由教练员兼职。至于对选材组织架构的建立就更难实现了。以下，通过具有代表性的访谈材料加以说明。

专家LDF指出："当前学校选材工作由三四人进行粗放型管理，尚未形成完善的选材组织架构。但在葡萄牙，一家足球俱乐部专、兼职球探人数超百人，且俱乐部构建了科学有效的全国选材网，设置有全国选材总监，具体负责全国选材网络的建设。选材总监下设选材管理部门，主要负责选材计划、行程的制定以及选材信息录入。但选材管理部门为服务属性，不负责具体的选材工作。具体的选材工作主要由管理部门下设的执行总监负责。执行总监按层次又划分为区域总监、省级总监和市县级总监，主要负责收集和了解球员信息。执行总监又按球员年龄周期划分为不同类型，如U13年龄段总监、U14—U16年龄段总监和U17—U18年龄段总监。

此种选材组织结构保障了天赋球员的挖掘，使其个人能力与潜力得到全面展示。然而，目前我们足球学校选材工作重心主要放在学校内部，外部力量薄弱。虽然建立了 30 多个校外人才基地，但由于球探数量有限，在有限时间内很难深入各个人才基地进行技术指导和天赋球员的挖掘，因此，球员的推荐主要由基地信息人员负责。他们推荐的球员有些比较优秀，有些却质量一般。事实上，无论国内外，球星一般在 10 岁左右就体现出其天赋，因此需要大量的专职球探去发掘。所以，为提高选材效率，尽早发现天赋球员并进行科学化训练，实现球员个人潜力的全面挖掘，当务之急是建立起全国选材网，进行分层次选材总监的监管控制。"（E-LDF）

　　通过以上访谈结果可知，相较于国外构建的科学有效的选材组织架构，我们国内多数足球后备人才培养单位，无论是在球探数量、质量，还是在选材组织架构方面都有待进一步完善。而从全人教育的角度来分析，学生学习的各个阶段都必须给其提供开放、多元的选择机会。所以，通过构建科学有效的足球后备人才培养选材组织架构以保障青少年球员在各个阶段都拥有选择的机会，将有利于球员个人能力与潜力的持续发展。

　　（二）选材途径

　　针对青训教练对我国足球后备人才培养选材途径多样的认可程度进行的问卷调查结果表明（表 1.15），有 72.9%（"非常同意"43.2%＋"同意"29.7%）的青训教练认可我国足球后备人才培养选材途径的多样性。

表 1.15　青训教练对中国足球后备人才培养选材途径多样的认可程度

	频数	百分比（%）	累计百分比（%）
非常不同意	0	0.0	0.0
不同意	21	8.5	8.5
一般	46	18.6	27.1
同意	73	29.7	56.8

续表

	频数	百分比（%）	累计百分比（%）
非常同意	106	43.2	100.0
合计	246	100.0	

实地调研中，笔者也了解到当前各培养单位选材途径的多样性。如球探或教练员通过观看业余俱乐部训练和比赛选材，通过诸如五一、暑假、十一国庆和寒假学校组织的邀请赛等形式选材，或从学校内部进行选材、通过校外建立的人才培训基地等进行选材。

然而，如上文所述，由于当前我国足球后备人才培养选材组织架构不完善，导致在选材途径方面也引发一系列问题。访谈对象就不同程度地指出目前选材途径中存在的不足。例如，专家 GEX 的观点比较具有代表性"当前选材覆盖面过窄，人才培养基地对一些足球重点城市的足球特色校和偏远地区没有覆盖，最终导致选材比例远小于足球发达国家，这极大地降低了我们国家青少年球员的成才率"（E-GEX）；青训教练 CJL 也指出"地方保护主义比较严重，各地方足协开始控制球员外流。比如学校看好的一些球员，地方足协不放人，导致球员转会无法完成。球员即使来到我们学校，也参加不了正式比赛。这极大地阻碍了球员的自由流动，最终因球员不能接受更好的教学、训练资源，而限制其能力与潜力的最优化发展"（C-CJL）。

通过以上访谈材料可知，在选材过程中，由于选材覆盖面过小和地方保护主义思想严重，导致优秀青少年球员因为不能接触更好的训练资源而不能充分发挥其能力和潜能，这极大地降低了青少年球员的成才率。而从全人教育的视角审视，为了保障青少年球员在各个阶段都能获得选择机会，应进一步拓宽选材覆盖面。同时，国家层面应出台相关政策，以保障青少年球员自由流动。

（三）选材评估标准

针对青训教练对我国足球后备人才培养已建立起科学全面的选材评估标准认可程度进行的问卷结果表明（表 1.16），有 66.2%（"不同意" 19.6%+"非常不同意" 46.6%）的青训教练认为我国尚未建立科学全面的选材评估标准。这进一步表明，当前我国足球后备人才培养选材评估标准须进一步完善。

表 1.16　青训教练对中国足球后备人才培养选材评估标准的认可程度

	频数	百分比（%）	累计百分比（%）
非常不同意	48	19.6	19.6
不同意	115	46.6	66.2
一般	50	20.3	86.5
同意	19	7.6	94.1
非常同意	14	5.9	100.0
合计	246	100.0	

选材评估标准的制定应符合人才培养规格的具体要求。2015 年 3 月，国务院办公厅印发《中国足球改革发展总体方案》（以下简称《总体方案》），指出通过发展和振兴青少年足球，让更多青少年热爱足球、享受足球，使参与足球运动成为体验、适应社会规则和道德规范的有效途径，以促进青少年的全面发展。可见，《总体方案》为我们指明了青少年球员培养标准，即通过足球运动培养全面发展的青少年。具体到实际选材工作中，我们的选材工作者也逐渐意识到，除了对球员技能的考核，同样应关注球员的心理、个性、家庭环境、文化课成绩等，以促进球员的全面发展。

但是，具体到选材评估标准的制定中，则并未体现对青少年球员的全面发展目的。比如，在实地访谈中，针对选材评估标准的实施现状，专家 DAG 的观点极具代表性："我们有的球员低年龄段时水平很高，但往上发展竞争力与同年龄段球员相比却在下降。虽然有后天训练、比赛跟不上的原因，但我认为更重要的一点，可能是忽视了对青少年球员全面素质的培养。所以，为了培养球员未来竞争力，应对球员进行综合量化评估。然而，当前我们对青少年球员的选材，由于被选拔的青少年球员年龄小，绝大多数还处于技术启蒙阶段，对于战术和比赛接触较少，因此，在选材过程中，大多数教练员主要考虑球员体型、身体素质和球技，如果比赛意识好，那基本上就会被选中，而这些大多是后天可以改变的因素，并不是说我们不要这样的孩子，只是我们缺少对孩子未来发展的预测，极少对球员心理素质、智力、情商及球员的家庭环境、文化课成绩、性格、踢球的动机等指标进行考核。"（E-DAG）

通过以上访谈资料可以看出，由于在人才选拔中教练员或球探偏好于对青少年体形、身体素质和球技等单一指标的评价，而忽视对其心理素质、性格、参选动机等指标进行综合考核，反映了青训教练人才选拔和培养的片面化。因为忽视青少年球员素质的全面发展，导致球员在后天的发展中缺乏可持续发展的竞争力。

从全人教育的角度来分析，全人的基本素质包括了智能、情感、身体、社会性、审美、和精神性等六大方面。不同的素质具有不同的内涵，对于人的成长具有不同的作用和意义。例如，智能发展，包括了学习、创造力、批判思维。情感发展包括了良知、关怀与鼓励。身体发展既囊括健康、营养、体格健壮，也包括在身体遭受情感压力和创伤后的自我生理健康恢复能力。社会性包括良好的社会角色意识、较好的社会适应能力和社会交往态度。审美指较好的艺术鉴赏力，包括感知美、发现美、鉴赏美的能力。精神性是六大素质中最关键的因素，决定人的气质风貌、风范和品格。教育不应只是知识和技能的培养，更要注重对人的情感、创造力、想象力、同情心、好奇心等内在情感体验与人格的全面培养。所以，在评价指标的制定上，要求教练员或球探应对青少年球员各项素质进行综合评定。唯其如此，才有利于促进青少年球员素质的全面发展，提升球员未来竞争力。

（四）人才档案信息库

针对青训教练对我国足球后备人才培养已建立人才档案信息库认可程度进行的问卷结果表明（表1.17），只有9.5%（"非常同意"5.9%+"同意"2.6%）的青训教练认为我国已建立人才档案信息库。表明当前我国足球后备人才培养人才档案信息库须进一步完善。

表1.17 青训教练对中国足球后备人才培养人才档案信息库的认可程度

	频数	百分比（%）	累计百分比（%）
非常不同意	0.0	0.0	0.0
不同意	62	25.4	25.4
一般	163	66.1	91.5
同意	7	2.6	94.1
非常同意	14	5.9	100.0
合计	246	100.0	

2016年，中国足协建立了竞技系列青少年足球运动员技术档案库，通过对全国各年龄段青少年球员各类技术数据的统计、积累、整理并进行大数据分析，总体掌握了全国青少年球员在不同阶段的发育情况、技能状态、参赛技术、转会及出国培训记录等信息。说明在足协层面已开始关注青少年球员成长的内在规律和变化趋势，在较大程度上保障了选拔和培养过程的科学性、系统性。但是，实地访谈发现，部分足球后备人才培养单位并未对建立人才档案信息库给予足够重视。正如访谈中一位足球教师所言："在校园足球活动开展过程中不重视对足球运动员家庭情况、学习情况、身体素质、训练效果等的记载，不利于去培养、发现和选拔足球人

才。"（T—WXX）而即使是建立了人才档案信息库的培养单位，也忽视对球员信息的及时更新。专家 DAG 也谈到："虽然现在很多竞技足球后备人才培养为球员建立了个人档案信息，但是缺乏对球员个人信息的长期跟踪评估，导致对球员的选拔只注重一过性选拔，这容易导致天赋球员的流失。"（E—DAG）

通过上述访谈材料可知，对于建立青少年球员人才档案信息库，当前足球后备人才培养单位普遍不予重视，虽然部分培养单位建立了球员个人档案信息库，但是缺乏对球员个人信息的及时更新维护。从全人教育角度来分析，全人教育的发展性特征认为教育要注重学生的全面可持续发展。横向上，全人教育重视学生全面和谐发展；纵向上，全人教育倡导在学生成长过程中应抓住学生学习知识、技能学习的"窗口期"，把知识、技能有效地传授给学生。所以，对青少年球员人才档案信息库的建立，一方面，应拓展球员信息的记录量，包括既记录球员的足球技能，还包括其学习态度、品德等；另一方面，为有效监控青少年球员的能力水平发展状况，应定期对青少年球员档案信息进行更新，以便教练员全面把握球员现状，做到因材施教。

六、训练：训练大纲编写与训练实践功利化思想严重

训练作为实现青少年球员培养目标的重要路径，训练大纲通过回答"练什么""怎么练""练的效果如何（检查考核）"等问题，为青训教练在训练实践中提供理论指导和帮助。青少年球员通过系统化、科学化的逐级训练，以实现全面发展。通过实地访谈结果的统计，分析并归类了我国青少年足球后备人才训练中存在的主要问题，具体如表 1.18 所示。

表 1.18　中国足球后备人才培养训练问题表征

问题表征	开放式编码	代表性原始陈述举例
训练大纲	目标单一	"我发现我们的青训大纲，培养目标较单一，只强调足球知识与技能掌握，而很少对青少年球员的道德品质提出要求。"（T-CJL）
	无统一大纲	"中国青少年足球训练缺乏统一的训练大纲，俱乐部青训、校园足球、各大足校等的授课内容并不统一，特别是基础最广的校园足球，缺乏统一的培养内容和培养标准，从而导致培养效果参差不齐。"（T-HYZ）
	缺乏长远规划	"我来到中国从事足球青训工作后发现，虽然部分青训机构有自己编写的青训大纲，但我认为，他们的青训大纲缺乏对青少年球员培养的长远规划，是不完整的。"（C-CTAZ）
训练目标	唯成绩论	"在我接触过的青训教练中，有些青训教练训练目标较单一，'唯成绩论'思想严重，以追求比赛成绩为目的。"（E-LN）
	重训练，轻培育	"我们的教练早期专项化训练现象严重，违背了青少年球员整体发展的需求，使得培养出来的球员虽然运动技能突出，但情感、社会性等方面能力没得到培养，更不要说培养创造力足球人才。"（C-XP）
训练内容	重技战术练习	"教练员为了赢得每场比赛，多是根据对手的特点进行针对性技战术演练，对训练缺乏系统规划，导致训练内容缺乏系统性，这不利于青少年球员的长远发展。"（C-FEND）
	重体能训练	"无论是学校、家长还是教练，都十分在乎球队的成绩和球员的个人表现，这导致教练在训练中，以体能训练为主的训练课大行其道。"（T--HYZ）
	技术不扎实	"很多在我们十四五岁就应该掌握的技术，我们的球员到十八九岁还没有掌握好，这个时候再想要改进，一个时间不够，一个事倍功半。"（C-CTAZ）

问题表征	开放式编码	代表性原始陈述举例
训练方法、手段	套路练习	"教练训练中往往预先设定好训练套路，要求球员进行重复的技战术练习。在这个过程中，球员只是被动地接受教练的指令，缺少主动的思考。"（C-XP）
	脱离实战	"我们的教练训练脱离实战，导致球员在比赛过程中常出现传球路线被封堵时仍然选择传球、推进空间被卡住时仍然选择趟球过人等现象。"（T-BZF）
	"填鸭式"教学	"国外教练注重培养球员的独立思考分析能力，而我们的教练则直接告诉球员如何做。久而久之，我们的球员将失去观察思考的能力，导致在比赛中缺乏应变，在比赛中只能被动挨打跟着别人的节奏跑。"（C-FC）
训练评价	考核重点	"部分教练员在训练评估中对执教年龄段球员的培养目标认识不清，导致教练不清楚训练考核的重点，评估结果不能准确反映球员阶段目标达成状况。"（C-CTAZ）
	评价类型	"我们教练在评价球员时多是对球员已经完成的训练效果作总结性概括，而忽视对球员训练过程的监控，我认为这不利于球员训练过程中具体问题的改进和完善。"（C-ZS）
	评价指标	"教练考核球员时，主要考核球员运动技能的掌握情况，这容易诱导球员以掌握足球运动技能为根本目的，而忽略对其他能力的培养，导致球员发展的片面性。"（C-ZK）
	评价方法	"教练常凭直觉与经验对球员的训练效果做出评价，不重视采用定量的方法对球员训练效果作精确化的分析，使得评价结果缺乏准确性和科学性。"（T-XHB）
	评价主体	"我们对球员的评价，多以教练评价为主，很少鼓励球员进行自我评价，我认为这容易使青少年球员训练中处于被动，不利于青少年球员足球技能的提高，以及个性的发展。"（T-LGH）

（一）训练大纲

制定青训大纲的主要目的是向青训教练揭示当代足球运动发展的趋势和特点，以及揭示青少年球员培养的基本规律，从而为其在训练实践中针对不同年龄段球员的训练目标、内容、方法与手段、评价等的选择提供理论指导与帮助，使青少年球员通过系统化、科学化的逐级训练实现全面发展。为了实现青少年球员全面发展的目的，2013 年由北京体育大学、上海体育学院、中国足协技术部等多家单位联合编写了《中国青少年足球训练大纲》（以下简称《大纲》），《大纲》共由四章组成：第一章为《大纲》编写说明，包括制定《大纲》的依据、目的任务和基本原则；第二章将各年龄段青少年划分成 10 个阶段，分别为 U6、U7－U8、U9－U10、U11－U12、U13、U14、U15、U16、U17 和 U18，并对每个阶段的青少年发育特征、训练目标、基本内容、理论学习、基本要求、检查考核和教案示例进行了详细阐述；第三章为训练方法，主要包括热身游戏方法、球性球感方法、技术训练方法、战术训练方法和体能训练方法；第四章为大纲说明。[①]

此次《大纲》的编写，是在当代足球新发展趋势下，依据亚洲足球与我国足球发展新形势，在借鉴国内以往青少年足球训练大纲与世界足球强国青少年足球训练大纲的基础上，由中国足球协会提出和组织领导下进行的。相比以往的版本，此次《大纲》的编写在整体结构上更加规范与完整，对各年龄段的训练目标与训练任务的规定更加细化、逻辑结构更加合理与清晰，陈述也更加准确，并且每个年龄段相应内容的练习部分都有基本的训练方法示例，可见，此次编写的《大纲》更具科学性。但细究下来，虽然此次《大纲》对体能、技战术训练等做了具体的教学方法示例，但就如何通过训练来培养青少年的独立人格，以及如何培养青少年的社会责任感等，缺乏具体的训练方法、手段指导。正如一位足球教师所言：

---

① 中国足球协会. 中国青少年足球训练大纲［M］. 北京：人民体育出版社，2013.

"相较于较为完备的体能训练方法、技战术训练方法示例，对心理健康和社会适应目标是以提纲挈领的形式表述，缺乏具体的训练方法和手段示例，导致青训教练在实践中面临操作性问题，对如何实现心理健康与社会适应目标应有的措施与手段还不够明确。"（T-CK）这种状况间接反映出当前我国在青少年球员培养过程中的功利化倾向，即更多关注足球知识与技能的传授，而忽视对青少年球员的内在情感体验和人格的全面培养。

为了调查《大纲》在青训教练群体中的认可度，对青训教练进行了问卷调查，结果显示，有 61.2%（"非常不同意" 23.1% + "不同意" 38.1%）的青训教练不认可教练员在训练实践中采用统一的训练大纲，并认为青训教练在训练实践中采纳得少，各自为战，没有在统一的训练理论指导下组织教学（表 1.19）。这种情况表明，《大纲》在青训教练训练实践中被接纳、被运用程度较低。

表 1.19　青训教练对教练员采用统一的训练大纲实施训练认可程度

	频数	百分比（%）	累计百分比（%）
非常不同意	57	23.1	23.1
不同意	94	38.1	61.2
一般	35	14.2	75.4
同意	37	15.0	90.4
非常同意	23	9.6	100.0
合计	246	100.0	

另外，在针对当前我国足球后备人才培养训练大纲认可程度的实地访谈中，专家 BL 的观点较具代表性："我国青少年足球训练缺少一套具有广泛影响力的青训大纲，使青训教练清楚各年龄段球员应掌握哪些能力，并清楚使用正确的训练方式让他们掌握这些能力。我经常在观看我们青少年

球员比赛时发现，球员在比赛场上表现出来的共同技术特点是脚下频率慢、转身慢、变向慢、传球速度慢、基本功不扎实等。这主要是因为多数培养单位没有统一的青训大纲，导致人才培养缺乏长远规划，青训教练往往凭借以往经验对青少年球员实施训练，没有针对青少年球员身心发展特点在其能力发展敏感期实施针对性培养，从而错过了能力提升的最佳时机。"（E-BL）。外籍教练 CTAZ 也发表了类似的观点："在日本，我们着眼于青少年球员的长远发展。在青少年 U6-U16 时期，每两岁为一个年龄阶段，并依据各年龄段青少年身心发展特征编写了适合各年龄段的训练内容，教练员须严格按照训练大纲要求系统性的安排训练内容。但当我来到中国从事足球青训工作后发现，虽然部分青训机构有自己编写的青训大纲，但缺乏对青少年球员培养的长远规划，多是根据上一周比赛出现的问题来拟定下一周训练计划，使得教练员因不清楚各年龄段层级细化的内容而导致训练内容的安排往往带着随意性、功利性和成人化，严重违背了青少年身心发展特点。同时，由于缺乏对训练内容的深入研究，大多数教练员对训练内容的要点缺乏把握，导致训练以粗放式为主，难以把握训练细节。"（C-CTAZ）

通过以上案例表明，当前，虽然中国足球协会已推出最新的《大纲》，但培养单位在实施训练过程中采纳不多。究其原因，一方面，青训教练习惯于"师傅带徒弟"的传统执教方式，不愿意改变、不愿意学习；另一方面，由于信息闭塞，部分青训教练并不知道《大纲》的存在。另外，虽然部分培养单位有自己编写的训练大纲，但多数青训教练在训练实践中功利化思想严重，缺乏对球员培养的长远规划，把取得好的比赛成绩当作训练的唯一目标，而忽视了对青少年球员身心的培育，造成多数青训教练在训练过程中对各年龄段层级细化的内容缺乏认识，在训练内容的安排上往往带着随意性、功利性和成人化，从而使得青少年球员的个人能力与潜力被过早挖掘。

从全人教育的角度来分析，全人教育的课程观是基于"关系""联系"的课程观，即强调情感与躯体的结合以及知识与学习者的结合。其中，情感与躯体的结合指课程目标设置时应注重把人的情绪表达与身体活动结合起来，认为情感与躯体之间缺乏联系是一种病态，使人缺乏想象力与创造力；知识与学习者的结合指编写课程内容时应注重让课程内容与学习者的经验相联系，以便让学习过程生动真实，让学习者充满积极情感和浓厚兴趣。因此，从全人教育课程观的视角审视，针对当前我国青少年足球训练大纲的编写，一方面，在课程目标的设置上应注重情感表达与躯体运动的结合，即强调知识与技能传授的同时更要重视对人内在情感、创造力、责任感和精神潜能等的培育，以实现"整全人"培养目的；另一方面，在课程内容的组织上应注重知识与学习者的结合，即依据青少年球员的身心发展特征科学编排训练内容，并注重训练内容之间的有效衔接，以促进青少年球员的长远发展。

（二）训练实践

为了让青训教练在实施训练过程中能够在统一的科学训练体系框架下通过系统化、科学化的训练理论指导来实现青少年球员的全面发展，《大纲》在对各年龄段的训练目标、内容、方法和评价等的编写上更加细化，逻辑结构更加合理与清晰。同时，针对青训教练对青少年足球训练实践状况认可程度的调查结果也表明青训教练对中国青少年足球训练实践状况较为了解（表1.20），如有78.8%（"非常同意"28.0%+"同意"50.8%）的青训教练清楚各年龄段的训练目标，80.5%（"非常同意"26.3%+"同意"54.2%）的青训教练清楚各年龄段的训练内容，77.1%（"非常同意"23.7%+"同意"53.4%）的青训教练清楚各年龄段采取的训练方法、手段，72.9%（"非常同意"12.7%+"同意"60.2%）的青训教练清楚如何进行训练评价。

虽然问卷调查结果显示我国大部分青训教练清楚各年龄段的训练目

标、内容、方法和手段，但通过实地访谈却发现，青训教练对青少年足球训练实践的直观认识与其训练实践操作之间存在较大差异。表 1.20 显示了对青训教练对中国青少年足球训练状况的认可的实际情况。

表 1.20　青训教练对中国青少年足球训练状况的了解程度

	非常不同意		不同意		一般		同意		非常同意	
	频次	百分比	频次	百分比	频次	百分比	频次	百分比	频次	百分比
清楚各年龄段的训练目标	0	0.0	21	8.5	31	12.7	125	50.8	69	28.0
清楚各年龄段的训练内容	0	0.0	19	7.6	29	11.9	133	54.2	65	26.3
清楚各年龄段采取的训练方法、手段	0	0.0	17	6.8	40	16.1	131	53.4	58	23.7
清楚如何进行训练评价	0	0.0	15	5.9	52	21.2	148	60.2	31	12.7

①训练目标存在的问题分析

《大纲》的编写坚持以人为本、全面发展的原则，在培养青少年球员足球专业技能的同时注重促进青少年球员身心全面发展和健全人格的形成。[①] 这表明，对青少年球员的培养不仅注重足球知识与技能的传授，同时也包括对青少年球员情感、态度、创造力、人际关系和价值观等的培育，以实现青少年球员"整全人"的培养目标。但是，当前青训教练在训练实践中，其目标设置"重技轻育"，即突出强调青少年球员足球技能的获得，而忽视对其健全人格的培育。正如访谈中一位教练所言："在我接触过的青训教练中，有些青训教练训练目标较单一，'唯成绩论'思想严重，以追求比赛成绩为目的，这导致他们在训练过程中以传授运动技能为

---

① 中国足球协会．中国青少年足球训练大纲［M］．北京：人民体育出版社，2013：58.

核心内容。而为了球员能早出成绩，早期专项化现象严重，因而错过了球员身心发展敏感期。虽然早期专项化可以让运动员更早出成绩，但违背了青少年球员整体发展的需求，培养出来的球员虽然运动技能突出，但智能、情感、社会性、审美等方面的能力没有得到应有的培养，更不要说培养创造力和创新型足球人才。"（E-LN）

此外，外籍教练 DYG 也发表了类似观点："我们从事的是青少年的训练，必须认识到对于青少年来说赢球不是全部，但我经常看到我们的许多教练员在进行友谊赛时常把友谊赛当作正式比赛的决赛来打。我认为这是不好的，这样的话教练员只关心比赛成绩和输赢，为了赢得比赛，在训练过程中只追求足球技能的掌握，而不是重点关注球员的整体发展。这样长久下去的话，我想在不久的将来，我们会在青少年身上发现更多的问题。"（C-DYG）

通过以上案例可知，当前我国青训教练在训练目标的设置上功利化思想严重，以追求比赛成绩为目的，青少年早期的训练过于目的性和成人化，训练中忽视对球员创新能力、情感等的培养。可以说，儿童时期的自信心、想象力、创造力，在一种刻板、僵化、过于追求比赛成绩，急于"冒尖逞强"的环境下可能被逐渐磨灭。例如，目前国内较普遍的一种情况，即低年龄的足球比赛中国内顶级的青少年足球与欧美差异不大，但到了 17、18 岁即将步入成年职业队的时期或者真正走上职业赛场后，其水平差距就大幅拉开，球员技术生硬，缺乏自信心、缺乏灵气、缺乏即兴创新等特征，在实战中经常出现。①

从全人教育的角度来分析，全人教育将对人的认识提高到了前所未有的高度，认为教育教学要以服务于"人"的需要为核心，以培养全面发展的"整全人"为目的。而为了"整全人"的培养目的，主张一种整合的

---

① 专题青训忧思：教练让 U13 球员"多躺会"背后［DB/OL］. https：//dy. 163. com/article/fu4tjrpu05299lq3. html.

教学观，即在教学过程中从整体的观念出发，不仅是知识与技能的传授，更应该注重人的内在发展，如情感、创造力、想象力、同情心、价值观等，尤其要注重自我的实现，以实现人身心的全面发展。所以，为解决我国青少年足球训练目标设置的功利化问题，必须提升教学训练的育人功能，不以球队比赛成绩、比赛名次为目标，使教学训练回归人本身。具体来说，要以培养身心全面发展的青少年球员作为最终目标。

②训练内容存在的问题分析

中国足协在制定《大纲》所依据的基本原则中明确指出，对青少年球员的培养既要注重球员的全面发展，又要重视青少年敏感期各项素质与技能的提高。因此，为深入挖掘青少年球员个人能力与潜力，使青少年球员获得长远发展，在训练内容的安排上应在对青少年身心发展特点深入认识基础上科学安排各年龄阶段的训练内容，在关注青少年各项能力全面协调发展的同时抓住青少年各项能力发展的敏感期以获得训练效益的最优化。但目前青训教练在训练内容的安排上随意性强，缺乏系统性、科学性，正如教练 CTAZ 所言："在刚接手 U17 球队时，我发现球员在比赛过程中经常出现停球过大、传球传不到位、无球跑动、慢半拍和射门打偏等现象，这反映出我们球员基本功较差，对在此年龄之前就应该掌握的技能没有掌握好。而造成以上现象的原因在于青训教练在训练中不清楚各年龄段球员究竟需要培养什么样的能力，即练什么的问题。由于没有把握住球员能力发展的敏感期，导致球员普遍存在基本功较差的问题。为了弥补球员这一缺陷，我在每次组织训练的前三十分钟都会对球员进行基本功训练。但由于错过了球员练习基本功的敏感期，导致现在无论花多大力气进行弥补都难以收获预期的训练效果。因此，作为合格的青训教练，我认为应该对各年龄段球员需要具备的能力有清晰的认识，这样才能合理地安排训练内容，使球员在相应的年龄段掌握该阶段应该具备的技能。"（C-CTAZ）

另外，在训练内容的安排上存在较为严重的功利性倾向。为了在竞赛中取得好名次，青训教练往往只强调技战术训练或身体素质训练，即训练具有"点"的特点，缺乏"面"的特征。例如，教练 FEND 就指出："现在青少年参加比赛的机会比以往多了许多，这满足了青少年球员多打比赛的需要。但教练员为了赢得每场比赛，多是根据对手的特点进行针对性的技战术演练，对训练缺乏系统规划，导致训练内容缺乏系统性。例如，为备战每周末举行的青超联赛，球队在一周训练内容制定中，都是围绕下一场比赛对手进行特定战术训练。但青少年训练不是成人训练，这种功利性的训练安排也许在短时间内能取得好名次，但不利于青少年球员的长远发展。"（C-FEND）而教练 HYZ 指出："无论是学校、家长还是教练，都十分在乎球队的成绩和球员的个人表现，这导致教练在训练中以体能训练为主的训练课大行其道。"（T-HYZ）

通过以上案例可知，目前我国青训教练在训练内容的安排上存在的主要问题是：对各年龄段球员训练内容的安排认识不清以及过于强调技战术训练或身体素质训练。这一问题最终给青少年球员带来的后果是：首先，对训练内容认识不清，导致青少年球员基本功掌握不扎实，而今后再想补救绝非易事。西班牙著名教练员瓜迪奥拉就曾指出，"对于青少年球员来说，在足球场上技术是至关重要的，从小基本功技术练习不好，长大定型了再想有进步就很难了"[①]。其次，只是强调技战术训练或身体素质训练。如若只是强调技战术套路练习，容易导致训练脱离实战，影响球员比赛能力的提升；而只强调身体素质训练，又可能诱发青少年球员"靠体能吃饭"这一低级的训练、参赛导向，忽视对自身技战术的全面提高，忽视对技战术能力的精雕细琢。

从全人教育的角度来分析，全人教育的教学观认为，在学生成长过程中，教学内容的安排应与学生的身心发展相适应，以促进学生健康可持续

---

① 瓜迪奥拉揭秘巴萨青训成功秘诀 [EB/OL]. https：//v. youku. com/v_ show/id_ XMzYx-Mzk1NTEy. htm.

成长。同时，认为教学的本质是一种整合的学习观，在教学内容安排上应对教学内容加以统整，以认知、情感、道德等方面的全面发展为目的，而不仅仅是技能的传授。因此，为了促进青少年球员健康、全面、可持续发展，青训教练在训练内容的安排上应注意两点：一方面应注重对青少年训练内容的长远规划，另一方面应注重将体能、技战术和心智能等进行整合训练。

③训练方法、手段存在的问题分析

从当代足球比赛的发展趋势来看，比赛特点突出表现为球员积极压制对手、寻求比赛主动，以及追求快速高效的攻守过程，这对球员的主导性提出了新的要求。因此，在青少年训练过程中教练员必须明晰球员的短板所在，科学设计能充分发挥其主观能动性和积极性的训练方法和手段。同时，结合青少年球员进取心强、探索欲望高等心理特点，综合采取科学有效的教学方法和手段。但是，由于当前我国青少年足球训练方法较多停留在传统的灌输式教学，多数球员在比赛中缺乏有效的观察、应变和自主创造力，训练水平难以有效提高。以下访谈材料也进一步证实了这一点。

"在球场上，我国青少年球员与欧洲青少年球员相比最大的差别是缺乏创造力。为什么会产生这样的差别？我认为主要原因是青训教练在训练方法、手段的运用上出了问题。在训练中，你会发现我们教练更重视青少年球员技战术能力的培养，却忽视对球员独立思考能力的训练，教练往往预先设定好训练套路，要求球员进行重复的技战术练习。在此过程中，球员只是被动接受教练的指令，缺少主动的思考"（C-XP）。另有教练也表达了类似观点："我们的青训教练在训练中过于强调球员的纪律性，指示球员做这个、做那个，而忽视球员主观能动性，我认为这样整齐划一的训练会成为球员思维上最大的'致命伤'，导致球员在场上缺乏观察力、判断力和创造力。"（C-DL）

"我发现，教练几乎每天都在教球员要学会'观察'，但球员在比赛中少有'观察'的；教练几乎每天都在练习球员的'控球'，但在比赛场上球员一拿球就丢！为什么教练平日训练中练习的内容，球员一到比赛中却难以发挥出来？我认为，这主要是因为我们教练在训练方法、手段的选择上与比赛脱节严重，忽视球员的主观能动性，经常采用'填鸭式'的训练法，球员在被动训练状态下容易缺乏自主思考与做出决策的能力"（T-CK）。

通过以上案例可知，当前我国教练员在训练方法、手段的运用上普遍采用"填鸭式"训练模式，视青少年球员为被动接收"容器"，一切行动听从教练员指挥，训练过程中让球员按照预先设定好的套路重复进行技战术练习，通过高密度的练习建立相应的条件反射。但是，在攻守平衡的足球比赛中球员要时刻针对场上情况做出充分的判断和周密的决策。例如，球队进攻时，持球队员须选择传球时机并做好传球的后续动作，更须观察队友的位置及预判队友的跑位做出合理的传球，同时无球队员也须合理跑位以充分保证进攻的整体性和层次感。但是"填鸭式"训练模式下，球员将缺少依据场上形势做出判断和决策的机会。这也就不难理解为什么我们的球员在足球比赛中普遍缺乏个性、缺乏创造力和缺乏阅读比赛的能力。

从全人教育的角度来分析，全人教育认为教育是经验的产物，学习是一种积极的、多种感官共同参与的个体与世界之间的互动过程，其本质是自我发现、自我思考、自我探求、自我创造、自己研究并得到体验与启发，而不是以往死记硬背式的填鸭式教学。因此，在教学过程中，强调以学生为中心，建立民主的教育模式，即通过生成性、动态性和构建性的教学情境充分调动学习主体身体、情感、思维、想象等多种认知方式的共同参与，使每个人都能以有意义的方式进行自主学习，以促进学生人际交往能力、认知能力和情感能力的全面发展。所以，从全人教育的教学观视角来看，青训教练在训练方法、手段的选择上应该通过创设个性被尊重、需求被满足的比赛情境来充分调动青少年球员多种认知方式的共同参与，这样才有利于青少年球员人际交往能力、认知能力和情感能力的提升。

④训练评价存在的问题分析

训练评价是训练过程中必不可少的重要环节。科学有效的训练评价可以直观地反映球员当前的能力水平，为球员提供有效的训练反馈，以便及时、准确地调整和改进训练，帮助球员达成在相应年龄段应该达成的训练目标，以实现青少年球员的长远发展。但是，通过实地调研发现，当前我国在训练评价过程中存在评价主体、评价类型、评价指标和评价方法单一的现象。以下通过具有代表性的访谈材料加以论述。

"我们教练员在训练评估中，由于对执教年龄段球员的培养目标认识不清，导致部分教练不清楚训练考核的重点，评估结果不能准确反映球员阶段目标达成状况。而在错误的评估结果引导下，又导致球员努力方向出现偏差，最终造成中国足球后备人才培养的片面性，这非常不利于青少年球员的持续发展"（C-CTAZ）。

"我们青训教练在评价类型的选择上，教练员多采用总结性评价，这不利于球员训练过程中具体问题的改进和完善，因为总结性评价更多的只是对球员已经完成的训练效果作概括"（C-ZS）；"我们青训教练在评价指标的选择上，主要评估球员运动技能掌握情况，忽视对青少年球员综合素质的考核，这容易诱导球员以掌握运动技能为根本目的，导致发展的片面性"（C-ZK）；"我觉得我们青训教练在评价方法的选择上教练员常以直觉与经验为主，不重视对球员训练效果进行量化分析，使评价结果缺乏准确性和科学性"（T-XHB）；"我认为我们青训教练在评价主体方面多以教练员评价为主，很少鼓励球员自评，这容易使青少年球员训练中处于被动，不利于调动球员训练的积极性"（T-LGH）。

通过以上案例可知，当前对青少年球员的训练评价主要存在以下几方面的问题：第一，评价类型方面，以总结性评价为主，而很少就球员训练过程中的情感、态度等作出过程性评价；第二，评价指标方面，主要是对球员技战术掌握情况的单一性评价，忽视从多维度对球员进行综合评估；第三，评价方法方面，常以定性评价为主，较少进行定量评价；第四，评价主体方面，重视教练员对球员的评价，而忽视球员的自我评价。

全人教育的评价观认为，评价应以人的全面发展为宗旨，而不是只关注评价的选拔功能。要实现这个目标，在评价指标选择上就要既注重评价学生知识掌握程度，更关注学生学习过程中对其能力、态度等的评价；在评价类型选择上，在对学生学习结果进行终结性评价的同时，强调在学生学习过程中采用形成性评价，以不断改进和完善学生的学习；在评价主体的选择上，强调学生作为知识的构建者，应鼓励学生自评，以充分调动学生学习的积极性，也有助于学生个性、创造性思维能力的培养。因此，从全人教育的评价观视角审视，针对当前我国青训教练的训练评价，应选取多维度指标对球员进行综合评估，以及将总结性评价与过程性评价相结合、定性评价与定量评价相结合、他评与自评相结合，以达到真正了解青少年球员状况，促进球员身心健康全面发展的效果。

七、竞赛：竞赛组织量多质劣、球员竞赛心理问题突出

在足球后备人才培养过程中，人们逐渐意识到足球活动特别是足球教学、训练如果没有竞赛，那么育人的功能将无法发挥，或者说只能发挥其中很小的一部分，而绝大部分的育人功能则无法发挥出来。可见，竞赛作为育人的重要方式和手段，对于青少年球员的健康成长不可或缺。通过竞赛，不仅可以培养青少年球员的兴趣和运动技能，也有助于培养其创造力与想象力，以及提高其自主性、自律性、自信心和责任心等个性心理品质。为充分发挥足球竞赛的育人功能，笔者通过实地访谈对当前我国足球后备人才培养竞赛环节中存在的问题进行了分析和归纳，具体表征如表1.21所示。

表 1.21　中国足球后备人才培养竞赛问题表征

问题表征	开放式编码	代表性原始陈述举例
竞赛组织	量多质劣	"目前各种名目、不同单位组织的比赛多了起来，虽然极大地增加了青少年比赛数量，但高质量比赛还是少，个别国内顶尖青训俱乐部只有花钱到国外去打比赛。"（C-ZT）
	"真空期"	"目前举办的青少年足球赛事类别尽管比以往有所增加，但却忽视青训金字塔底部联赛的组织，存在'真空期'。例如，从 2018 年开始，中国足协开始实行 U13 以上周赛制的青超联赛，但目前 U12 以下梯队没有正式的全国系列比赛。"（C-YYW）
球队竞赛问题	心智能不佳	"我们青少年球员心理素质差众所周知，特别是在面对强队时怯场，缺乏自信；另外，我认为我们的球员身体条件并不差，差就差在不会利用身体和比赛。"（C-MB）
	基本功不扎实	"我们球员在青少年足球比赛中暴露出来的一个显著问题就是基本功不扎实，比如，停球停不好、传球准确性偏得离谱、射门脚法糟糕至极等等。"（C-XP）
	风格不鲜明	"在观察我们青少年球队的比赛中，我发现多数球队比赛风格不鲜明，具体表现为：比赛过程中进攻组织、防守组织、进攻转防守、防守转进攻和定位球这五个时刻的战术打法不鲜明。"（C-YB）
	品德欠佳	"在观看球员的比赛过程中经常感觉我们的球员缺乏集体荣誉感、责任感，在比赛中经常看到球员自己或队友丢球后回防不及时的现象发生。"（T-BYY）

（一）竞赛组织

针对以往我国青少年足球竞赛场次少、竞赛种类单一、竞赛组织只设单年龄段和赛练分离严重等问题，一方面中国足协从 2018 年开始重点打造了全国青少年足球锦标赛、全国青少年冠军杯和青少年中国足球协会杯赛，另一方面教育系统内搭建了校园足球完整的校内、校际、县域、市域、省域和全国联赛。此外，为解决好"赛和练""学和训"之间的问题，使更多青少年球员能够在科学、合理的赛事平台上得到成长与锻炼，

2018 年中国足球协会联合教育部全国青少年校园足球工作领导小组办公室共同主办全国青少年足球超级联赛。可见，这种教体系统一体化设计、一体化推进的竞赛格局创造了教体系统竞赛密切配合的新模式，进一步加强了中国足球青少年竞赛体系的改革与完善。

为进一步了解我国青少年足球竞赛组织实际运行状况，对青训教练关于青少年足球竞赛组织合理状况认可程度进行了问卷调查。结果表明，有 60.2%（"非常同意" 19.5%+"同意" 40.7%）的青训教练认可目前我国青少年足球竞赛组织合理（表 1.22），这在一定程度上表明我国青少年足球竞赛组织长期以来存在的问题有了一定改善。

表 1.22　青训教练对中国青少年足球竞赛组织合理状况认可程度

	频数	百分比（%）	累计百分比（%）
非常不同意	6	2.5	2.5
不同意	25	10.2	12.7
一般	67	27.1	39.8
同意	100	40.7	80.5
非常同意	48	19.5	100.0
合计	118	100.0	

虽然在问卷调查中，有相当部分的青训教练对当前竞赛组织给予肯定，但实地访谈中部分青训教练也反馈，竞赛组织实际运作过程中又呈现出如下新问题。

第一，比赛质量低。如教练 ZXG 指出，"现在较火的青少年核心赛事青超联赛，作为一种全新的周末周赛制是符合足球竞赛规律的，即通过训练—比赛—总结反思—训练提升弥补不足—比赛，如此不断循环来逐步提升球员足球水平。但实际开展过程中，青超联赛却陷入前所未有的尴尬之中，比如，周末周赛制的大区赛，比赛质量之低劣实在是无法接受，动辄十几比零的比分，最终变成了"训练—比赛虐菜—没啥可总结的—训练—

再去虐菜"的恶性循环。所以，我觉得这样的比赛不但不能给球员带来多大的锻炼价值，反而浪费了大量的时间、精力和财力"（T-ZXG）。

第二，忽视青训金字塔底部联赛的组织是竞赛组织不合理的又一表现。教练 YYW 的观点极具代表性："当前举办的青少年足球赛事类别尽管比以往有所增加，但却忽视青训金字塔底部联赛的组织，存在'真空期'。例如，从 2018 年开始，中国足协开始实行 U13 以上周赛制的青超联赛，但目前 U12 以下梯队仍没有正式的全国系列比赛。我带的这支 U12 队伍正处于足球技能形成的敏感期，但球队自 2014 年年底成立至今，参加了 2017 年德馨园杯、上海邀请赛以及韩国队来校交流，其中迎战了 2 次日本队、2 次韩国队、1 次西班牙队、1 次意大利队，共 6 场。除此之外，三年间再没与任何国外球队比赛，比赛次数太少。我认为这就是我们低年龄段球员个人技术同欧美相比不相上下，但比赛能力差距太大的根本原因。"（C-YYW）

通过以上案例可知，目前我国在青少年足球竞赛组织方面虽然在一定程度上改变了以往青少年足球竞赛场次少、竞赛种类单一、竞赛组织不合理、赛练分离严重等问题，但在组织过程中也暴露出如高质量比赛少、忽视低年龄段球队赛事的组织等新问题。

高质量比赛不足会影响球员的场上表现乃至水平的提高。对于强队来说，面对实力非常悬殊的球队，球员会缺乏激情，冲淡了球员比赛中决策的能力，使球员难以获得有价值的锻炼机会，影响了球员技术、战术、意识培养等的学习效益，是一种得不偿失、本末倒置的做法。对于弱队而言，频繁的比赛降低了球员正常的基本功技术训练时间；同时，面对过于强大的对手，球员会丧失应有的比赛动机，退缩不前，如果经常遭受失败，会给球员的自信心带来巨大打击，甚至可能使球员失去对足球运动的热忱，从此远离足球运动。而针对忽视低年龄段球队联赛组织的现象，应当意识到低年龄段正是身体素质、足球技能发展和足球兴趣培养的黄金期，与相对单调的足球训练相比，竞赛显然更能激发其足球兴趣和培养其足球技能。

从全人教育的角度来分析，全人教育的学生观认为，每个学习者都具有不同的个性，具有独特的价值和内在创造性，在身体、知识、情感、智力等方面具有独特的需要和能力，具有无限的学习能力。基于此认识，全人教育视学生为教学活动的主体，理解和尊重学生个体差异，依据不同学生的现实需求组织教学活动，而不是用成人思维替代青少年想法，也不用成人标准审视或青少年世界；同时，全人教育主张为人类的发展而教，认为教育的主要目的是实现人发展的可能性。而为了实现人的长远发展，它强调在人才培养过程中应根据学生身心发展特点对学生进行长期规划的培养，以保障学生长远发展。所以，从全人教育的学生观审视我国青少年竞赛组织的安排，一方面要创设满足青少年发展需求的竞赛环境，另一方面须重视低年龄段球队赛事的组织，以促进青少年球员身心健康、长远发展。

（二）球队竞赛问题分析

关于青训教练对我国青少年球队竞赛中存在共性问题认可程度的调查结果表明（表 1.23 所示），我国青少年球队竞赛中存在的共性问题主要包括：实战技术能力不强（"同意"40.2%＋"非常同意"31.1%）、战术适应能力不强（"同意"36.7%＋"非常同意"32.7%）、各年龄段球队比赛阵型不统一（"同意"46.5%＋"非常同意"17.2%）、心理素质不强（"同意"22.7%＋"非常同意"36.9%）、思想品德有待加强（"同意"24.6%＋"非常同意"33.2%）、团队意识不强（"同意"27.4%＋"非常同意"26.5%）、比赛风格不鲜明（"同意"22.8%＋"非常同意"28.5%）。以上问卷调查结果与实地访谈中大多数青训教练的观点较一致，这表明竞赛中存在的以上问题，在青少年球队普遍存在。

表 1.23　青训教练对中国青少年球队竞赛中存在共性问题的认可程度

	非常不同意		不同意		一般		同意		非常同意	
	频次	百分比	频次	百分比	频次	百分比	频次	百分比	频次	百分比
基本功差、实战技术能力不强	13	4.7	19	7.5	38	15.5	99	40.2	77	31.1
战术适应能力不强	26	10.3	21	8.6	29	11.7	90	36.7	80	32.7
各年龄段球队比赛阵型不统一	8	3.4	37	15.0	45	17.9	114	46.5	42	17.2
心智能欠缺	17	6.8	30	12.3	52	21.3	56	22.7	91	36.9
思想品德有待加强	11	4.4	20	8.2	71	28.6	62	24.6	82	33.2
团队意识不强	25	10.3	33	13.4	55	22.4	68	27.4	65	26.5
比赛风格不鲜明	20	8.0	45	18.3	55	22.4	56	22.8	70	28.5
身体素质能力不强	58	23.7	53	21.6	68	27.6	38	15.6	29	11.5

另外，根据实地访谈结果并经分析与归纳，发现青少年球队竞赛中存在的共性问题主要有以下几点。

其一，心智层面的问题：球员缺乏自信心、创造力。正如外籍教练 FEND 所言，"我在观看中国青少年球员比赛中发现球员存在以下共性问题：一方面球员心理素质欠佳。表现为在关键比赛或比分落后时自信不足，缺乏进取精神和拼搏精神；在面对对手高强度、高对抗、快节奏对抗时，不能团结整个球队形成整体防守，缺乏团队精神。另一方面，球员球商有待提高。球员明知比赛中决策能力很重要，但大部分球队在赛场上缺乏观察力和创造力、缺乏沟通与交流，几乎看不见几个比赛中决策能力强的球员，玩的还是身体和速度"（C-FEND）。

其二，道德层面的问题：球员缺乏荣誉感、责任感，不懂得尊重他人。一位青训教练曾提及，"须加强对球员思想品德的培养。我在观看比赛过程中经常感觉我们的球员缺乏集体荣誉感、责任感，如比赛中经常看到球员自己或队友丢球后回防不及时的现象；同时，球员不懂尊重他人，经常在赛场上出现围攻裁判、打架等事件，我认为这部分原因来自教练和家长，因为比赛过程中经常看到教练员和家长因为不满裁判的判罚而抗议或辱骂裁判，这无形中给青少年球员树立了'榜样'作用"（T-BYY）。

其三，技术层面的问题：球员基本功差。正如教练 XP 所言，"当前，我们球员在青少年足球比赛中暴露出来的一个显著问题就是基本功不扎实，诸多知名教练、足球名宿对球员基本功的缺失也忧心忡忡。例如，2017 年 4 月，沈祥福指导来校观摩 U16 联赛的时候就明确表现出对现在球员基本功不扎实的担忧；国青队原主教练贾秀全也为球员的基本功问题苦恼不已，他认为球员没有掌握好某个年龄段应该掌握好的技战术，尤其是实战能力不强，应变能力低下"（C-XP）。

其四，球队比赛风格问题：球队比赛风格不鲜明，各年龄段未形成统一的比赛风格。教练 YB 就指出，"当前青少年多数球队的进攻组织、防守组织、进攻转防守、防守转进攻和定位球等诸多战术打法都不鲜明。造成这种现象的原因，一方面是因为我们青训教练对足球比赛理念认识不清，导致训练过程中缺乏针对性而丧失球队风格；另一方面是因为培养单位各梯队没有形成统一的比赛风格，如我们足球学校从建校之初就坚持聘请外籍专家担任总教练，目前已经历不同风格的六任总教练，在前南斯拉夫足球风靡中国的 2000 年前后学校聘请的前三任外教都来自塞尔维亚，此后学校选择外教的目光又转向葡萄牙和巴西。虽然外籍教练带来的先进训练理念给学校的训练带来耳目一新的感觉，但由于我们在外教聘用上缺乏延续性，导致学校的梯队并没有形成完全一致的技战术打法，没有形成鲜明的比赛风格。反观巴萨俱乐部拉玛西亚青训，各梯队教练员必须按照俱乐部的比赛理念去训练队伍，以形成各梯队统一的比赛风格"（C-YB）。

通过以上案例可知，我国青少年球队竞赛中存在的问题主要来自心智层面、道德层面、技战术层面、比赛风格层面等。然而，青少年球队竞赛中心智能层面、道德层面与技术层面存在的问题，究其原因，在于青训教练功利思想严重，过于重视球队竞赛成绩，导致青训教练训练实践中在训练目标设置上重训练、轻教育，在训练内容安排上重身体素质、轻基本技术，在训练方法、手段选择上重套路练习、轻实战训练。而面对球队比赛风格不鲜明及各年龄段球队比赛风格不统一的问题，关键在于青训教练缺乏对比赛理念的认识，及其各年龄段球队在训练中未能形成统一的比赛理念。

从全人教育的角度来分析，全人教育认为教育不单纯是社会统治的工具，人也不应是经济利益驱动下的机械个体。它主张教育应促进个体在知识、能力、情感、道德等方面的全面发展，强调精神性更胜于物质性，即教育应更着重于人的内在，以"育人"为本分，比如情感、道德等的养成。而在塑造个体情感、道德等人格品质时，全人教育思想认为应尊重和发展学生主体性，以身教贴近学生内心，如此，才能唤醒学生主体意识，才能真正走进学生的心灵深处，最终实现学生道德品质的内化。所以，针对青少年足球竞赛中心智能层面和道德层面存在的问题，要求青训教练树立"整全人"培养目的。在重视球员足球技能的同时更关注其内在品格的培育。通过从教练心灵到球员心灵的教育、从教练人格到球员人格的塑造，实现青少年球员道德品质的内化。

八、中国足球后备人才培养模式的整体评价

基于对上述相关资料的分析可知，我国足球后备人才培养"重训练、轻教育"的理念根深蒂固，受其影响，我国足球后备人才培养模式各组成

要素在实践运作中出现失衡现象。具体表现为：在管理方面，管理主体间责权不明晰、资源缺乏整合利用，各管理主体尚未形成协同联动的管理格局；在路径方面，各培养主体间尚未形成横向联动、纵向贯通的人才输送渠道，普及与提高一直处于割裂发展态势；在教练员培育方面，针对青训教练的培训目标、内容缺乏针对性和时效性，忽视对青训教练的继续教育培训；在选材方面，尚未建立完善的选材组织架构和科学全面的选材指标，缺乏对青少年球员的长期跟踪评估；在训练大纲方面，针对训练大纲的编写，训练大纲的培养目标设置不全、训练内容安排缺乏有效衔接；在训练实践方面，训练目标设置单一，训练内容安排随意性、功利性和成人化现象严重，训练方法和手段以灌输式为主，训练评价的评价类型、评价指标、评价方法与评价主体单一；在竞赛组织方面，竞赛组织缺乏高质量比赛，忽视低年龄段球队联赛组织，同时，球员在一定程度上存在智能层面、道德层面等问题。

　　针对上述问题，本书从全人教育视角分析可知，这些问题的存在很大程度上影响了青少年球员培养质量，不利于青少年球员全面可持续发展。

第二章

国外足球后备人才培养模式研究

本章选取德、法、英、日足球后备人才培养模式进行研究，主要基于以下考虑：一方面，现代全人教育思想源于西方，而足球后备人才培养作为一种培养人的教育活动，其足球后备人才培养模式各组成要素的实践运作不同程度上渗透着全人教育思想；另一方面，在21世纪举办的5届足球世界杯中，南美国家只有巴西队获得2002年韩日世界杯冠军，之后的4届世界杯冠军均被欧洲国家包揽，原因固然很多，但重要原因之一在于欧洲国家拥有较为完善系统的足球后备人才培养模式。

同时，日本自1993年实施足球职业化改革以来，曾五次征战世界杯，并在2002年韩日世界杯、2010年南非世界杯和2018年俄罗斯世界杯中均进入十六强，其足球水平在亚洲遥遥领先。日本足球领先亚洲的原因也是多方面的，其中对足球后备人才的高效培养是主因之一。因此，本章以德、法、英、日为例，通过分析德、法、英、日足球后备人才培养模式各组成要素实践运作的共性规律，既可以加深对国外先进足球后备人才培养模式的了解，更能为我国足球后备人才培养模式的深化改革提供借鉴与启示。

第一节 德、法、英、日足球后备人才培养理念

一、德国足球后备人才培养理念

20 世纪 90 年代，德国足协制定的《青少年足球训练指导纲要》（以下简称《纲要》）提出"兴趣培养，教育为先"的足球后备人才培养理念。① 首先，"兴趣培养"是贯彻于德国足球后备人才培养的基本理念。德国足协认为青少年球员在训练中体验并享受"踢球"的乐趣至关重要，因此强调让青少年球员在足球活动中充分享受足球乐趣，不过早进行专项化训练，依据青少年身心发展规律和兴趣爱好，在没有任何外力强迫的条件下体验和享受足球，在玩的过程中充分体验足球带来的魅力及学习足球基本技术，这有助于促进青少年球员自主积极发展的动力。

另外，德国足协在足球后备人才培养过程中秉持"教育为先"的理念，强调文化教育对培养青少年球员健全人格的关键作用。因此，在球员训练和学习二者关系中突出文化知识教育，将文化课学习永远放在第一位，其次才是足球训练，如果球员学习成绩不合格，将会停止训练和比赛，真正做到训练和文化学习兼顾，以达到完善青少年球员的心理和人格，最终实现青少年球员全面发展的目的。

二、法国足球后备人才培养理念

法国足球后备人才培养理念突出强调对青少年球员公民意识、比赛能

---

① 德国足协. 青少年足球训练指导纲要［EB/OL］.［2018-12-26］. https：//www.dfb.de/ligen-maenner/.

力和身心素质的培育，以实现青少年球员的全面发展。①

首先，强调公民意识的培养。足球作为一种教育手段，在足球教学、训练和比赛中能发挥重要育人功能，使球员体会责任感、团队合作、尊重感、怜悯心、公平竞赛和道德内省等公民意识。

其次，重视比赛能力的提高。法国青少年足球技术指导委员会（以下简称DTN）将足球比赛视为思想与身体的对抗，认为影响球员比赛能力的因素除了球员体能、技战术能力，更重要的是球员认知能力和情感能力，它们是影响球员体能、技战术发挥的重要因素。

再次，重视身心素质的发展。强调在普及和发展足球活动时须重视足球活动的健身与娱乐功能。认为青少年能成长为职业球员的只有一小部分，更多青少年参与足球活动是为了健身娱乐，因此在训练、比赛中应重视对青少年球员的兴趣培养，这有利于青少年愉悦感的获得，促进青少年参与足球活动的热情和健全人格的培养。

三、英格兰足球后备人才培养理念

英格兰足球总会（简称"英足总"）构建"四角模型"人才培养理念，并以此指导足球后备人才培养实践。所谓"四角模型"，系指由技术、身体、心理和社交四方面组成的综合性培养体系。②

该理念认为，在青少年球员培养过程中，技术、身体、心理和社交四个方面同等重要，各个方面分别有不同的培养目标。首先，技术方面的培养目标为根据青少年各年龄段及其能力高低安排适宜的技术练习和模拟比赛来开发球员技术能力，而且能够将习得的技术自如地运用到实际比赛

---

① 邱林，王家宏，戴福祥. 中法青少年足球培养体系比较研究［J］. 上海体育学院学报，2017（6）：34-41.

② 陈志辉，梁斌，田建强. 英格兰青少年足球训练理论与实践分析——基于四角模型和STEPS原则［J］. 海南师范大学学报（自然科学版），2017（1）：99-104.

中；其次，身体方面的培养目标为依据青少年生理年龄特征安排训练课程，以促进青少年身体素质的发展；再次，心理方面的培养目标为培养青少年球员强大的心理能力，如帮助其设定目标、处理好成功与失败、适应场上环境及培养自信心、决策能力、创造力、交流能力，并将这些能力应用到比赛中；最后，社交方面的培养目标为通过创建适宜环境促进球员间的合作交流，并帮助他们理解与接受球队的价值观与信仰、培养人际关系与公平竞赛道德准则和了解不同文化间的差异，这不仅有利于青少年球员的健康成长，更有利于球员退役后更好地适应社会。

可见，"四角模型"不仅可以培养青少年球员的足球技能，还能助其增强自信、培养团队合作精神和提升决策能力。四个方面相互联系、影响与促进，进而形成良性循环，促进青少年的全面发展。

四、日本足球后备人才培养理念

日本足球的发展理念是以足球为媒介，为人们身心的健全发展和社会发展贡献力量，据此提出了开展足球活动的愿景与价值观。

其中，愿景包括三方面：第一，努力做好足球普及工作，使体育运动更接近生活，创造充满快乐和享受的环境；第二，通过发展草根足球，努力提高足球水平并培养世界级国家队，以激励日本民众；第三，始终本着公平竞赛的精神，在日本和世界各地增进人民友谊，为国际社会发展做出贡献。

另外，价值观包括五方面：第一，快乐足球，将人们享受足球快乐居于核心地位；第二，"球员第一"原则，永远为球员的利益着想；第三，注重公平，努力做到开放和诚实行事；第四，不断前进，带着雄心壮志和激情持续成长；第五，保持尊重，尊重并欣赏每一个人和我们参与的每一件事。①

基于以上足球发展理念及开展足球活动的愿景与价值观，日本足协在其主编的《青少年足球培养纲要》中指出，对青少年的培养应秉持"兴趣为主、成绩次之、以青少年身心健康发展为核心、立足于长远目标"的理念。② 可见，日本足球后备人才培养理念，强调在青少年球员参与足球活动中感受足球乐趣、获得愉悦心理体验，以激发球员足球兴趣和爱好，促进球员身心全面发展和积极为社会发展做贡献。

五、德、法、英、日足球后备人才培养理念共性规律

综上所述，德、法、英、日确立的足球后备人才培养理念虽然各有侧重，如德国侧重球员兴趣培养和文化教育，法国注重球员人格培养，英格兰强调球员全面发展，日本在重视兴趣培养的同时还侧重球员长远发展。同时，四国足球后备人才培养理念也存在以下共性规律：首先，人才培养理念上贯彻"以球员为中心"思想，视球员为独立的"个体"；其次，培养目的上，一是从个体需求出发以培养全面发展的人、完整的人为根本目的，二是从社会需要出发以培养合格的社会公民为目的；最后，从内容上看，不仅注重对青少年球员足球知识与技能的传授，更重视文化教育，以培养球员的人文精神。

进一步分析可知，德、法、英、日足球后备人才培养理念与全人教育思想内涵相似。第一，均提倡"以学生为中心"，教育教学过程中始终服务于"人"的需要；第二，全人教育以培养"整全人"为根本目的，主张在教育过程中应促进个体在知识、能力、情感、道德等方面的全面发展，从而达到个体精神世界与物质世界的和谐统一，也是"以人为本"的

---

① 日本足球协会足球理念［EB/OL］. http：//www. jfa. jp/about_ jfa/ideal/.
② 陈安. 日本足球青训模式对中国足球青训模式的启示——基于对中日青训模式的差异性分析［D］. 成都体育学院硕士论文，2019.

高度体现和诠释，与德、法、英、日足球后备人才培养理念所要培养全面发展的人、完整的人的内涵一致，目标相同；第三，全人教育主张在教学过程中，除了知识与技能的传授，更关注人的内在情感体验与人格的全面培养。此外，德、法、英、日足球后备人才培养理念也认为，除了足球知识与技能的传授，更应重视球员文化学习，以保障球员人文精神和素质全面提升，表明二者在内容上异曲同工，在目标上殊途同归。

第二节　德、法、英、日足球后备人才培养管理

一、德国足球后备人才培养管理

为提升青训人才全面培养质量，德国足协在 2007 年引入 Foot PASS 质量监控系统，以对青训模式进行质量评估和管理。Foot PASS 质量监控系统由组织结构、足球发展模式、内部选材模式、竞赛和社会支持模式、外界合作模式、培训成果模式、设施与设备和青训战略制定与发展这 8 个评估维度构成，科学化、标准化、全面化地对培养机构进行全面质量管理和绩效评估，并依据评估结果对其进行针对性的改革以保障青少年球员的培养质量。

同时，为加强对青少年球员全面质量管理，德国足协积极加强与俱乐部、学校的密切合作，足协、俱乐部和学校三方构成了系统科学的管理体系，[①] 这样的管理模式有效地解决了学训矛盾，学生上午学习，下午到俱乐部训练，使文化学习和训练始终伴随其健康成长。当有天赋的学生被选入职业俱乐部竞训中心集中培养时，要求各职业俱乐部必须具备寄宿学

---

① 聂啸虎．德国足球改革的重要举措［J］．体育文化导刊，2003（1）：55-56.

校，安排专职教师辅导文化课。此外，德国足球后备人才培养的成功离不开政府的大力支持，主要从政策、资金等方面进行宏观调控，如德国政府对足协开展的"天才促进计划"提供大力支持，划拨专项资金建立覆盖全国的足球训练基地，推动地方足协和学校间合作，组建教练员团队对国家青年队进行训练。

二、法国足球后备人才培养管理

在足球后备人才培养管理上，法国采取政府与足协合作的结合型管理体制，合作双方分工明确，各司其职。①

首先，政府层面，其主要职责是进行宏观管理和调控。例如，作为全国唯一主管体育工作的行政部门，法国体育部不直接实施对青少年足球具体事务的管理，而是依据《体育法》等代表政府与法国足协签订协议，规定足协开展青训的发展目标和任务，体育部对青训的经费、场馆和设施等提供支持。而足协在接受政府支持的同时，须接受体育部的检查和监督，并在此基础上依据一定评估标准对足协青训工作作出评估报告，以确定今后的经费投入数额。通过以上手段，实现政府对足球活动的宏观管理职能。

其次，就足协层面而言，作为政府管辖的民间协会组织，高度重视足球后备人才培养，下设 DTN，负责组织开展全法青少年足球活动。具体包括三方面职责：①负责研究世界足球技战术发展趋势，以促进全国青少年球员技战术的提高；②在全国范围内组织各类青少年足球赛事，以普及与提高全国足球运动；③建立规范化和专业性的青少年教练员培训体系，以提升青少年足球训练科学化水平。通过以上手段，共同实现对足球后备人才的微观管理。

---

① 杨世东，段博文，杨祖辉．法国足球管理研究 [J]．体育文化导刊，2011（3）：25-29.

三、英格兰足球后备人才培养管理

英格兰足球后备人才培养机构包括学校、社区俱乐部和职业俱乐部青训学院等 3 部分，各部门分工明确、权责明晰。其中，学校足球活动的开展由英格兰学校足球协会（England Schools Football Association，以下简称 ESFA）进行管理，作为英足总合作伙伴，其负责全国校园足球普及工作已有百余年历史。社区足球俱乐部和职业足球俱乐部青训学院主要由英足总进行管理。英足总通过社区俱乐部青少年和成人球队数量、教练配备、志愿者人数以及比赛保障等情况来对社区俱乐部进行等级评估；对职业俱乐部青训学院的管理，英足总则通过俱乐部准入制度，对俱乐部梯队数量、设备和固定工作人员做出要求，并每年定期对各俱乐部青训学院建设情况进行评估。

此外，政府虽不插手具体足球业务，但从制度、资金、政策等方面为足球后备人才培养提供帮助。① 资金支持方面，政府与社会力量、私有企业等展开密切合作。一方面，英格兰体育理事会自 1994 年成立以来，每年负责向学校和社区足球发放政府财政支持资金及部分彩票收入；另一方面，民间公益组织也极大地推动了草根足球的普及与推广，如"足球基金会"负责每年向校园与社会足球投入由英超联赛提供超 4000 万英镑的资金；最后，英足总与私有企业密切合作推出系列赞助项目，如通过由零售商特易购提供资金的特易购技术计划，为草根足球教练提供培训。

四、日本足球后备人才培养管理

日本足球管理者视足球后备人才培养为一项系统性工程，形成了日本

---

① 英国学校优秀足球苗子选拔培养制度及教学指南调研［J］. 基础教育参考，2015（11）：73-77.

足协、文部科学省与各级足球联盟多方协作的足球后备人才管理模式，共同指导和推进足球后备人才培养。① 其中，对校园足球的管理，主要由日本文部省和下属各地教育主管部门对各级学校的足球训练和竞赛等活动进行推广普及，而校园足球后备人才的提高主要由日本各级足球协会具体负责。对俱乐部训练中心的管理，由区域足球协会全面负责不同区域的训练、比赛、选拔和培训等工作，上级区域只有宏观指导，没有行政干预，但教练员选派、训练内容由日本足球协会技术委员会统一安排。这种隶属于日本足协领导的自上而下的管理模式保证了管理的一致性，而减少和避免了因权利不均衡导致体系执行效果下降的情况。对职业化梯队的管理，由日本职业足球联盟技术委员会进行管辖。

同时，日本政府对足球发展主要从政策、资金等多方面进行宏观调控。例如，政府加强与俱乐部合作，积极推行促进俱乐部发展的"地域密着"政策，培育足球后备力量；政府还大力投资建设青少年足球训练、比赛场地等，使所有喜欢踢足球的青少年都能在家门口或学校附近找到合适的足球场进行训练和比赛。可见，日本政府的积极支持和推动促进了青少年足球的普及和提高。

五、德、法、英、日足球后备人才培养管理共性规律

综上所述，德、法、英、日各国足球后备人才培养管理在方式上存在差异，如德国足协引入 Foot PASS 质量监控系统从 8 个维度对青训系统进行全面质量管理和绩效评估，法国政府设置青年与体育部对足球后备人才培养进行宏观层面的指导与监督，英格兰政府为推进草根足球的发展与社会力量、私有企业展开密切合作以谋求资金上的支持，日本视足球后备人才培养为一项系统性工程形成了日本足球协会、文部科学省与各级足球联

---

① 陈安．日本足球青训模式对中国足球青训模式的启示——基于对中日青训模式的差异性分析［D］．成都体育学院硕士论文，2019.

盟多方参与的管理模式。但是，德、法、英、日足球后备人才培养管理中也存在诸多共同点：首先，在多元化青少年球员培养主体格局下政府、学校、社会等各培养主体通力合作，分工明确、权责明晰；其次，政府在青少年球员培养过程中发挥重要作用，主要从政策、资金等方面实施宏观调控。

可见，德、法、英、日足球后备人才培养管理在较大程度上体现了全人教育整体论思想，以"整体发展"和"联系发展"作为核心理念，强调事物间通过广泛的联系结为一个整体，整体功能大于各部分之和。同时，将现代教育看作一个开放体系和系统工程，认为青少年的成长受到家庭、学校和社会等多方面因素的影响，为了促进青少年身心健康和谐发展，凝结政府、学校、社会等各方力量形成科学有效的政府、学校、社会等多方合作模式。这正是全人教育思想倡导的为实现青少年身心健康和谐发展须创建教育共同体的具体体现。

第三节　德、法、英、日足球后备人才培养路径

一、德国足球后备人才培养路径

1998 年，法国世界杯德国国家队止步八强，德国足协意识到失败的根源在于忽视足球后备人才培养。面对足球后备人才匮乏的局面，德国足协决心加大对青少年球员培养，并从育人角度出发，遵循"兴趣培养，教育为先"的足球后备人才培养理念，于 1998 年正式启动以"体教结合"为人才培养基础的"天才促进计划"（如图 2.1），以积极推动地方足协、俱

乐部、学校三方合作。①

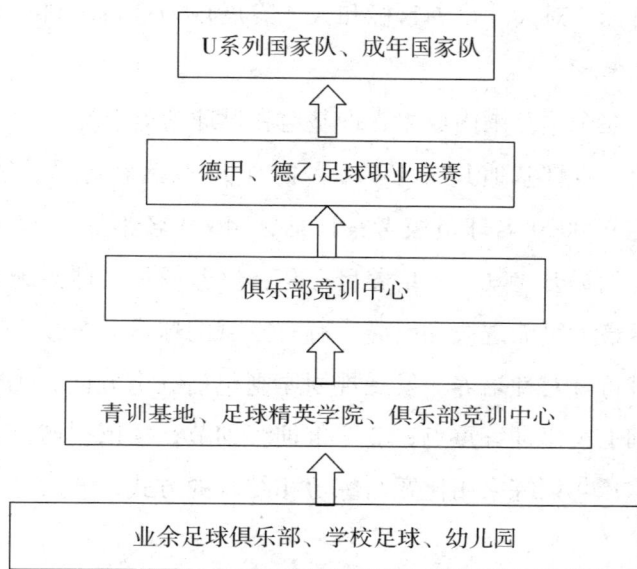

图 2.1　德国足球"天才促进计划"

"天才促进计划"分 4 个阶段：基础培养阶段（3—10 岁）、天赋球员
培养阶段（11—15 岁）、精英球员培养阶段（15—18 岁）和顶级职业足球
阶段（18 岁起）。其中，基础培养阶段球员主要集中在幼儿园、学校和俱
乐部训练，培养目标是体验并享受"踢球"的乐趣，以激发孩子对足球活
动的热情，促进身心健康；天赋球员培养阶段主要集中在精英学院和青训
基地，培养目标是注重球员足球技能和文化学习的全面发展；精英球员培
养阶段主要集中在精英学院、职业俱乐部 U 系列国家队，培养目标是培养
球员精湛足球技术、良好道德水平和科学文化素质；顶级职业足球阶段主
要集中在国内德甲和德乙联赛、国家队和国际职业足球联赛，培养目标是
让青少年体验专业化足球并培养健全人格。②

---

① 李岩 . 德国足球协会天才球员发展计划效果评估 [J]. 体育与科学，2012（3）：52–56.
② 范海龙 . 中日德足球后备人才培养模式比较研究 [D]. 上海师范大学硕士论文，2013.

"天才促进计划"的具体实施以双路径形式展开，培养单位依据各阶段人才培养目标，对人才培养目标和人才发展规划进行了科学定位，具体如下。①

路径一：在全国范围内成立青训基地和足球精英学院

截至目前，青训基地共有 366 个，拥有 1300 名教练员，29 个基地协调员，每年有 600000 名球员被考察评估，14000 名年龄在 11—15 岁之间的天赋球员得到提升。其人才培养目标是：培养球员足球兴趣并接受专业足球训练，尽最大可能选拔和引导所有有天赋的球员，对技术和战术成熟的天赋球员进行针对性培养。发展规划原则包括五个方面：①对球员实施全面训练基础上突出训练重点；②注重训练细节；③依据球员自身特点进行针对性培养；④训练采用比赛与练习相结合的方式；⑤对球员进行长期系统训练。

精英足球学院共有 39 所，其理想精英球员发展目标如下：①训练目标，注重对球员进行针对性培养；②学习目标，为球员提供文化课教育或职业培训；③生活目标，注重球员整体人格的发展和塑造。而其天赋球员发展规划原则包括：支持和鼓励球员积极参与所有训练过程；支持和鼓励球员勇于挑战自我；提升球员最佳表现，同时拓展学校或职业前景；注重培养球员正确价值观，如团队合作、公平、尊重、宽容等；注重培养球员以"顶级球员"为目标导向。

路径二：强制要求各职业俱乐部建立竞训中心

德国足协强制要求各职业俱乐部建立竞训中心，以强化各职业俱乐部对足球后备人才培养的重视。截至目前，俱乐部竞训中心共有 54 个，拥有全职教练员 200 名。其人才培养目标是促进区域内天赋球员能力的提升，尽可能将天赋球员培养为职业运动员。发展规划原则包括六个方面：

---

① Talent Development Program ［EB/OL］. https：//www.dfb.de/en/projects/talent - Development-programme/.

①注重球员文化课学习，教育不可或缺；②强化优势，弱化劣势，支持和鼓励球员勇于挑战自己；③提升球员训练主动性，并注重培养球员意志力到最佳表现；④注重培养球员以表现为导向的态度；⑤培养球员对足球的持续热爱，"热爱足球"永远是从事足球运动的基础；⑥培养球员控制压力的能力。

可见，作为德国足球"天才促进计划"两大"支柱"的双路径模式，以校园足球和青少年业余俱乐部为基础，以 366 个训练基地为中间桥梁连接职业俱乐部青训中心、足球精英学院，它使德国足球在享有巨大人口基数红利的同时，还具备金字塔式的晋升渠道，虽然培养路径不同，但共同作用、共同发力、共同保障青少年球员的充分发展。据数据统计，"天才促进计划"实施以来，每年每个年级约有 16 万到 18 万男孩踢球，其中约有 600 人成为精英足球运动员，12-15 人进入德甲，120 人进入国家青年队，3-4 人进入国家队。德国足协"天才促进计划"取得如此成就，关键在于以"体教结合"为人才培养基础。球员在俱乐部训练，在学校学习文化课，当球员学习成绩没有达到合格要求时，将被停止训练，只有在学习成绩达标后才能重新恢复训练，确保球员文化学习不流于形式。如此，有利于促进球员足球技术和健全人格的全面发展，以保障青少年球员培养质量，从而推动德国足球的良性健康发展。

二、法国足球后备人才培养路径

法国足协将足球后备人才培养质量看作不断提升各级国家队成绩的保障，为保障足球后备人才培养质量，构建了学校系统和体育系统深度融合的双路径模式（如图 2.2）。

U21 U20 U19	大学	业余俱乐部 大区级　　　国家级		职业俱乐部 法甲 法乙	法国国家队
					国家队预备队
					U20
U18 U17 U16	高中	业余俱乐部	足球特色高中	职业青训中心	U19
					U18
					U17
U15 U14 U13	初中	业余俱乐部	精英足球学校 足球特色初中	国家足球学院	U16
U12 U11 U10 U9 U8 U7	小学	业余俱乐部			

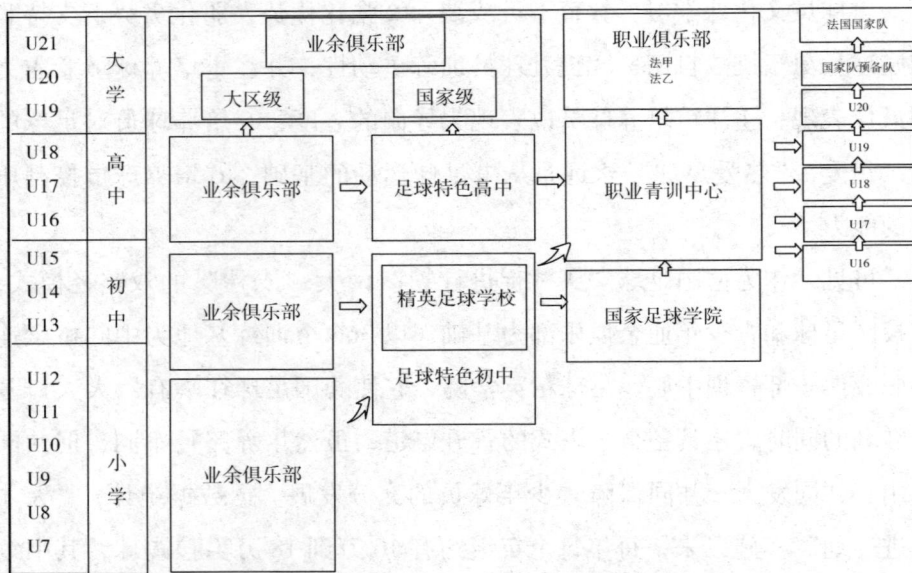

图 2.2　法国足球后备人才培养路径①

（一）学校系统内青少年球员人才培养

在学校系统内，教育部门与法国足球协会合作，成立业余足球俱乐部、足球特色校和精英足球学校。其中，小学阶段，法国足协规定不进行专业选拔，要求 12 岁以前的孩子不能脱离家庭、学校进行封闭训练，以便从家庭和社会中学到更多知识，认为这有利于他们心智健康发展，使其终身受益。因此，学生足球训练主要通过存在于社区的业余足球俱乐部开展，业余足球俱乐部不以盈利为目的，资金来源于政府拨款，法国足球协会负责足球具体事务管理，有踢球愿望的学生每年只需缴纳 100 欧的注册费就可以在离家不远的地方踢球。初中阶段，表现优异的球员通过选拔进入足球特色初中或精英足球学校，部分球员被球探选拔进入国家足球学院或职业俱乐部青训中心。高中阶段，球员进入足球特色高中，通过专业培

---

①　法国足球：从金字塔体系到黄金一代［EB/OL］. https://www.dongqiudi.com/archive/732683.html.

养进一步培养高水平球员，为他们进入职业俱乐部青训中心做准备。

（二）体育系统内青少年球员人才培养

国家足球学院和职业俱乐部青训中心具体负责体育系统内青少年球员培养。

首先，就国家足球学院而言，全国共有 15 家，招收对象为 13—15 岁球员。法国足协技术委员会规定，球员 12 岁后可参加全法精英选拔赛，入选球员可进入国家足球学院进行集中生活、训练和学习。据法国足协 2013-2014 赛季数据统计，进入国家足球学院的球员有将近一半的球员能进入职业俱乐部青训中心，有大概 1/10 的球员将来能成为职业运动员，并且各年龄段国家队球员超过 1/3 出自国家足球学院的培养。由此可知，法国国家足球学院在青少年球员培养中扮演着重要角色。

其次，就职业俱乐部青训中心来说，在球员的成长发展中占有重要地位。如 2018-2019 赛季，法国共有 37 家职业俱乐部青训中心，招收对象为 15—19 岁球员，寄宿在俱乐部接受培训。除了足球技术、足球价值观的培训，学校文化教育也是法国职业俱乐部培养的要点，其认为文化课学习有利于提高青少年的综合素质、促进青少年树立正确的世界观和价值观；同时，因为进入职业俱乐部青训中心的球员将来能成为职业球员的比例大约为 16%，所以，重视文化课学习能给那些不能成为职业运动员的青少年更多成才的选择。

综上，法国足球后备人才培养路径可概括为：业余足球俱乐部—足球特色初中—精英足球学校—国家足球学院、职业俱乐部青训中心—职业俱乐部梯队、一线队及国家队。其主要特点有二：第一，为保障青少年身心健康发展，小学阶段不进行专业选拔，不能脱离家庭、学校进行封闭训练，训练主要通过业余足球俱乐部开展；而学生年满 13 岁后，有天赋的学生才有机会选拔进入国家足球学院、职业俱乐部青训中心接受专业培养。在重视足球训练同时，也非常重视球员的文化课学习；第二，为促进青少年内在潜能的充分挖掘，构建了学校系统和体育系统深度融合、普及与提高相结合的足球后备人才培养双路径模式。

三、英格兰足球后备人才培养路径

众所周知，20 世纪之前，英格兰队曾在国际足球赛事中取得骄人成绩。但 20 世纪初期，国家队战绩与人们期盼之间却渐渐产生了较大差距，英足总逐渐意识到普及与提高青少年足球的积极意义，于 1997 年、2011 年相继推出"特许标准计划"和"精英球员计划"，构建普及与提高相结合的足球后备人才培养路径模式（如图 2.3）。

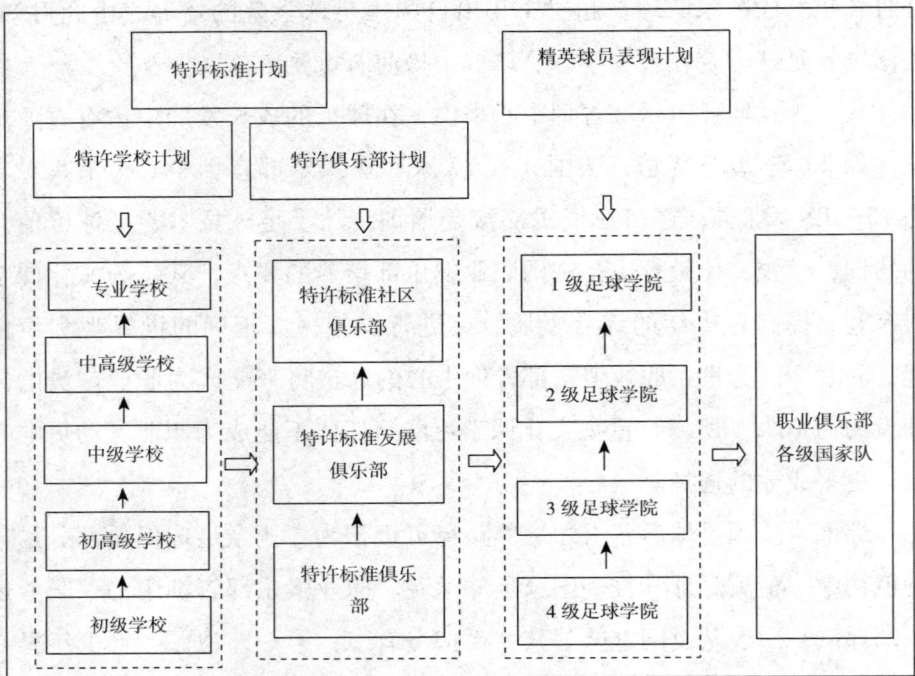

图 2.3　英格兰足球后备人才培养路径

如图 2.3 所示，作为普及青少年足球运动的"特许标准计划"，将学校俱乐部和社区俱乐部进行等级划分，对学生不进行专业的足球训练，而是以兴趣培养为主，以激发学生对足球的热情。

作为提高青少年足球运动的"精英球员表现计划"，构建了"4级3段"的职业俱乐部青训学院体系。

其中，"4级"指职业俱乐部青训学院按质量从低到高分为4级、3级、2级和1级青训学院。为了保障球员接受正规的文化课学习，各级青训学院或配备教学设施和聘请专职的教学人员，或将球员教育课程外包给附近的教育机构。同时，为了不让该阶段的球员脱离社会，各级学院会经常安排球员参加社区活动，以促进其身心全面发展。可见，"精英球员计划"非常重视青少年文化课学习和社会适应能力的培养，而不是培养只会踢球的"机器"。这也是各级青训学院培养出来的球员均具有较好的文化素质和独立思考能力的根源所在。

"3段"指足球后备人才培养分为基础、提高和职业发展阶段，各阶段的年龄、目标、训练形式等规划如下。①

第一，基础阶段。针对的是5—11岁儿童，主张将儿童的健康、安全和幸福放在首位，以兴趣培养为主，不提倡过多的训练安排。训练形式以业余制为主，利用晚上或周末走训的方式，以保障球员接受正规教育，避免过早脱离家庭，从而利于球员身心的健康发展。

第二，提高阶段。针对的是12—16岁青少年，以培养球员足球技能、战术素养、团结合作和决策等能力为主。考虑到该年龄段球员正处于青春期，自控能力不强，且基础教育尚未完成，将来只有少部分能成为职业球员，过早进入青训学院接受全日制训练易导致被淘汰的球员因没有生存技能而远离社会，因此，该年龄段球员仍然采用业余制训练，以保障球员接受正规文化教育。

第三，发展阶段。针对的是17—21岁青年，主要以培养抗压能力与

_____

① 陈栋，李博，贺新奇等．英格兰"精英球员计划"对中国职业足球俱乐部梯队建设的启示［J］．成都体育学院学报，2017（5）：40-46.

赢得比赛能力为主。进入该阶段的各级学院的球员大部分都很有可能成为职业球员，因此，训练安排以全日制为主，球员采取住校形式进行训练。

综上，为了保障青少年球员身心健康可持续发展，校园足球、社区足球俱乐部和职业俱乐部青训学院间形成了有效衔接机制，具体可概括为：非标准学校—标准学校—特许俱乐部—职业俱乐部青训学院—职业俱乐部一线队及各级国家队。由此可见，英格兰足球后备人才培养路径层次分明、融合贯通。

四、日本足球后备人才培养路径

为全面落实"兴趣为主、成绩次之、以青少年身心健康发展为核心、立足于长远目标"的人才培养理念，横向上建立了由校园足球、足球学院、俱乐部训练中心和职业俱乐部梯队等共同组成的多元化培养路径；纵向上建立了包括"小学—初中—高中—大学"等不同学段、"地区训练中心—都道府县训练中心—地域训练中心—国家训练中心"等不同等级训练中心共同组成的校园足球人才培养路径体系，各路径上下畅通、衔接紧密、互为补充（如图2.4所示）。

首先，校园足球活动主要以业余俱乐部的形式进行，它的主要目的不仅是为了提高学生足球技术水平，更是为了培养学生健康的人格。而有足球天赋的学生将有机会进入俱乐部训练中心、职业俱乐部梯队、足球学院等继续深造，这有利于青少年球员潜力的最大化发展。

其次，俱乐部训练中心根据各年龄组球员能力、潜力大小选拔球员进入不同训练中心接受训练。但是，俱乐部训练中心不以竞赛成绩为目的，其重心在于通过创设良好的训练、指导环境培养青少年球员综合能力。为实现此目的，各级训练中心设置了更为具体的活动主题，如国家训练中心活动主题为培育具有创造性和意志坚定的青少年球员，并要求教练通过培养球员的创造性踢球习惯、良好的生活习惯和取胜的心态来实现训练目

```
                    ┌────────────────────────────────────┐
                    │         职业俱乐部、各级国家队          │
                    └────────────────────────────────────┘
                       ↗      ↑              ↑      ↖

┌──────────────┐  ┌────────────┐  ┌────────────────┐  ┌────────────┐
│  福岛足球学院   │  │   大学足球   │  │   国家训练中心   │  │    U18     │
│              │  │            │  │                │  │    U17     │
│ 熊本宇城足球学  │  │   高中足球   │  │   地域训练中心   │  │    U16     │
│      院       │  │            │  │                │  │    U15     │
│  堺足球学院    │← →│   初中足球   │← →│  都道府县训练中  │← →│    U14     │
│              │  │            │  │       心        │  │    U13     │
│  今治足球学院   │  │   小学足球   │  │   地区训练中心   │  │    U12     │
│  富士足球学院   │  │            │  │                │  │            │
└──────────────┘  └────────────┘  └────────────────┘  └────────────┘
      ⇧                ⇧                ⇧                  ⇧
┌──────────┐    ┌──────────┐    ┌──────────────┐    ┌──────────────┐
│  足球学院  │    │  校园足球  │    │  俱乐部训练中   │    │  职业俱乐部梯  │
│          │    │          │    │      心       │    │     队       │
└──────────┘    └──────────┘    └──────────────┘    └──────────────┘
```

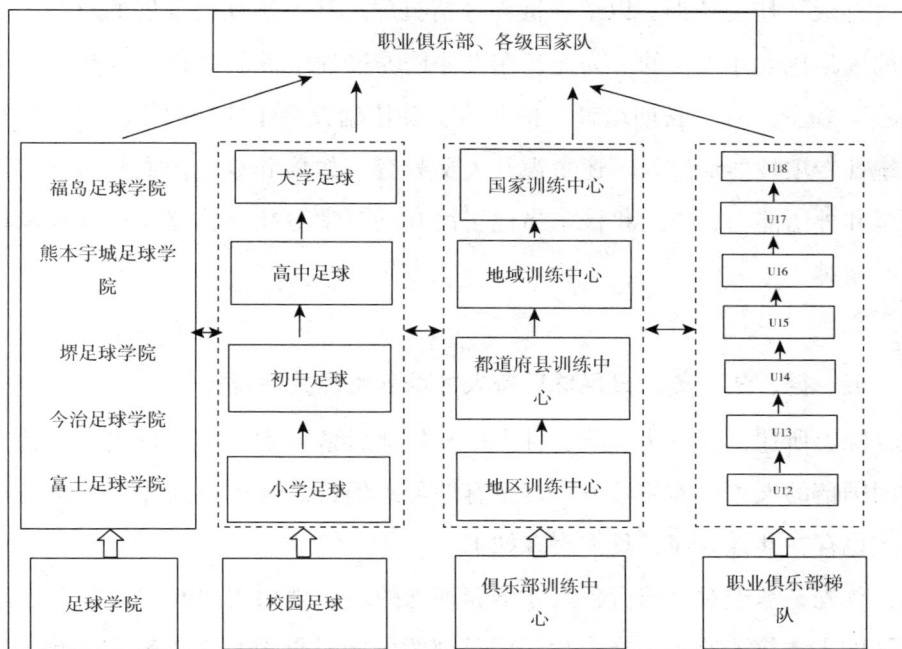

图 2.4　日本足球后备人才培养路径

标。具体而言：创造性踢球的习惯即要求教练在训练中注重对球员完美技术和观察、判断和决策能力的培养；良好的生活习惯即要求教练在生活中注重培养球员的饮食、作息和礼节习惯；取胜的心态即要求教练培养球员的斗志与进取心。

再次，职业俱乐部建有 U12—U18 梯队，其目的是为职业联赛培养职业球员。但在重视青少年球员足球技能训练的同时同样关注其文化课学习，让其获得身心全面发展。这既有助于足球人才的培养，更有助于培养适应社会发展之需的人才。

最后，足球学院于 2006 年由日本足协开办，目前已有福岛足球学院、熊本宇城足球学院、堺足球学院、今治足球学院等。足球学院与当地初高中学校合作，以保障球员在进行专项训练同时能接受与普通学生同等的文化学习与道德素养教育。同时，各足球学院将"梦想、自由、责任、创造、自豪"作为校训，以培养世界级精英球员和引领社会发展的自信、成熟的国际化人才为目的。为此，在人才培养过程中贯彻"以青少年球员为中心"理念，从"长期培育"的角度，除依据青少年球员的年龄特征进行系统性专项技能训练外，还重视其人文教育，如培养球员沟通技巧、逻辑思维和外语能力，以及积极与当地居民互动、学习社会礼仪和培养贡献社会的精神。

五、德、法、英、日足球后备人才培养路径共性规律

综上所述，德、法、英、日为提升足球后备人才培养质量出台了符合本国国情的人才培养路径方案，虽有差异，但其足球后备人才培养路径设计上也存在共性规律，具体表现如下。

首先，基于对足球后备人才培养理念的科学规划构建起"体教深度融合"的人才培养路径。在青少年球员训练的同时重视其文化教育，此举旨在促进青少年球员身心全面发展，确保青少年球员即使最终没有走上职业道路也可以通过学习继续深造，另谋出路。

其次，立足于青少年球员长远发展，实施"普及+提高"的人才培养路径。"普及+提高"的人才培养体系由学校和俱乐部共同组成，呈"金字塔"结构。其中，学校、业余足球俱乐部主要进行基础培养，而职业俱乐部青训中心和足球精英学校等进行提高培养，并通过学校系统与体育系统的深度融合打通了青少年球员人才成长通道。研究表明，构建"体教融合"的足球后备人才分级培养路径，一方面有利于为各级教练提供框架，以设计符合各级青少年球员比赛需求的训练课和阶段性计划，保障球员潜能的充分发展；另一方面，能帮助教练更好地促进球员发展以及向上一级路径过渡，确保球员潜能的充分发挥。

可见，德、法、英、日足球后备人才培养路径在一定程度上体现了全人教育的发展性特征，它强调教育应关注学生的全面可持续发展，主张在

学生横向发展上引导学生获得知识与技能、发展人格等理性和非理性因素以保障学生全面发展，在学生纵向发展上主张抓住知识、技能等学习"关键期"，并在其"关键期"以最好的方式传授必要的知识、技能等，以保障学生充分发展。因此，要求教师在学生培养过程中要有长远规划，根据学生身心发展规律，制定科学、系统、全面的培养规划，以保障学生全面可持续发展。

第四节　德、法、英、日足球后备人才培养教练员培育

一、德国足球后备人才培养教练员培育

为促进足球教练的全面性和专业性，确保青少年足球后备人才全面质量培养，德国足协从 2003 年开始对教练员培育制度实施改革。

首先，教练员等级管理方面，将教练员培训分为五个级别（见图 2.5）。① 其中，C 级和 B 级教练员为入门级教练，由州级协会负责培训。A 级、DFB（Deutscher Fußball-Bund，以下简称 DFB）青年精英和 B 级教练员为高级别教练，由德国足协负责培训。足协规定只有完成低一级别的培训且考核合格者才有资格申请进入高一级别的培训。

其次，教练员培训目标、内容等设置方面。德国足协坚持以球员为本的原则，依据青少年球员年龄阶段特征，对各等级教练培训做出系统规定，使培训目标更具针对性、培训内容更具全面性，以保障青少年球员的全面发展。

再次，教练员未来执教领域方面。德国足协强制颁布教练员持证上岗

---

① 胡琦，谢朝忠. 中德青少年足球人才培养体系比较研究［J］. 体育文化导刊，2019（10）：49-55.

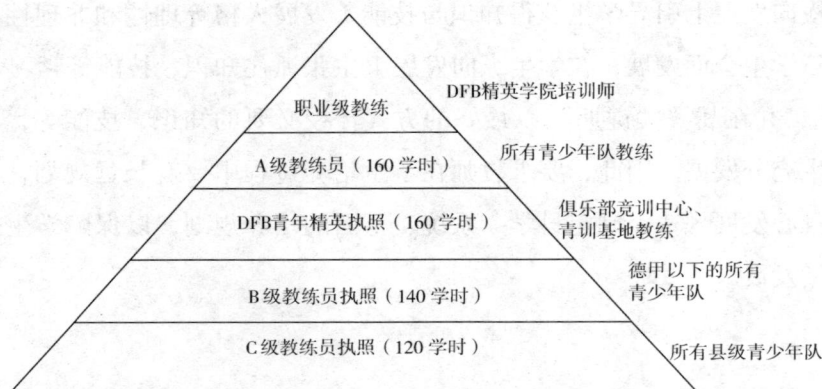

图 2.5 德国教练员培训等级图

制度，严格规定教练员对不同年龄段球员执教时应具备相应等级教练员资格，如执教俱乐部竞训中心、青训基地的教练必须拥有 DFB 青年精英执照以上级别。该制度的出台，充分体现了教练员培养的针对性，有利于青少年身心的健康发展。

此外，教练员培训方式选择方面。实施线下等级培训和线上、线下继续教育培训相结合的一体化培养模式。其中，线下继续教育培养主要通过组织各等级教练参与研讨会、进修班等形式开展；线上继续教育培养主要由德国足协的部分教练通过"训练在线"网站给基层教练提供训练指导，所有刊载在网站中的训练计划、训练内容和训练方法都按年龄组进行归类、整理，并实时更新，方便基层教练学习、使用。设立"训练在线"网站的目的不仅是培训，更是将一套统一的足球训练理念引入基层，确保青训系统中拥有一批理念统一、知识全面、经验丰富的足球教练员，以保障足球后备人才培养质量。

二、法国足球后备人才培养教练员培育

法国足球协会下设 DTN，具体负责组织开展全法青少年足球活动。

DTN 建有规范性和专业化的教练员培训体系（如图 2.6），具体表征如下。[1]

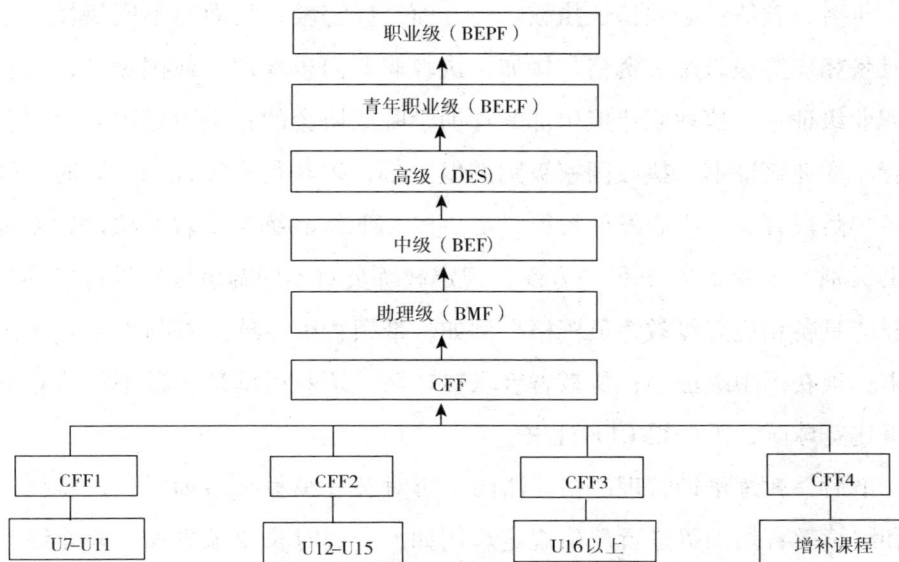

图 2.6　法国足协教练员培育体系

首先，教练员等级分明有序。为提高教练队伍质量，保障青少年球员培养质量，法国足协将教练员培训分为六个等级（如图 2.6），并规划每年各级别教练员培训人数分别为：8 名欧足联职业级、24 名青年精英、50 名国家级、350 名欧足联 A 级、1000 名欧足联 B 级和 42000 名欧足联 C 级。[2]

其次，教练员报考门槛较低。法国足球教练员证的报考门槛不高，凡是在俱乐部执教的教练均可报名。不过，对无职业球员经历的教练考证要

---

① Formationentraineurs：certificat D'entraineur ［EB /OL］．［2017-03-25］．https：//www. Fff. fr/actualites/formation-entraineurs-certificat-dentraineur.

② Ludovic Debru. From Clairefontaine to The National Team ［R］．Shanghai：CFA Conference on technical development，2018-11-23.

求较高，须从 CFF 考起。如果是前职业足球运动员，则可以助理级为起点。

再者，教练员必须持证执教。一方面，规定教练员面对不同执教对象应具备相应等级教练员资格。例如，执教职业俱乐部球队或国家队，须获得职业级证书；执教职业俱乐部的青训学院或协会的精英青训中心，须获得青年职业级证书；执教国家级别的俱乐部，须获得高级证书。同时，依据各年龄段青少年身心发展特征，足协按 CFF 级教练员执教对象设置 4 种证书级别（如图 2.7）。另一方面，规定教练员对不同赛事级别进行指导时同样应具备相应等级教练员资格。例如，带领青少年球队参与大区或全国赛事，须获得中级证书；执教省级联赛球队，须获得助理级证书；执教专区级比赛球队，须获得 CFF 证书。

最后，教练培训管理严格。法国足协对各等级教练培训时长、考核标准和继续教育培训等进行严格规定。例如，培训时长要求方面，职业级和青年职业级教练培训时长为 14 周，高级教练员培训时长为 12 周，中级教练员培训周期为一个赛季。同时，为保证教练员知识体系的持续更新，法国足协对教练员进行 5 次年度考核和每两年为期一个月的继续教育培训。

三、英格兰足球后备人才培养教练员培育

英足总下设足球教练协会，具体负责组织教练员培育工作并已建立科学完善的教练员培育制度体系。

首先，将教练员培育分为 LEVEL1-LEVE5（简称 L1—L5）五个等级，其中，L1、L2 与 L3 为一级认证教练，L4 与 L5 为二级认证教练。

其次，对课程目标、内容等的设置，依据球员不同年龄阶段的知识与能力储备，制定不同级别的课程目标、内容等，为不同阶段球员提供统一和适宜的训练指导。例如，在 L1、L2 教练级别，主要教授学员基础的训练方法。当学员开始进行 L3 教练级别培训之后，教授有关技战术演练及

球队管理等知识。

再者，英足总还对教练员执教对象、等级等进行了详细规定，① 具体如图 2.7 所示，随着教练等级的提高，其执教球员的等级也越高。

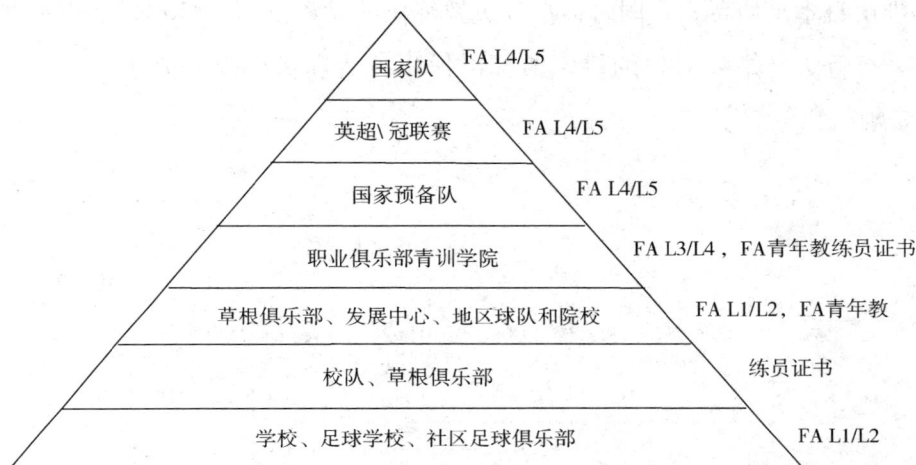

金字塔从上到下依次为：

国家队 FA L4/L5

英超\冠联赛 FA L4/L5

国家预备队 FA L4/L5

职业俱乐部青训学院 FA L3/L4，FA青年教练员证书

草根俱乐部、发展中心、地区球队和院校 FA L1/L2，FA青年教

校队、草根俱乐部 练员证书

学校、足球学校、社区足球俱乐部 FA L1/L2

图 2.7 英格兰教练员执教等级图

最后，英足总对各等级教练培训时长和继续教育培训有严格规定。在教练培训时长方面，英足总规定 L1 教练为 4 天，L2 为 10 天，L3 为 16 天（三个阶段持续 3 个月），L4 为 16—18 天（四个阶段持续一年），L5 为申请考核制度；在教练继续教育培训方面，英足总规定各级教练每年须完成 60 课时以上的继续教育培训，通过不断更新对现代足球发展趋势的认识来提升教练员的执教能力。

四、日本足球后备人才培养教练员培育

日本足协在 2016JFA 大会中曾指出：教练员执教水平对球员个体成长起着决定性作用。为提高教练员执教水平，该国足协构建了科学完善的培

---

① John Peacock. Elite Player Development to National Team［R］. Shanghai：CFA Conference on technical development，2018-11-23.

育制度。

首先，教练员等级设置方面，分为 E、D、C、B、A 和 S 级等 6 个级别。其中，E、D 和 C 级教练员培训由地区足协负责，B、A 和 S 级教练员培训由日本足协负责。同时，在各级教练执教对象方面，日本足协严格规定教练等级与指导对象的科学匹配以保障各级球员得以充分发展（如图2.8 所示）。①

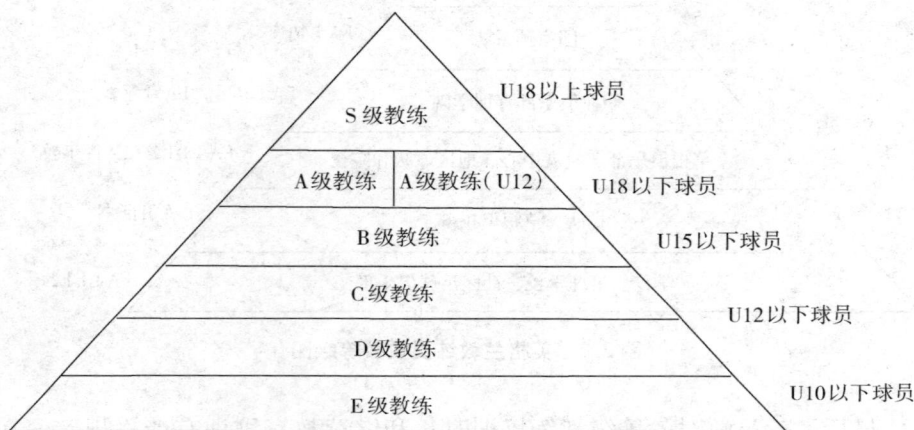

图 2.8　日本教练员培训等级

其次，教练员培养理念方面，日本足协对各级教练普及统一的培养理念。例如，结合不同阶段球员身体、心理成长的特征，统一阶段性的培养理念，这意味着即使教练员或球队发生变化，也能保证球员获得该年龄段应有的训练指导，从而获得长远发展。

基于此，教练员培训目标方面，主要依据球员年龄特征和身心发展特征进行针对性设置，以促进青少年潜力最大化发展。例如，E 级教练的培养目标是培养能给球员带来运动快乐的教练；D、C 级教练的培养目标是培养执教 U12 年龄段以下球员的草根足球教练；B 级教练的培养目标是培

---

① JFA Official Coaches［EB/OL］. https：//www. jfa. jp/eng/coach/official/training. html.

养深入了解足球运动并具备足球基础知识和教练技能的教练；A 级教练的培养目标是培养教学训练中更具专业化的教练；S 级教练的培养目标为培养具有较强逻辑思辨能力的教练。

再次，教练员培训教材选择方面，培训内容涵盖广泛。包括训练理论、专项实践理论、体育心理、社会学、青少年体能发展、运动生物力学、运动医学、营养学等知识。并且，根据各等级教练执教对象身心发展特征对培训内容进行针对性安排，以满足各年龄段球员真实需求。例如，D 级教练员培训，理论课主题为 U12 年龄段球员成长与发展特征、技战术理论和教练角色，实践课主题为球感和小场地比赛；而 C 级教练员培训，理论课主题为 U12 年龄段球员成长与发展特征、技战术理论和教练方法，实践课主题为控球、抢球和射门。

最后，教练员继续教育方面，日本足协一直以"世界标准"为宗旨，不仅抓教练员球员数量，更注重教练员培养质量。通过提供各种形式的知识培训，如举办研修会、完善讲习会制度、出国学习进修、邀请国外高水平教练讲学和指导等，将国内外最新的足球技术或运动理论知识及时传达给各级教练，以不断更新教练队伍的理论素养及技术指导水平，从而提高教练员指导的整体水平。

五、德、法、英、日足球后备人才培养教练员培育共性规律

众所周知，教练员在青少年球员成长和成才过程中发挥着关键作用，高质量球员的发展须臾离不开高水平的教练的科学培养。量多质优的教练员队伍是确保青少年足球运动可持续发展的重要人力资源保障。

为培养高质量教练员，德、法、英、日对教练员培育制度进行了科学规划。虽然各国在教练员等级划分上各不相同，但在针对青训教练培育制度的安排上却存在诸多共性规律：首先，依据青训教练执教对象的身心发展特点和需求，有针对性地设置相应等级的教练培训目标和内容，使青训

教练训练安排满足各年龄段青少年球员需求，以深入贯彻"以球员为本"的指导思想；其次，对青训教练执教对象以及指导赛事级别进行严格规定，要求对不同年龄段球员执教和比赛指导时应具备相应等级的教练员资格，这有助于教练在充分了解球员身心发展特点和需求基础上组织针对性的教学训练与比赛，以保障青少年球员个人能力与潜力的全面挖掘；再次，重视对持证教练的继续教育培训以不断更新其知识结构，不断优化其能力结构，从而促进教练的自我发展和完善，最终达到全面提升青少年球员培养质量的目的。

　　由上述青训教练培育制度的安排进一步推断可知，德、法、英、日足球后备人才培养教练员培育在较大程度上体现了全人教育的主体性、发展性特征。一方面，全人教育理念以"学生为中心"，视学生为教学活动的主体。而教练员培育过程中，真正贯彻和落实的"球员中心"理念，针对球员身心发展特点与需要，科学设置相应教练等级的培训目标、内容等，充分体现了全人教育的主体性特征；另一方面，全人教育注重学生的可持续发展，主张在学生成长过程中抓住学生学习知识、技能学习的"机会窗"，传授其知识、技能等，以保障学生长远和可持续发展。德、法、英、日在对足球教练员的培育过程中，为全面发挥球员个人能力并充分挖掘其潜能，依据球员身心发展特点和需求，科学设置各等级教练的培训目标、内容和手段等训练要素，有助于各级教练组织针对性的教学训练，帮助青少年球员全面、快速、高效地获得成长，这正是对全人教育发展性特征的具体体现。

第五节 德、法、英、日足球后备人才培养选材

一、德国足球后备人才培养选材

德国足球对后备人才进行的选材工作主要从以下 5 个维度进行评估：球员比赛能力、心理因素、情境、体能和身体生物状态。各个维度的评价结果、评价方法等具体如表 2.1 所示。

表 2.1 德国足球青少年选材评估

评估维度	评价结果	预估成为精英球员有效性	评估方法
比赛能力	结果在很小时展现 结果在年龄稍大时展现	很差 好	客观的测试成绩 教练给予评估
心理	压力处理	好	教练评估 调查问卷
情境	环境（父母、学校）	好	调查问卷 教练评估
体能	身体素质	好	
身体的生物状态	发育快/慢 相对年龄	很差 很差	测量 出生日期

各维度具体含义如下：

①比赛能力。比赛能力是评估球员能否成为精英球员的指标。如果球员的比赛能力在年龄很小时展现，则预估成为精英球员的有效性很差。若比赛能力在年龄稍大时展现，则有效性较好。因此，强调选材中应以发展的眼光看待球员，而不能只注重球员当前的竞技能力。

②心理维度。球员压力处理能力对于预估成为精英球员有效性好。运动竞赛实践表明，运动员心理因素对运动成绩影响显著，许多运动员在关

键时刻的取胜大都归结为心理上的优势。

③情境维度。球员生活环境对于预估成为精英球员有效性好。良好的学习、生活环境对于青少年学生性格塑造、智力开发起重要作用。选拔青少年球员应当考虑其生活、学习的环境状态。

④体能维度。球员身体素质对于预估成为精英运动员有效性好。运动员身体素质的提高可为基本运动能力和运动成绩的提高及掌握复杂技战术奠定基础，同时，可预防运动损伤，延长运动寿命。[①]

⑤生物维度。身体发育快慢和相对年龄对于预估成为精英人才有效性差，选拔青少年球员不能只注重挑选那些因身体发育快、生理年龄较大而在测试结果中表现更出色的球员，而忽视那些身体发育慢、生理年龄较小的球员。

可见，德国足球主要从身体、生理、心理和社会等指标维度对青少年球员进行综合评估，这表明德国足球在足球后备人才选材过程中重视对青少年球员身心的全面衡量。但值得注意的是，德国球探或教练员在采用以上评价标准进行早期选材时并非教条式地机械执行，而是灵活运用，辩证处理选材中"全面性"与"个性差异"的关系，如对有些身体条件不很理想但具有显著特点的球员会持续关注，避免错失天赋球员。

二、英格兰足球后备人才培养选材

基于英足总设计的"四角模型"理念，选材应用运动科学、医学、心理学、社会学等多学科方式，从技术、身体、心理和社交等 4 个维度对球员进行评估（详如表 2.2）。[②]

---

① 田麦久．运动训练学［M］．北京：人民体育出版社，2000：185.

② John Peacock. Elite Player Development to National Team［R］. Shanghai：CFA Conference on technical development，2018-11-23.

表 2.2 英格兰足球后备人才选拔评估维度

维度	指标
技术	决策、技术、进攻、防守、团队角色、个人角色、创造力、预测能力
身体	灵活性、平衡感、协调性、速度、耐力、力量、骨龄、肌肉群
心理	自信心、专注力、自控力（精神）、投入程度、冷静度、吸取教训、态度
社交	关系、人际交往能力、生活方式、互动、应对技能、尊重他人、行为举止、自我认识

由表 2.2 可知，英格兰足球选材不仅关注对青少年球员足球技能与身体情况的评估，同时强调对其心理和社交技能的考核，以促进青少年球员的全面发展。此外，英格兰教练或球探在采取上述评估指标进行选材时，深刻意识到对青少年球员"耐心等待"的重要性，认为应把工作重心放在预测球员未来发展潜力上，而非局限于当下早熟或相对年龄偏大的球员，因为任何被选择的任务中都会出现球员个性差异。研究也表明，小组中的某些球员可能需要非常努力才能在理解力训练中跟上其他成员，但这些球员的技术能力可能是小组里的佼佼者。①

三、德、英足球后备人才培养选材共性规律

选材评估作为特定人才培养理念的外在表现形式，反映了培养主体对人才培养的质量要求。德国和英格兰足球后备人才培养选材工作存在以下共性规律：一方面，建立多维度选材评估指标，从身体、生理、能力、心理和社交等维度进行选材，充分体现了选材指标的全面性，这有助于青少年球员身心全面发展；另一方面，立足于青少年球员的长远发展，建立长期纵向跟踪选材数据库。

---

① John Peacock. Elite Player Development to National Team ［R］. Shanghai：CFA Conference on technical development，2018-11-23.

可见，德国和英格兰足球后备人才培养选材在一定程度上体现了全人教育的评价观和发展性特征。一方面，全人教育的评价观主张按照"整全人"的培养目标要求，应建立多维度评价指标，既要注重对学生知识、技能掌握程度的评价，更要关注对学生能力形成和态度养成等的评价。德国和英格兰足球后备人才培养选材中能采用多维度的评估指标，是对全人教育评价观的充分彰显；另一方面，全人教育的发展性特征强调教育要注重学生的长远和可持续发展。德国和英格兰足球后备人才培养选材中通过建立长期纵向跟踪选材数据库的举措体现了对学生长远发展的关注，与全人教育的发展性特征高度吻合。

第六节　德、法、英、日足球后备人才培养训练大纲与训练实践

一、德国足球后备人才培养训练大纲与训练实践

（一）德国足球后备人才培养训练大纲

为促进青少年球员持续全面发展，德国足协专门制定了《德国足球训练大纲》，将球员按照年龄大小划分为七个等级（如表 2.3）。

表 2.3　德国足球后备人才培养训练大纲①

等级	培养目标	队员类型	年龄	训练内容	训练地点
一	全面身体能力培训	幼儿组	3—6 岁	跑（前、后）、跳、曲线跑和滚翻（前、后）等基础动作；趣味游戏	业余俱乐部、幼儿园

---

① 国景涛. 中德青少年足球人才培养模式的比较研究［D］. 山东师范大学硕士论文，2011.

续表

等级	培养目标	队员类型	年龄	训练内容	训练地点
二	多样化的技巧性培训	E 和 F 级少年队	7—10 岁	运球、传接球、控球、射门等足球基本技术；1V1 到 7V7 的小场地比赛；有氧耐力、速度训练（通过小场地比赛、追逐比赛和接力比赛等形式）；基本的社交技能，如公平竞赛、守时和规则意识等	业余俱乐部、小学
三	足球基础训练	C 和 D 级少年队	11—14 岁	系统的技术训练（学习不同位置技术）；个人战术和小组战术基础训练；1V1 到 9V9 的小场地比赛；耐力（主要通过小场地比赛形式训练）、速度（主要通过短距离冲刺形式训练，但须避免无氧乳酸供能训练）和爆发力训练（避免对脊椎的垂直压力）；团队精神、尊重和合作意识等心理训练	青训中心、足协青训项目、业余俱乐部青少年培训
四	足球专业训练	A 和 B 级青年队	15—18 岁	继续深化技术（结合速度的技术训练）；小组和团队战术训练；1V1 到 11V11 的足球比赛；耐力（主要通过小场地比赛形式训练）、速度（可逐渐增加无氧乳酸供能训练）和爆发力训练；认知、毅力、自信和专注力等心理训练	青训中心、足球精英学校、各级国少队、俱乐部优秀后备人才培养
五	过渡性训练	潜力足球运动员	17—18 岁	位置技术；小组和团队战术训练；足球比赛；有氧、无氧耐力和力量训练（可增加额外重量）；责任感、求胜欲、意志力等心理训练	职业俱乐部、各级国青队、最高级别业余比赛
六	高效强化训练-球员能力完善		19—20 岁	接近成年足球运动员的训练内容	

续表

等级	培养目标	队员类型	年龄	训练内容	训练地点
七	高效能强化训练–球员状态保持	顶级球员	21岁之后	与成年足球运动员的训练内容无差异	成年国家队、俱乐部洲际比赛、德甲德乙德丙联赛

从表2.3可知，德国足协对各等级球员的训练目的、训练内容、训练地点等做了针对性安排，具体如下。

①幼儿到少年期（3—14岁），训练的主要目的是培养兴趣、训练基本功，以奠定足球基础。例如，3—10岁以兴趣、全面运动能力的培养为主，学生通过自主性的趣味游戏、小场地比赛形式参与多项体育活动，让学生体验和享受体育乐趣的同时培养全面运动能力；11—14岁时足球基础性训练内容增多以打好足球基础。

②青年期（15—18岁），通过此前不断的尝试，在基本运动能力与足球基础运动技能掌握情况下开始进行专业技能训练，为成为精英足球运动员而不懈努力。

③球员成年期（19—21岁之后），有天赋的球员将有机会进入职业俱乐部、各级国青队以及成年国家队，成为职业足球运动员。然而，即使在这一年龄段不能成为职业足球运动员，也可以在上学期间或工作后参加业余比赛，为终身体育奠定基础。

可见，德国足协通过对青少年训练实施分级管理，对各年龄段青少年球员进行有目的性、针对性的训练，同时让各年龄段之间有序衔接、有效过渡，使得青少年球员得到循序渐进、系统的训练，从而保障了青少年球员持续全面的发展。

（二）德国足球后备人才培养训练实践

德国足协将"在足球比赛中学会踢球"作为青少年足球训练的指导方

针。在他们看来，足球比赛涵盖了技术、战术、体能和态度等训练要素。通过比赛，可激发青少年球员的潜能，使其即使面临压力也能创造性地完成训练任务；可提高青少年球员的自信心，并客观看待比赛胜负。通过比赛，还能发现每个球员的不足，给球员的训练提供关键内容，以促进青少年球员的全面发展。基于此，德国青少年足球训练采取"热身—基础比赛—练习—小型比赛—放松"的训练模式。① 其中，热身的目的是结合训练主题安排练习内容，为接下来的主题训练做好充分的身体、心理准备；基础比赛的目的是促进比赛乐趣、创造力，以及在真实的比赛情境下细化、固定技战术重点，并培养球员运用正确技、战术解决复杂比赛时的灵活性；练习目的是让青少年球员在不受时间压力和对手压力干扰的情况下，通过短时重复把精力集中到特定技战术的深入学习掌握上；补充的小型比赛目的是通过比赛人数的变化来系统化地提高技战术应用要求，以进一步巩固基础比赛环节的技战术细节。

案例分析 1：U12 年龄段"带球过人射门"主题训练课设计

在热身环节，组织球员采取不同方式的自由运球，如运球中改变速度与方向、运球中进行假动作等，培养球员带球技术、创造力。

在基本比赛环节，如图 2.9 所示，组织进行结合实战的 5VS5 带球射门比赛。场区被划分为不同的区域，其中，场区中央有一块菱形区域（图中 A 区所示），在球门前设置了两个射门区域（图中 B、C 区所示），紧邻球场中线还有两个场区被标记（图中 D、E 区）。球员可以在任何时刻、任何地点射门得分，但球员在指定区域射门时可获得相应得分。如球员带球进入并从菱形区域传球出来射门得 3 分；带球穿过 D 或 E 区后射门得 2 分；带球穿过 D 和 E 区后射门得 3 分。通过以上结合实战的 5VS5 带球射门比赛，以培养球员在团队协作和个人行动中创造性运球射门的能力。

---

① （德）斯特凡·阿斯穆斯等．青少年足球训练［M］．詹霞，译．北京：人民体育出版社，2001：102.

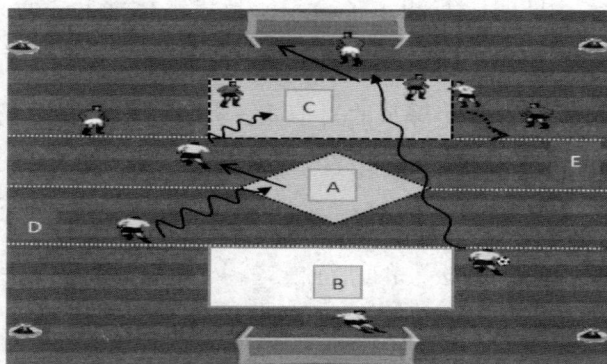

图 2.9　5VS5 带球射门比赛示意图

在练习环节，如图 2.10 所示，每个球员都持有一球，每个起始点前各有两个菱形区域（图中 A、B 区），球员要根据教练指示在 A、B 两个区域完成带球射门。例如，当教练发出信号 A 时，各队一名球员快速带球绕 A 区一圈，然后射门；当教练发出信号 B 时，各队一名球员快速带球绕 B 区一圈，然后射门；当教练发出信号 A/B 或 B/A 时，各队一名球员快速带球绕 A、B 区或 B、A 区一圈，然后射门；两队球员之间进行回旋式射门比赛。通过以上组织不同形式的回旋式运球和射门及组织两队进行回旋式射门比赛，提高、巩固了球员的带球射门技术质量。

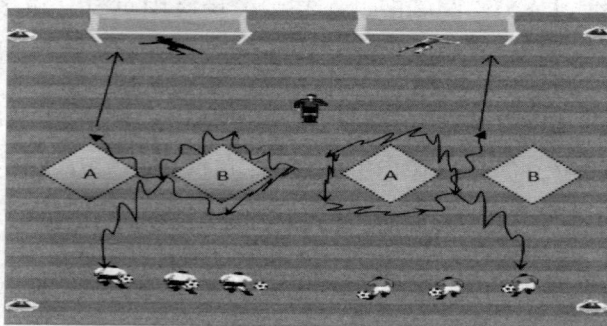

图 2.10　回旋式运球和射门示意图

补充的小型比赛形式环节，通过对基础比赛形式的简化，组织 1VS1 到 5VS5 的带球射门比赛，以培养球员在突然变化的情况下带球射门技术的灵活应用。

通过以上对德国青少年足球训练课分析可知，其训练环节前后相连、衔接紧密。例如，本堂训练课热身环节训练内容的组织便与训练主题相一致；在基本比赛环节，通过设置 5VS5 的带球射门比赛培养球员在团队协作及个人行动中创造性地、灵活性地带球射门的能力；在练习环节，通过设计从简单到复杂的训练任务，在接近实际比赛情景下系统提高、巩固球员带球射门的技术；在补充的小型比赛形式环节，通过设置从 1VS1 到 5VS5 的带球射门比赛，培养球员在突然变化的情况下带球技术的灵活应用。

同时，为帮助青少年球员在面对未来足球和人生的各种挑战中做好准备，教练训练中除了教授足球技能，更关注对青少年球员完整人格的培养。例如，青训教练在训练过程中常履行以下职责：①成为球员的榜样。教练在训练过程中常用积极的价值观和人际交往模式（如：公平、正义、信任、自我批评、耐心、乐于助人等）成为球员的榜样；②关心球员。教练员开放坦率，常与球员聊天，表现出对球员真正的关心。当球员遇挫时，能及时助其顺利解决问题；③正确沟通。教练与球员间进行双向交流，教练善于运用语调、面部表情和身体姿势等沟通技巧让球员体会到教练是发自内心地与自己沟通；④始终保持建设性。教练经常表扬球员的进步，球员也会更容易接受教练的建设性批评；⑤解决矛盾。教练不会运用教练权威强行压制矛盾，而是让球员意识到矛盾产生的正常性，并通过组织球员谈话来共同化解矛盾；⑥建设性批评。教练会选择正确的时间、地点，运用简洁的语言对青少年球员进行具体而非概括性的批评，批评时做到对事不对人，并以积极的总结结束批评。可见，教练上述职责体现了其对青少年球员的真心关爱，这不但有利于促进青少年球员完整人格的形成，同时也成为球员训练过程的支柱，促进球员足球技能的习得和足球文化的提高，保障球员身心的全面发展。

二、法国足球后备人才培养训练大纲与训练实践

（一）法国足球后备人才培养训练大纲

为科学指导青少年足球训练，法国足协基于对青少年生活环境特征、身体体型特征和心智发展特征的分析，将青少年球员培养分为发现阶段、教育阶段和竞赛阶段，并对各培养阶段的培养目标和训练内容等做了科学规划，以满足青少年需求（如表2.4）。[1]

表2.4 法国足球后备人才培养训练大纲

等级	发展阶段	年龄	培养目标	训练内容	训练地点
一	发现	7—12岁	学习基础享受足球	技术训练：传接球、控球、带球、射门等；战术入门：如进攻和防守中的站位以及前方接应与后方接应、盯人与摆脱的概念、集体战术中个人的作用等；体能训练：有氧耐力、协调、灵敏、柔韧性和反应速度	业余俱乐部
二	教育	13—15岁	行为引导提高	技术训练：结合速度的技术及在比赛中具体对抗能力的技术；战术训练：开始学习比赛中复杂的团队配合意识和能力；体能训练：速度、耐力、力量训练（主要通过模拟对抗和小场地比赛形式练习，其中力量训练不进行负重训练）；心理方面：团队精神、专注力、毅力、自信心、责任感等	业余俱乐部、精英足球学校、足球特色初中、国家足球学院

---

[1] Ludovic Debru. From Clairefontaine to The National Team ［R］. Shanghai：CFA Conference on technical development，2018-11-23.

续表

等级	发展阶段	年龄	培养目标	训练内容	训练地点
三	竞赛	16—20岁	公民意识发展	技术训练：深化结合速度的技术及在比赛中具体对抗能力的技术；战术训练：深化加强比赛中复杂的团队配合能力；体能训练：耐力、速度、力量、爆发力；心理方面：认知、尊重、意志力、求胜欲等	业余俱乐部、足球特色高中、职业俱乐部青训中心

由表2.4可知：在发现阶段（7—12岁），即小学阶段，足球后备人才培养的主要目的在于学习足球基础技术，并通过足球兴趣培养，激发学生对足球运动的热爱，以激发青少年参与足球活动的热情；在教育阶段（13—15岁），即初中阶段，足球后备人才培养的主要目的为提高球员基本技能及培养球员习惯、纪律、专注力、合作以及意志力等行为；在竞赛阶段（16—20岁），即高中、大学阶段，进一步发展和完善比赛能力，同时注重发挥足球育人功能，使球员体会责任感、团队合作、尊重感、怜悯心、公平竞赛和道德内省等公民意识。

（二）法国足球后备人才培养训练实践

法国足球秉持"足球比赛是足球训练的导师"的训练理念。认为教练员在训练实践中首先须明确正式足球比赛的特殊情境，才能据此确定每堂训练课的训练主题。基于此，法国足协依据足球比赛中进攻阶段、防守阶段和攻防转换阶段的三时刻，将进攻阶段划分为控球、推进和打破平衡三个情境；防守阶段划分为反推进、抢截球和防守球门三个情境；攻防转换阶段以行动的连贯情境为主，真实比赛中的"特定情境"成为同态系统中的训练主题。这些阶段及主题的划分成为每一位教练开展训练的指南，法国足协要求各级教练每堂训练课的设计都必须紧扣这三个比赛阶段的不同主题设计同态系统。

在训练模式的选择上，法国足协创立了包括协调训练、热身对抗、情境训练、练习与比赛的"五环节训练课"模式。① 其中，环节一，协调训练，在 15 岁以下球员训练中必不可少；环节二，热身对抗，是基于训练主题与比赛片段组织热身环节的训练内容，通过球员的发现和探索来引出训练课主题；环节三，情境训练，指将比赛中经常呈现的片段设置为特定情境，让球员在比赛情境中通过相互间的交流合作来寻求问题的解决方案。该环节中，教练比赛决策能力、截取比赛的能力及其训练设计是否贴合比赛、是否帮助球员真正找到解决问题的办法将决定训练效果的好坏。可见，情境训练设计合理是球员逐步提升比赛决策能力的关键，也是法国青少年训练课的核心部分；环节四，训练，指为了解决热身对抗环节以及情境训练环节中球员出现的问题而设置的有方向性、有多种选择性和无防守（1VS1 除外）的技战术练习，即将问题还原到"技术层面"，通过反复练习、巩固以形成应答模式，使"技术"转化为技能；环节五，比赛，即回归到真实比赛情境。教练员通过场区大小、比赛双方人数、比赛时间等条件限制，进一步强化训练课主题，让队员逐步运用在情景训练环节和练习环节中学到的方法去解决比赛中出现的问题，从而获得与主题相关的比赛能力并从中检验训练课效果，以实现训练目的。

案例分析 2：U11 球员"创造不确定性打破防守射门"主题训练课设计②

本堂训练课的目的是提高队员快速反应并利用节奏变化打破防守射门的能力，其训练课的设计如下：

第一环节：热身对抗

如图 2.11 所示，为贴近训练课主题，热身对抗环节设计的练习内容为过人突破，即将球员分为两队并按顺序编号站在场地两边线。当教练喊

---

① 李春阳. 法国青少年足球训练实践与理念及其启示［J］. 体育学刊，2017（6）：127－131.

② CLL 受访资料，2018 年 10 月 15 日上午，某地校园足球特色学校。

出一个或多个号码时，两边对应号码的人快速跑出抢夺中点处足球，然后带球过门，得分多的队获胜。为了培养球员自己感知训练主题及解决问题的能力，在该环节教练并不会事先告知球员训练主题，而是通过限制性练习让球员在训练中通过相互沟通、交流等形式引出训练课主题。之后，教练会提出在此主题下球员应如何才能做到更好等问题来引导球员自己探索问题的解决方案。因此，该环节主要采取主动教学法以发挥球员主观能动性，主动感知训练课主题及寻找问题的解决方案。

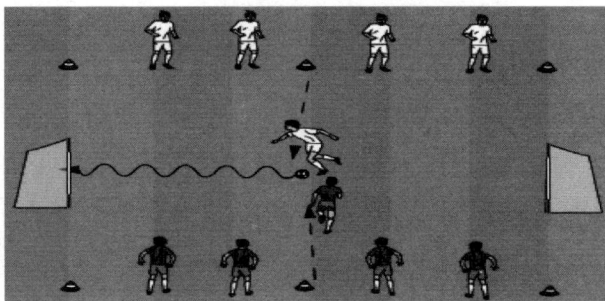

图 2.11　热身对抗示意图

第二环节：情境训练

如图 2.12 所示，为实现本课"创造不确定性打破防守射门"的目的，情境训练环节主要围绕创造不确定性、向前传球改变节奏、快速跟进接应形成以多打少和简单快速射门的要求来进行练习。训练内容设计如下：在 8 人制半场，两侧依次进行 3VS2。以右侧进攻为例，教练发球给右路进攻 2 人，右边中场 2VS1 控球推进，前场 1VS1，当出现向前传球时机时，控球推进 2 人快速向前传球，改变节奏，进入打破防守射门阶段。同时，两人跟进形成多打少，简单传接后快速完成射门，防守队员断球后传球过门。为提升球员比赛决策能力，教练在该环节采用主动教学法，通过告知球员训练的阶段、目标及向球员传达信息指令（触球次数、推进时间等），引导球员适应问题，并在不断重复练习的情境过程中寻找解决方案。

图 2.12　情境训练示意图

第三环节：练习

如图 2.13 所示，在练习环节，围绕训练主题设计两种固定套路的练习形式。首先，练习形式 1 安排如下：以右路进攻为例，1 号传给 3 号，3 号回传给 2 号，2 号传给 4 号，4 号直接射门或者传给插上的 2 号/3 号射门，防守的 5 号从边路进入场地防守。

图 2.13　技/战术练习示意图

其次，练习形式 2 安排如下：以右路进攻为例，1 号传给 3 号，3 号回传给 2 号，2 号传给套边的 3 号，3 号传中，2 号/4 号抢点射门。为提高队员传接球、快速向前传球和跟进接应快速进攻射门的能力，该环节教练主要采用指导教学法，即要求球员严格遵守教练提出的标准与规范，在技术和战术练习中运用不断重复的手段来提高球员技术和战术掌握的熟练程度。

第四环节：比赛

如图 2.14 所示，在比赛环节，围绕训练主题设计了限制条件的比赛，如在 8 人制场地进行 8VS8。将场地分成后场、中场与前场等三个区域，前/后场安排 2VS3，中场安排 2VS2。其中，中场两限制线两侧各一个 8-10 米球门，由中场向前推进时球必须传过球门后才能打破防守射门（后场向前传球后支援 1 名队员，中场向前传球后可支援 2 名队员）。为提高队员利用宽度控球推进、向前传球和主动接应及前插接应的能力，该环节教练主要采用主动教学法，让球员自己分析问题、自我修正、充分调动球员积极性，以培养球员与训练主题相关的比赛能力。

图 2.14 比赛示意图

综上可见，法国青少年足球训练课五环节围绕一个训练主题展开，从导出问题切入，以分析、解决问题为核心，再到验证问题是否正确结束。各环节层层递进、相互衔接，以保证学习内容的连贯性。同时，法国训练课训练方法运用灵活，其中，热身对抗、情境训练、比赛三环节通过实战形式，采用主动教学法，以球员为中心，教练作为球员训练的引导者、组织者和促进者，创造情境、协作、会话和意义建构等学习环境，引导球员通过情景、协作、交流完成意义构建，以实现对球员思维决策能力、团队协作能力等的培养。练习环节主要采用指令教学法，一切行为听从教练员指挥，让球员在不断重复练习技术过程中形成问题的"情景-应答"模式，通过高密度的练习建立相应的条件反射。通过以上训练法，实现既培养球员专项能力，又培养球员协作、情感等非专项能力的综合效果。

三、英格兰足球后备人才培养训练大纲与训练实践

（一）英格兰足球后备人才培养训练大纲

英足总对青少年足球训练大纲的编写遵循"四角模型"人才培养理念，即依据青少年身心发展规律和足球运动规律，从技术、身体、心理和社交四个方面对训练大纲进行设计。大纲将青少年球员培养划分为三个阶段：基础阶段（5—11岁）、青年队开发阶段（12—16岁）、职业足球发展阶段（17—21岁），并对各阶段球员的培养目标和重点开发的技能有所侧重，但强调各项技能的综合发展（如表2.5）。[①] 训练大纲为青少年球员获得持续全面发展提供了有效保障，即便培养单位的管理者或教练员中途变更，也不会打乱球员的长远发展，以保障球员培养的系统性和可持续性。

表 2.5　英格兰足球后备人才培养训练大纲规定的各阶段培养目标和训练内容

年龄段	阶段	培养目标	训练内容
5—11岁	基础阶段	在培养足球兴趣基础上，发展个人技术和控球能力	技术方面：基础技术、"球和墙"活动、提升基础技能、小组练习、在比赛中学习、位置转换； 体能方面：灵活性，平衡能力，协调能力，速度，接、传、踢球，跑、跳、投，控制力，综合活动能力； 心理方面：学习、热情、想象力、探索、避免焦虑和枯燥、逐步教会思考应对、逐步进阶的小组活动； 社交方面：享受乐趣、他人支持、包容与参与、建立人际关系、安全环境、简单游戏规则和道德标准

---

① 陈志辉，梁斌，田建强. 英格兰青少年足球训练理论与实践分析——基于四角模型和STEPS原则［J］. 海南师范大学学报（自然科学版），2017（1）：99-104.

续表

年龄段	阶段	培养目标	训练内容
12—16岁	开发阶段	学习在团队环境下踢球，以培养战术意识和比赛能力	技术方面：技术提升，运用技能，懂得自己在团队中的作用，进攻原则，防守原则，个人、单元、小组； 体能方面：青春期迅速发展，有氧能力发展，体型变化，早熟、晚熟，运动能力变化； 心理方面：自我意识，认识，觉悟，责任感，设定目标，自信，应对策略； 社交方面：承担责任，公平竞赛，同伴-小组特性，价值观和信仰，正确的行为
17—21岁	发展阶段	提高训练量和强度，以培养抗压能力与赢得比赛能力	技术方面：技术熟练，能依口令做正确技术，团队协作，能创造时空间，能用合适技能辅助防守或进攻策略； 体能方面：肌肉密度增大，肌肉力量提高冲刺能力提高，乳酸耐受训练提升恢复能力，逐步挖掘所有潜能； 心理方面：生活技能，形成沉稳的性格，理解，交流，学会高级应对策略； 社交方面：能保持情绪稳定，能够认识文化差异，能够合理处理冲突，懂得欣赏别人

表 2.5 显示了各阶段的主要培养目标和内容，可见，英足总青少年训练大纲在"四角模型"理念引导下，不仅强调对青少年技战术、身体素质能力的培养，同样重视对青少年球员自信心、团队合作精神和决策能力等心理能力和社交能力的培养，且这四个方面相互联系、影响与促进，进而形成良性循环，达到了全面发展球员能力的效果。

（二）英格兰足球后备人才培养训练实践

英足总从人的全面发展理论视角出发，基于"四角模型"安排青少年球员训练。同时，针对球员或球队的具体情况，实施 STEPS 训练实践原则，即教练员针对球员或球队的具体情况，通过改变空间（Space）、任务（Task）、装备（Equipment）、人数（People）、速度（Speed）等五要素中的某个要素或各要素的不同组合来调整训练课的难易程度，让不同水平、不同层次的球员都得到程度不同的发展，充分体现了以人为本的训练原则。

案例分析 3：英足总教练员 LEVEL1 课程"传接球"主题训练课设计①

如图 2.15 所示，课的基本部分组织含初阶与进阶。

其中，初阶组织形式包括：练习 1，2-3 人一组，每组 1 球，在区域内进行穿过小门的传接球练习；练习 2，5 人一组，每组 2 球，在区域内进行穿过小门的传接球练习。

另外，进阶组织形式包括：练习 1，开始阶段 5 人一组，每组 1 球进行练习，过渡到有对抗的竞赛，即各组指定 2 名球员阻击对手传球过小门；练习 2，5V5 加 1 中间人竞赛，过渡到 5V5 竞赛。

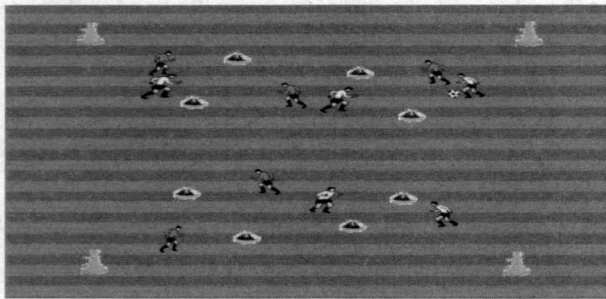

图 4.15　"传接球"训练示意图

本堂训练课中，教练员依教学对象实际情况安排相应的教学内容，并通过人数、球数、任务和场地空间等条件的改变使练习内容逐级进阶，以创设符合实战的训练情境，从而促进球员技术、身体、心理和社交的充分发展。首先，就技术层面而言，重点表现在传接球、控球、转身技术；其次，体能层面，重点表现在速度（反应速度与移动速度）、平衡能力、灵活性和协调性；再次，社交层面，重点表现在沟通交流（语言与非语言）与团队合作；最后，心理层面，重点表现在决策力、专注力和观察力。以

①　CC 受访资料，2018 年 10 月 24 日上午，某大学。

上四个方面相互联系、影响和促进，形成良性循环，保证球员个体和球队整体实力提升。可见，英格兰青少年训练实践中，坚持以人为本的原则，不仅重视对青少年足球技能的培养，更加关注对青少年健全人格的塑造，以促进青少年的全面发展。

四、日本足球后备人才培养训练大纲与训练实践

（一）日本足球后备人才培养训练大纲

日本足协认为，青少年球员要能长远发展，最好的办法是在其最易吸收知识的"敏感期"将知识传授给他们。因此，日本足协技术委员会从2004 年开始，在对青少年球员身心发展特征和球员需求深入认识基础上，整合影响青少年球员发展的教练员、家长、学校、社会环境、营养摄入等系列因素，制定了"足球一贯制"训练大纲（如表 2.6）。

表 2.6 日本足球后备人才培养训练大纲①

年龄段	培养目标	训练内容	训练要求
U6	通过足球游戏，培养足球兴趣。	通过足球游戏培养爬、跑、跳、投球和踢这些基本动作，以及进行动作的组合	通过游戏形式，体会快乐、增强感知和技术水平
U8	熟悉球性、积累其他方面运动经验，进而使孩子发现足球乐趣，更加喜爱足球运动。	平衡协调性、各部位球感练习、引入有助于基础训练的动作、熟悉球性、游戏、引入 4vs4、基本规则	让孩子们在全身运动中切身感受到快乐、高兴和趣味

---

① 陈安. 日本足球青训模式对中国足球青训模式的启示——基于对中日青训模式的差异性分析［D］. 成都体育学院硕士论文，2019.

年龄段	培养目标	训练内容	训练要求
U10	掌握足球基本技术动作；培养球员协调能力；培养孩子解决问题的能力	有球无球基本技术（大幅度动作、细小动作、快速动作）、1vs1、逼抢、引入8vs8	通过各种游戏增强协调能力，使这一阶段孩子开始萌生目的意识、竞争意识和韧性，以控球、运球、假动作等反复的训练为中心，进入正规的技巧获得阶段
U12	熟练掌握技能、个人战术等，并在比赛中将技能充分发挥出来；打好耐力基础；培养球员独立判断能力	在反复的训练中学习控球和传球；加强与他人的联系；在4vs4、8vs8的比赛中培养球员观察周围情况的习惯；打好耐力基础	通过反复训练掌握技能；通过反复训练奠定耐力基础；训练中注意观察周围环境状况
U14	加强对团队意识、观察力、思考力和认知力的培养；追求技术的精准度与速度；深刻的理解原理原则；提高动作的协调性和强化球员耐力水平	传球、控球和射门等技术练习时快速、精准，完成从技术到技巧的转变；加强与他人的联系；引入11vs11，在球移动过程中增加观察对象（队友、对手、场地等）；维持协调（有球和无球），及在持续攻守中提升耐力	在思考中踢球（靠感觉踢球的结束）；追求完成技术的速度和精确度；通过反复训练增加强度，在运动过程中强化（与提高技术同时）
U16	培养球员创造力、判断力；培养球员在压力中发挥技能及随机应变转变战术的能力；培养球员位置的专门化；培养球员能够重复高强度运动的能力	在压力下发挥高超技术、在复杂比赛情景中灵活运用战术、位置的专门化和进行速度、力量训练	该年龄段作为成人足球的入口，训练中注重培养球员责任担当、团结协作，以及个体在球队中的发挥

由表2.6可知，日本足协着眼于青少年球员的长远发展，在青少年U6—U16时期，依据各年龄段青少年身心发展特征和球员需求，每两岁为一个年龄段编写了相应的训练大纲。但是，这并不意味着对各年龄段青少年实施绝对统一的训练指导，而是当出现球队或教练员变更、交替时，教练员可在统一的训练指导框架下，依据各年龄段球员所对应的人才培养目

标进行培养。这种举措有助于球员当前水平向未来水平的过渡，实现球员长远发展目标。

（二）日本足球后备人才培养训练实践

训练安排以实战为主，认为训练应包含比赛中"足球、对手、队友、比赛规则、球门方向、压力、时间和空间"等元素的复杂组合，要求球员在极短时间内收集场上多方位信息，通过大脑思考迅速做出决策。但是，如果在训练中只是简单地进行技战术、体能练习，而忽视培养球员自主思考能力，一旦遇到复杂的局面球员将难以应对。因此，要求教练在训练实践中须贯彻"以球员为中心"理念，首先对各年龄段球员需要掌握的知识、技能形成统一认识，再以主题的形式组织训练。其训练环节包括热身运动、迷你比赛Ⅰ、训练、迷你比赛Ⅱ、结束放松①，通过以上各训练环节的实施，在保障球员技能水平提高的同时，通过球员相互间的交流与协作，来培养球员主动发现和解决问题的能力。

案例分析4：U10年龄段球员"培养球感"主题训练课设计②

训练环节设计如下：

第一环节：热身环节

如图2.16所示，在热身环节，为贴近训练课主题及达到热身效果设计了击倒锥形墩的足球游戏，即将队伍平分为两队，1个队用脚踢球击倒锥形墩，另一个队伍用脚将击倒的锥形墩扶起。在规定时间内倒下的锥形墩和没倒下的锥形墩剩余多的队获胜。通过球员自主练习，在引导球员主动探索与思考发现训练课主题的同时，提高球员的注意力以及培养球员球感。

---

① 岛田信幸 . 少年足球练习菜单200［M］. 北京：人民体育出版社，2019：28.
② CTAZ受访资料，2018年6月17日上午，某地足球学校。

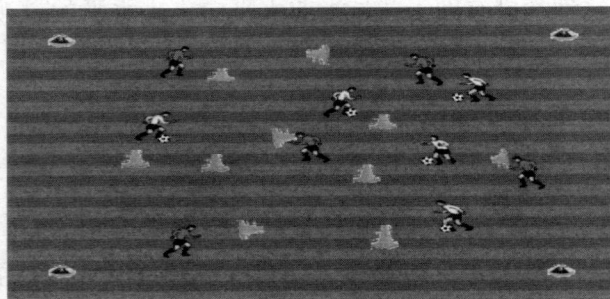

图 2.16 击倒锥形墩足球游戏示意图

第二环节：迷你比赛 I 环节

如图 2.17 所示，在迷你比赛 I 环节，围绕训练主题组织四个球门的 2VS2VS2VS2 比赛。通过在一定时间和次数内的反复练习，培养球员的目标感和确认球员的踢球技术水平；同时，通过四个球门的 2VS2VS2VS2 比赛，有助于培养球员团队交流与合作能力。

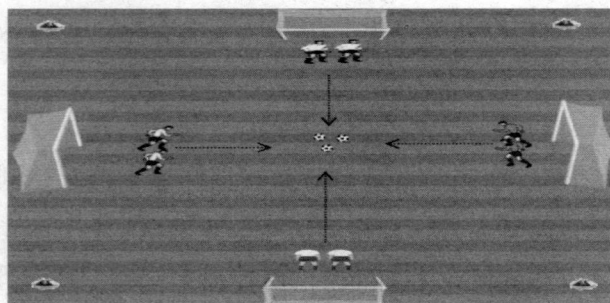

图 2.17 四个球门的 2VS2VS2VS2 迷你比赛示意图

第三环节：练习环节

如图 2.18 所示，在练习环节，围绕训练主题设计向球门射门练习。要求 2 人一组，自己将球踢出，通过锥形墩之后，进行射门，射门时瞄准标志碟和门柱中间，按一定的时间和次数反复练习，培养球员的踢球精度、观察判断力和目标感。

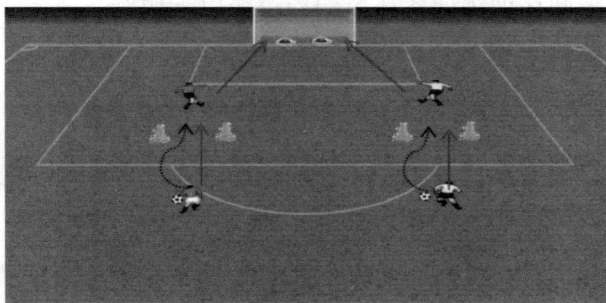

图 2.18　向球门射门练习示意图

第四环节：迷你比赛Ⅱ环节

如图 2.19 所示，在迷你比赛Ⅱ环节，设计了四个球门的迷你比赛，将球员分成两个队伍，按队伍分别站在锥形墩后面。教练在锥形墩附近将球发出的同时，两个队伍最前面的队员迅速朝球跑动，抢到球的选手进行射门，没有抢到球的选手转为防守。四个球门外侧的任何位置都可以射门，人数由 1VS1 变成 2VS2、3VS3，按一定时间和次数进行反复练习。练习目的是确认各球员的目标感、判断踢球技术是否提高以及培养球员团队协作能力和做出判断的习惯，实现对球员主动探究精神培养的目标。

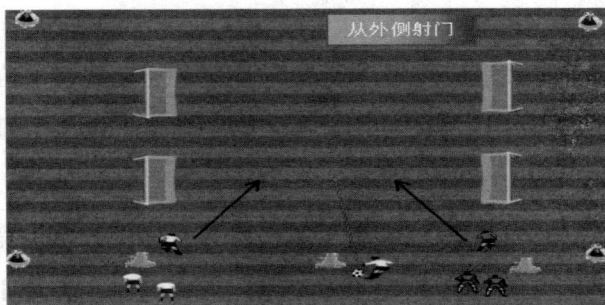

图 2.19　四个球门的迷你比赛示意图

此外，日本青训教练在日常指导训练过程中深刻意识到足球运动作为一种社会活动和身体活动、作为体育教育的一部分，其最终目的是实现人的全面发展，因此在训练课各环节中均遵循以下原则。

①秉持"育球先育人"的训练原则

"育球先育人"的训练原则主张不将比赛胜负放在首位，而更关注青少年球员完整人格的教育与培养。例如，从低年级开始教练就有意识地要求所有球员在训练、比赛前后，服装鞋帽要摆放整齐，垃圾要清理干净；尊重观看训练和比赛的球迷、家人，通过长期教育培养学生养成良好的社会道德习惯。而对于高年级球员，教练也丝毫没有放松对球员的文化和素养教育，球员无论是在足球学院、职业俱乐部梯队，抑或俱乐部训练中心接受训练，都与其他同学学习标准一样，并且积极参加各种社区活动，从中接受潜移默化的素质教育。

②秉持"以球员为本"的训练原则

教练在训练过程中"以球员为本"，重视人文关怀，以构建利于青少年身心全面发展的育人环境。教练对青少年球员的关怀主要表现在：

培养青少年拥有梦想并为之不懈努力。教练深知球员从小"拥有梦想，为梦想不断努力"的重要性，因此，训练过程中非常重视培养和呵护青少年球员拥有梦想，鼓励、认可球员的进步，并支持他们积极挑战远大的梦想。

培养球员取胜的心态。为了培养球员取胜的心态，教练在训练过程中注重从球员儿童时期就开始灌输不服输、努力争胜的心理品质，并培养球员为了取胜专心踢球的良好习惯。

培养球员持之以恒的精神品质。多数教练意识到，球员竞技能力的提高来源于日常不断的练习积累，而无速成捷径。因此，教练主要通过引导球员专注于练习本身并使之形成良好的训练习惯。

通过以上分析可知，日本青训课贯彻"以球员为中心"理念，采取包括热身运动、迷你比赛Ⅰ、训练、迷你比赛Ⅱ和结束放松的五环节训练模式，通过创设学习、协作、会话和意义建构等环境，培养球员主动发现、分析和解决问题的能力；同时，训练中注重发挥足球的教育功能，秉持"育球先育人"和"以球员为本"的训练原则，实现青少年球员全面发展的培育效果。

五、德、法、英、日足球后备人才培养训练大纲与训练实践共性规律

（一）德、法、英、日足球后备人才培养训练大纲共性规律

训练大纲的科学规划，对青少年球员足球水平的全面提高具有基础性的关键作用。通过对德、法、英、日足球后备人才培养训练大纲的分析可知，虽然各国训练大纲对青少年球员的阶段划分存在差异，但存在以下共性规律：

首先，培养目标全面。培训目标包括了对青少年球员足球技能、体能、战术、比赛能力及"人的成长"等全面发展的追求，表现为传授球员足球知识、技能的同时，兼顾球员内在情感体验与人格的全面培养。

其次，训练内容整合。从内容安排来看，各年龄段既有身体素质、技术、战术等方面的内容，也涉及心理层面和社交方面的内容安排，体现了内容安排的全面性和整合性。

同时，大纲还具有良好的适切性和针对性。大纲依据青少年身心发展的年龄特征科学规划各年龄段球员的训练内容，使其在最易吸收知识、技能的"机会窗"获得学习效益的最大化。虽然各年龄段球员训练内容的侧重点有异，但各年龄段的训练内容都能紧密结合该段运动员的身心特征，且实现了各段训练内容的有效衔接和自然过渡，以保障球员获得系统、持续、长远的发展。

结合全人教育理念和上述分析可知，德、法、英、日足球后备人才培养训练大纲的制定在较大程度上体现了全人教育课程观的要求。一方面，全人教育课程观的人才培养目标强调在传授知识与技能的同时更重视对人内在情感、态度和精神潜能等的培育，以实现人的精神世界与物质世界的

整全发展。① 德、法、英、日训练大纲制定过程中，主张为了培养全面发展的青少年球员，在传授足球知识、技能的同时更要关注球员的内在情感体验和人格的全面培养，两者共同点多；另一方面，全人教育的课程观是基于"联系"的课程观，即主张知识、技能等的联系与整合，认为只有建立有效联系才能促进学生知识、能力、情感、道德等的全面发展。德、法、英、日等的青少年球员训练大纲重视训练内容安排的全面性和整合性，也注重各年龄段训练内容的过渡性和衔接性，两者共同点众，相通处多。

（二）德、法、英、日足球后备人才培养训练实践共性规律

训练实践作为一种教育手段，对于促进青少年球员身心全面发展发挥着重要作用。通过对德、法、英、日足球后备人才培养训练实践的分析可知，虽然各国采取的训练模式各有差异，但存在以下共性规律：

首先，在青少年训练过程中，以球员为中心，通过创设实战性的训练情境为球员学习、协作、会话和意义建构提供良好环境。这不但有利于球员足球技能的发展，而且有助于球员社交技能和创造性思维能力的培养。

其次，训练过程中追求整合式的教学观，即将身体素质、技术、战术、心理和社交整合在一起进行训练，以促进球员能力、情感、精神等方面的全面发展，而不是单一的技能传授或体能锻炼。

此外，在训练过程中，通过创设实战性的训练情境增强球员的临场感，以促进球员身体、情感、思维、想象等多种认知方式的共同参与。

综上所述，德、法、英、日足球后备人才培养训练实践在较大程度上契合了全人教育的教学观。一方面，全人教育的教学观认为，学生主观能动性的发挥依赖一定的教学情境。为了充分发挥学生主观能动性，须创设动态性、生成性和构建性的教学情境。德、法、英、日青少年后备人才足

---

① Edward T. Clark. Designing and Implement Ignited Curriculum：A Student-Centered Approach［M］. Holistic Education Press，1997：39.

球训练中注重创设实战性训练情境，注重发展球员的主观性、能动性、创造性，二者具有较大的相通性。另一方面，二者都主张学习的核心是联系，在学习过程中应建立多种联系，如个体与群体间的联系、课程内容间的联系等，以促进学生能力、情感、精神等方面的全面发展；最后，二者都认同在学习过程中应充分调动学习主体身体、情感、思维、想象等多种认知方式的共同参与。

第七节　德、法、英、日足球后备人才培养竞赛组织

一、德国足球后备人才培养竞赛组织

在德国，学校系统不举办足球竞赛，青少年足球联赛的举办以俱乐部形式开展，主要包括 U 系列联赛、全国性联赛和地区性联赛等形式。其中，全国性联赛分为青年 U19、U17 联赛；地区性联赛分为 U9、U11、U13、U15 四个年龄段（如表 2.7）。① 该竞赛体系的建立，在保障球员系统参与竞赛的同时，也保证了球员有足够的参赛及对外交流机会。

表 2.7　德国足球后备人才培养竞赛体系②

年龄组	区域	比赛形式	比赛结果
U19	东北部、西部、西南部	11vs11	全国冠军
U17	东北部、西部、西南部	11vs11	全国冠军
U15	州级联赛	11vs11	州级冠军

---

① 聂啸虎. 德国足球改革的重要举措 [J]. 体育文化导刊，2003（1）：55-56.
② 国景涛. 中德青少年足球人才培养模式的比较研究 [D]. 山东师范大学硕士论文，2011.

续表

年龄组	区域	比赛形式	比赛结果
U13	地区联赛	11vs11 9vs9	地区冠军
U11	地区联赛	7vs7	地区冠军
U9	无固定联赛	娱乐为主	地区冠军

由表 2.7 可知，德国足球后备人才培养竞赛组织存在以下 3 个特点：

①分层组赛，身心自然。德国足协在充分考虑各年龄段球员竞技能力水平存在显著差异的前提条件下依据年龄分组竞赛，这种做法更符合青少年身心发育规律，更有利于青少年身心健康发展。

②分层参赛，教育为先。球员从青年期开始组织全国性比赛，在此之前竞赛组织的最高级别为州级联赛和地区联赛，这主要考虑球员青年期以前正是接受文化教育的关键期，为避免球员长途奔波而耽误文化课学习，这突出反映了德国足球"教育为先"的人才培养理念。

③淡化成绩，培养兴趣。各地区足协和业余俱乐部对球队成绩均不做具体要求，以培养青少年球员足球兴趣为主要目的，这突出反映了德国足球"兴趣培养"的人才培养理念，当然，也有助于青少年全面成长。

二、法国足球后备人才培养竞赛组织

法国足协将青少年竞赛组织划分为学校竞赛和俱乐部竞赛两种形式。其中，学校竞赛又根据学生年龄阶段划分为小学、初中、高中和大学组，只组织省级和全国级别比赛；① 俱乐部竞赛以俱乐部为单位建立自下而上的"金字塔"联赛体系（如表 2.8），同时，还规定球员须在俱乐部注册才能参赛。

---

① 邱林，王家宏，戴福祥. 中法青少年足球培养体系比较研究［J］. 上海体育学院学报，2017（6）：34-41.

表 2.8　法国青少年球员培养俱乐部竞赛组织①

级别	联赛
1	国家级联赛 全国各大区 u17、U19 球队参赛
2	大区级比赛（共 13 个大区） 大区内各省 U15、u17、U19 球队参赛
3	省级比赛（101 个省） 省内各专区 U13、U15、u17、U19 球队参赛
4	专区级比赛（329 个专区） 参赛球队为各专区各年龄段青少年俱乐部球队

表 2.8 中内容表明：俱乐部各级竞赛中，专区级比赛普及面最广。比赛由地区足协组织，参赛球队为各专区各年龄段青少年俱乐部球队。据统计，法国 329 个专区共有约 129500 支球队参赛。

为避免将少年儿童误认为缩小版的成人，过早将其置于成人足球比赛环境，特别提出 U12 年龄段以下球队通过竞赛享受足球乐趣及培养球员足球规则意识、公平竞赛精神的办赛愿景。基于此，对 U12 年龄段以下球队比赛做出专门安排，具体如下。②

①U6、U7 年龄组。采用 3VS3 或 4VS4，无替补球员和成绩排名。场地规格为 30×20m。竞赛环节包括公平竞赛教育（15min）—3 场正式比赛（3X10min）—1 场游戏比赛（10min）—公平竞赛教育（15min）。

②U8、U9 年龄组。采用 5VS5，无替补球员和成绩排名。场地规格为 40×30m。竞赛环节包括公平竞赛教育（15min）—4 场比赛（4×10min）—1 场游戏比赛（10min）—公平竞赛教育（15min）。

---

① 法国足球：从金字塔体系到黄金一代［EB/OL］. https：//www.dongqiudi.com/archive/732683.html.

② Ludovic Debru. From Clairefontaine to The National Team［R］. Shanghai：CFA Conference on technical development，2018-11-23.

③U10、U11年龄组。采用8VS8，最多4名替补，所有球员都应有50%的上场时间。比赛当天确定排名，场地为半场；竞赛环节包括热身（15min）—1场技术挑战（15min）—教育（5min）—2场游戏比赛（2×25min）。

④U11、U12年龄组。采用8VS8，最多4名替补，所有球员相同出场时间。有越位，采用传统主客场制，没有升降级制度，场地规格为半场。竞赛环节包括热身（15min）—1场技术挑战（15min）—教育（5min）—2场游戏比赛（2×30min）。

省级比赛为省内各专区设置的U13、U15、U17、U19球队比赛，采用11人制，共7898支球队根据其竞技水平分别参与四个级别的竞赛，比赛由地区足协组织；大区级比赛为大区内各省级设置的U15、U17、U19球队比赛，共468支球队根据他们的竞技水平分别参加两个不同级别的竞赛，比赛由大区足协组织；国家级比赛为全国各大区U17、U19球队比赛，共140支球队，比赛由法国足协组织，其中U17联赛分为6个组别，每组14家俱乐部参赛，U19联赛分为4个组别，每组14家俱乐部参赛。

三、英格兰足球后备人才培养竞赛组织

英足总发现，英格兰少年儿童在从迷你足球到11VS11，再到U14的转型过程中，全国范围的球员流失严重。为查清原因，英足总针对U12以下儿童进行了专门调查，结果发现，儿童踢球更多关注于足球带来的乐趣而非比赛结果，这与成人从事足球活动的价值取向存在很大差异。[1] 实践中，由于竞赛组织者将少年儿童视为"缩小版"的成人，过早地将其置于成人足球比赛环境，导致少年儿童的需求难以得到满足，最终失去对足球运动的兴趣。因此，成年人应该设法帮助儿童喜欢足球运动。当然，这需

---

[1] U11 and U12 THEIR GAME Youth Football Development ［EB/OL］. http：//www. thefa. com/Youthdevelopmentreview.

要竞赛组织者按照青少年身心发展特征创造一个满足青少年期望的比赛环境，以满足青少年球员足球需求和激发青少年球员的足球兴趣。

基于此，英格兰青少年足球竞赛实施学校竞赛、社区竞赛和俱乐部青训学院竞赛相结合的模式。其中，学校竞赛主要由 ESFA 负责管理，包括联合奖杯赛、学校锦标赛等竞赛，均主要根据学生年龄从空间、器材、比赛人数等方面来设置竞赛元素（如表2.9）。[①]

表 2.9 英格兰中小学足球比赛设置情况

阶段	比赛形式	球号规格	场地规格	球门规格
小学	1—3 年级为 5V5；4—6 年级为 7V7	1—3 年级为 3 号；4—6 年级为 4 号	1—3 年级为（30m×20m）－（40m×30m）4—5 年级为（50m×30m）－（60m×40m）6 年级为（70m×40m）－（80m×50m）	1—5 年级为 3.6m×1.8m 6 年级为 4.9m×2.1m
初中	初一年级为 9V9；初二、三年级为 9V9 到 11V11	4 号	9V9：（70m×40m）—（80m×50m）11V11：（90m×50m）—（100m×60m）（90m×50m）—（100m×70m）	4.9m×2.1m
高中	高一年级为 9V9 或 11V11 高二、三年级为 11V11	5 号		4.9m×2.1m 7.32m×2.44m

注：本表参考英格兰 FA LEVEL1 教材编制

另外，社区竞赛由英足总负责管理，赛制以 U12 为"分界线"。其中，U12 以下主要以不进行积分排名的杯赛制为主，具体又细分为 3 种：U7-U8 年龄组进行 5 人制比赛，U9-U10 年龄组进行 7 人制比赛，U11-U12 年龄组进行 9 人制比赛；而在 U12 以上年龄组实施升降级制度，促使实力相

---

① 李守江，蔡向阳. 英格兰青少年足球培养体系研究［J］. 体育科学研究，2018（1）：57-65.

近的球队同场竞技，以避免比分悬殊的情况发生。[1]

最后，俱乐部青训学院竞赛方面也实行分级管理、分时进行。英超负责管理1级、2级青训学院的竞赛，足球联盟负责管理3级、4级青训学院的竞赛；赛季时间方面，一般9月开始至次年6月结束，禁止12月份和1月份安排室外比赛，并规定休赛期不得比赛；此外，在球员基础阶段、提高阶段和职业发展阶段，对其比赛类型、比赛目的、比赛分组原则和比赛形式与要求等方面进行相应的设置（如表2.10）。[2]

表2.10 俱乐部青训学院竞赛设置情况

阶段	比赛类型	比赛目的	分组原则	比赛形式和要求
基础阶段	1、2、3级俱乐部青训学院主要以友谊赛开展比赛	培养球员足球兴趣爱好和掌握足球基本技术	①不分级别比赛；②与地方学校代表队比赛；③就近原则	①从U9开始进行小场比赛（4v4→9v9）；②由参赛队伍约定比赛用球（3—4号）、场地、计分方式；③限制替补；④每周至少踢1场比赛
提高阶段	1、2、3级俱乐部青训学院主要以友谊赛和杯赛形式开展比赛	学习团队合作	①1、2级足院混合分组；②3级足院独立分组；③偶尔组织跨级别比赛；	①比赛形式：小场地11v11；②比赛用球：4—5号；③U12-U15每周至少一场比赛；④U15-U16每个足院至少要踢20场跨级别比赛

① 李守江，蔡向阳.英格兰青少年足球培养体系研究［J］.体育科学研究，2018（1）：57-65.
② 李博，陈栋，陈国华.英格兰足总《精英球员表现计划》解读与启示［J］.沈阳体育学院学报，2017（1）：106-111+144.

阶段	比赛类型	比赛目的	分组原则	比赛形式和要求
职业发展阶段	1、2、3、4级俱乐部青训学院主要以友谊赛和杯赛形式开展比赛	①学习如何在比赛中获胜；②模拟职业足球，为成为职业球员做准备；③竞争性、挑战性、残酷性	①1、2级足院独立分组；②3、4级混合分组；③1、2级足院超过18岁球员可参加英超发展联赛；④所有级别的足院都可以参加U18联赛	①和正式比赛一样；②1级足院和英超预备队必须参加超级发展联赛

通过以上对英格兰青少年足球竞赛组织的分析可知，根据青少年球员的年龄和运动技术水平引入竞赛元素，通过努力创造一个青少年期望的比赛环境，以满足青少年球员各发展阶段需求，使青少年足球技能不断提高的同时，全面发展球员的内在情感体验与人格体验，最终实现球员全面发展的目的。

四、日本足球后备人才培养竞赛组织

关于青少年竞赛，日本足协奉行"球员第一"的原则和贯彻"大赛是育人的关键"的理念，认为虽然赢得比赛很重要，但更应着眼于青少年球员的长远发展。① 因此，在青少年竞赛组织中，日本足协、职业足球联赛管理机构和各级足球联盟以青少年为中心，根据青少年身心发展特点和竞技水平设置满足青少年需求的竞赛环境，以促进青少年身心健康全面发展。

目前，青少年足球赛事类型主要有校园足球赛事、俱乐部梯队赛事和J联赛俱乐部赛事，种类较多，青少年球员年均可参加五十余场比赛。② 这种设置有利于培养青少年球员运动的习惯化、状况判断力、心理素质等，也有助于培养青少年在团队中的沟通交流能力。

---

① 陈安. 日本足球青训模式对中国足球青训模式的启示——基于对中日青训模式的差异性分析 [D]. 成都体育学院硕士论文, 2019.
② 谭刚. 日本青少年足球发展策略对中国足球发展的启示 [J]. 南京体育学院学报（社会科学版）, 2012 (1)：114-121.

如表 2.11 所示，各年龄段青少年赛事的组织均从县一级开始，晋级球队代表县参加都道府比赛，直至最后代表各都道府参加全国比赛，让青少年在比赛中体会快乐的同时，培养竞争意识和团队意识。同时，在赛事举办过程中，日本媒体通过电视直播和漫画的形式对其进行积极的宣传报道，既有助于获得家长及社会企业对青少年足球运动的支持，也为青少年竞赛提供大量资金赞助，还可吸引更多观众来到现场观赛，从而创造出有益于青少年身心健康发展的环境和氛围，对青少年比赛能力的提高和健全人格的培养均起关键作用。

表 2.11　日本青少年各年龄段主要比赛①

竞赛类别	竞赛种类	竞赛名称与参赛队组成
小学比赛（12 岁以下）	2	全国少年足球锦标赛、U12 足球节
初中比赛（15 岁以下）	10	高元宫杯全国 U15 足球锦标赛和日本 U15 联赛，参赛球队为初中学校和俱乐部球队；全国俱乐部锦标赛，参赛球队为俱乐部球队；U14J 联赛，参赛球队为 J 俱乐部和其他俱乐部球队；U13J 联赛，参赛球队为初中学校、J 俱乐部和其他俱乐部球队；J 联赛 U14 强化训练，参赛球队为 J 俱乐部选拔队；全国初中学校体育大会、全国初中足球锦标赛、国民体育大会和全国俱乐部东西对抗战
高中比赛（18 岁以下）	8	高元宫杯全国 U18 足球锦标赛，参赛球队为高中学校、J 俱乐部和其他俱乐部球队；日本 U18 联赛，相当于高元宫杯的预赛；J-YOUTH 联赛，参赛球队为 J 俱乐部和其他俱乐部球队；全国俱乐部锦标赛，参赛球队为 J 俱乐部和其他俱乐部球队；全国高中足球锦标赛，参赛球员为高中学校球队；全国高中综合体育大会和国民体育大会；天皇杯，参赛球队为 J 俱乐部、其他俱乐部和高中学校

---

① 孙一，饶刚，李春雷，等. 日本校园足球：发展与启示［J］. 上海体育学院学报，2017（1）：68-76.

五、德、法、英、日足球后备人才培养竞赛组织共性规律

竞赛是育人的重要方式之一，对于青少年球员的成长不可或缺。通过竞赛，可增强球员体质，提高足球知识、技能与素养，形成尊重他人、公平竞争的品德，塑造健全的人格。对德、法、英、日足球后备人才培养竞赛分析可知，虽然各国在青少年足球竞赛组织上各异，但其竞赛组织也存在共性规律，即充分尊重青少年球员的主体地位。

四国竞赛组织均将青少年球员视为竞赛活动的主体，创造青少年期望的竞赛环境来满足青少年球员发展需求，将青少年球员视为独立的个体，依据青少年球员身心特点，按年龄段分组竞赛，建立起系统而完善的青少年竞赛体系，以促进青少年球员个人能力与潜力的全面挖掘。例如，在U9以下年龄段比赛没有排名，避免早期专项化训练，重在培养球员规则意识、公平竞赛精神以及享受足球乐趣；在U12以下年龄段结合该年龄段儿童生理特点安排人数少、场地小的竞赛，确保球员足球技术的发展和真正享受足球运动的乐趣；在U13以上年龄段才基本采用与成人联赛一致的11人制，以便为今后球员顺利适应成人联赛做准备；在U17以上年龄段设置全国性比赛，在此之前各年龄段进行区域性联赛。[①]

进一步分析可知，德、法、英、日足球后备人才培养中"尊重青少年球员主体地位"的竞赛组织形式，与全人教育提倡的发展性、主体性特征"不谋而合"。

一方面，全人教育主张为人类的发展而教，认为教育的主要目的是实现人发展的可能性，为了实现人的长远发展。它强调在人才培养过程中，对学生培养要有长期规划，应依据学生身心发展规律，制定科学、系统、全面的培养目标，以保障学生长远和可持续发展。审视德、法、英、日足

---

① 国际足联. 国际足联草根足球培训手册［M］. 北京：人民体育出版社，2010：57.

球后备人才培养竞赛组织，为创造青少年期望的竞赛环境来满足球员发展需求。依据青少年球员身心发展特点，按年龄段分组竞赛，建立起科学、系统、完善的青少年竞赛体系，以促进青少年球员个人能力与潜力的全面挖掘，这正是对全人教育发展性特征的有效诠释。

　　另一方面，全人教育视学生为教学活动的主体，尊重学生现实需求，而不是用成人的想法替代青少年的想法，也不用成人的标准审视或主宰青少年的世界。这与德、法、英、日足球后备人才培养竞赛组织中视青少年球员为独立的"个体"，依照青少年身心发展特点创造青少年期望的竞赛环境来满足其发展需求的做法是并行不悖、高度适切的。

第三章

全人教育视角下中国足球后备人才培养模式构建

足球后备人才培养模式，指在一定教育理念指导下，为实现特定的人才培养目标，由培养理念、培养目标、人才培养管理、人才培养路径、教练员培育、训练和竞赛和人才选拔评价等因素共同构成的有关人才培养过程的设计与建构。毋庸置疑，足球后备人才培养模式改革作为一项系统工程，先进的教育理念在足球后备人才培养过程中发挥着价值引领与实践指导作用，必须按照现代教育理念对足球后备人才培养模式各构成要素进行统筹考虑、整体设计、稳步推进，切忌急功近利的短期行为。

全人教育强调在教育过程中不仅仅是知识与技能的传授，更要重视人的情感、道德、审美和精神性等内在情感体验与人格的全面培养，以实现"整全人"培养目的。而在健康中国战略背景下，习近平同志在 2018 年 9 月 10 日出席全国教育大会时指出："要树立健康第一的教育理念，开齐开足体育课，帮助学生在体育锻炼中享受乐趣、增强体质、健全人格、锤炼意志"；2020 年 8 月 31 日，由体育总局、教育部印发的《关于深化体教融合 促进青少年健康发展意见》（以下简称《意见》）提出："深化具有中国特色体教融合发展，推动青少年文化学习和体育锻炼协调发展，促进青少年健康成长、锤炼意志、健全人格，培养德智体美劳全面发展的社会主义建设者和接班人。"按照党和国家领导人讲话精神和《意见》要求，体育的使命在于培养全面发展的人，而不是培养只懂得知识、技能应用的

"工具人"。可见，基于新时期我国人才培养的现实愿景，为全人教育指导中国足球后备人才培养模式的构建提供了可行基础。

因此，针对我国足球后备人才培养理念、人才培养管理、人才培养路径、教练员培育、选材、训练和竞赛存在的偏差，本书在借鉴世界足球强国德、法、英、日足球后备人才培养共性规律基础上，基于我国国情，以全人教育理念为指导，从"树立全人教育理念，全面提升人才培养质量""重构人才培养目标，促进'整全人'发展""建立协同育人管理机制，合力培育'整全人'""构建横向联动、纵向贯通的'整全人'培养路径""加强教练队伍建设，履行'整全人'培养使命""加强科学选材，确保'整全人'培养质量""完善训练大纲，优化训练实践""优化竞赛组织与改进球队竞赛问题"等方面出发，构建了"整全人"发展的足球后备人才培养模式。

第一节　树立全人教育理念，全面提升人才培养质量

人才培养理念指"在什么思想指导下培养什么样的人才"，旨在回答"培养什么样的人、怎样培养人"的问题，是教育主体对人才培养的理想追求，其所形成的各种具体的教育观念，影响着人才培养模式其他要素的选择与确定。① 可见，理念作为对某种事物的观点、看法和信念，它直接决定人的行为，不仅是人行为的基本驱动力，关键还在于其所起到的导向作用。

德、法、英、日足球后备人才培养，秉持球员全面发展的人才培养理念，它指引着人才培养过程"以球员为中心"，不仅注重足球知识与技能

---

① 董泽芳. 高校人才培养模式的概念界定与要素解析 [J]. 大学教育科学，2012（3）：30-36.

的传授，更要重视对青少年球员的人文教育、人文关怀和足球教育功能，以促进青少年球员在知识、能力、情感、道德等方面的全面发展。这充分体现了全人教育的教育观，即提倡教育过程"以人为本"，主张教育不仅是知识与技能传授，更应关注人的内在情感体验与人格的全面培养，以实现人的物质与精神相统一。

然而，在中国社会急剧转型、网络技术飞速发展、信息渠道多元传播的时代背景下，面对其意识形态的复杂性，党的十八大报告把教育放在改善民生和加强社会建设之首，指出要把"立德树人"作为教育根本任务。它抓住了教育的本质要求，明确了教育的根本使命，符合教育规律和人才培养规律，进一步丰富了人才培养的深刻内涵。在此背景下，就我国足球后备人才培养而言，党中央、国务院虽从顶层设计的高度明确了发展青少年足球是促进青少年身心全面发展的育人工程，但各培养主体在实践操作过程中，由于"重训练、轻教育"的育人思想根深蒂固，在足球后备人才培养过程中存在严重的功利性、工具性和目的性。将足球知识与技能的传授作为人才培养的主要方面，将运动技能的提高作为足球后备人才培养的首要目的，忽视青少年球员文化学习、淡化足球的教育功能、缺少足球素养的全面提升，导致足球后备人才培养的片面化。

全人教育强调，在教育过程中必须在技能培养和人文教育之间找到平衡。因此，为了实现青少年球员全面发展的培养目的，树立全人教育理念是当前全面提升我国足球后备人才培养质量的客观需要与迫切需求。在全人教育理念指导下，充分尊重青少年球员在教育过程中的主体地位，坚持对青少年球员进行足球知识、技能的传授与重视对青少年球员的人文教育、人文关怀和足球教育功能相统一的教育理念，以促进青少年球员在足球知识、能力、情感、道德等方面的全面发展，从而全面提升我国足球后备人才培养质量。

一、重视人文教育

首先，必须高度重视青少年球员的文化教育。全人教育认为文化素质是影响青少年发展的关键因素，强调健全人的培养，不仅是知识与技能的学习，而且还包括智力、情感、志向、态度、创造力等。而良好的智力发展、融洽的情感培育、高远的志向确定、优秀的态度养成、蓬勃的创造力生成等，都离不开优秀文化的长期浸润。因此，为了实现青少年球员"整全人"的培养目的，应强调文化教育对培育青少年球员健全人格的关键作用。在青少年球员训练与文化学习二者关系中，高度重视文化教育，将文化课学习永远放在首位，具体可借鉴日本针对青少年球员的文化教育，如球员无论是在足球学院、职业俱乐部梯队，抑或俱乐部训练中心接受训练，都与其他同学学习标准一样。同时，培养单位应充分发挥道德与法治、语文、英语、历史、传统文化等人文学科的育人优势，以及加强学科间的相互配合，以达到完善青少年球员的心理和人格、最终实现青少年球员全面发展的目标。

其次，全人教育重视校园文化环境氛围对青少年潜移默化的教育作用。因此，鉴于校园文化包含物质文化、制度文化、精神文化和行为文化，可从校园文化的各个维度"发力"，共同向青少年进行有效的足球文化熏陶。[①]

第一，物质文化方面，培养单位可通过足球文化墙、足球文化长廊和足球展馆等物质为载体，对青少年进行耳濡目染的影响。例如，在足球展馆中，通过展板以及纪录片回放的方式讲述足球历史，让青少年球员发现足球运动的魅力，增强对足球运动的兴趣爱好。

第二，精神文化方面，培养单位应通过育人理念教育，对青少年球员

---

① 朱柏学．关于校园文化建设的思考［J］．牡丹江师范学院学报（哲社版），2009（2）：114.

的内在精神世界施加影响。例如，借由校训、校风等精神文化的宣传，或组织创作一批青少年喜闻乐见的动漫、纪录片及文学影视作品，传播足球好声音，讲述足球好故事。此举不仅能够体现培养单位育人的价值取向，还可以渗透到青少年球员学习、生活和训练之中，以扭转急功近利和锦标主义等不良倾向，弘扬健康向上的价值观，实现陶冶情感、价值认同的影响效果。

第三，制度文化方面，各培养单位应有严谨、规范的制度体系且能严格执行，以明确、规范的制度来管理青少年球员。例如，重视球员合理的学习与训练时间安排，完善请假制度，保证正常的教学、训练秩序。同时，各培养单位应规范球员公共卫生制度、安全制度等，给球员的学习、生活和训练提供保障。

第四，行为文化方面，足球管理者和青训教练的榜样性和示范性将对青少年球员产生重要影响，如青训教练生活、训练中表现出来的责任心、爱心、无私奉献精神，会对青少年球员的价值观、世界观产生引导和示范。

最后，提供给球员一个自主学习、生活的人文环境。全人教育关注人生经验，强调教育的过程，注重全员全方位育人，以增强全人教育的全面性。因此，在足球后备人才培养过程中，为了提供给球员一个自主学习、生活的人文环境，需要改革培养方式，注重全人教育的实践参与过程，整合多方力量，构建多元化的足球后备人才培养方式，例如，协调校园、课堂、学校社团、社会和家庭等阵地。以往教育常把社会关系和文化背景割裂开来，难免导致培养出利己主义者，其眼里只有竞争没有合作，突出表现为对周围的人或事物冷漠，缺乏对他人的理解和尊重。因此，应充分发挥学校的主导作用，并有机协调校园、课堂、学校社团、社会和家庭等学习"阵地"的联动作用。同时，应强化国家课程与校本课程间的联系，合理安排课堂教学、社团组织活动和社会实践活动的时空，广泛利用社会资源，科学设计和组织自由和包容的校内外活动，以加强青少年球员间的人文交往，在交往中相互合作，培养人与人之间相互理解、信任和关爱，以促进个体物质与精神的统一，此方为人之所以为人的真正意义。

二、重视人文关怀

全人教育认为，真实和关怀是全人教师最重要的素质，教师只有以爱的热情施教，才能给学生的心灵以影响。① 这是因为，"真实"作为存在主义哲学中的重要概念，其核心就是要勇于直视自己的生活，不回避基本的责任，能与内在的"自我"保持一致，能意识到内心世界与他人的联系，以真实的内心世界去影响学生。因此，欲在青少年球员培养过程中关爱球员，建议青训教练遵循以下原则。

首先，青训教练要取得青少年球员的信赖。正如小原国芳所说："信赖必须成为教育的根基，通过与学生建立信任感，以建立温暖的师生关系。"② 所以，作为青训教练，在青少年球员培养过程中，要与球员进行双向交流，青训教练要善于运用语调、面部表情与身体姿势等沟通技巧，让球员真正体会到教练是发自内心地与自己沟通。这有助于培养青少年球员对教练的信任感，感受到教练的关爱。

其次，青训教练要成为青少年球员烦恼的拯救者。面对青少年球员的烦恼，如文化课考试、升学、职业选择、训练、竞赛等问题，青训教练需要开放坦率，常与球员谈心，真诚地和青少年球员进行内心接触，帮助青少年球员解决遇到的各种心理问题，引导青少年球员树立正确的人生观、世界观与远大的理想。

---

① ［日］小原国芳. 小原国芳教育论著选（下）［M］. 刘剑乔，等译. 北京：人民教育出版社，1993：366.
② ［日］小原国芳. 小原国芳教育论著选（下）［M］. 刘剑乔，等译. 北京：人民教育出版社，1993：384.

最后，青训教练要尊重青少年球员的尊严与个性。青训教练应本着爱心，尊重青少年球员的个性，即对青少年球员的培养过程中，青训教练要做到多鼓励、多肯定，不能存在偏见和歧视的思想，更不能殴打和谩骂球员。青训教练即便要批评球员，也要做到善于批评，如学会选择正确的时间、地点，批评时做到对事不对人，并以积极的总结结束批评等。当青少年球员能够真正感受到被尊重感时，则青少年球员自尊的获得及自由个性的发展就成为现实。

三、重视足球教育功能

全人教育认为，实现人类发展的内在可能性是教育的首要目标。以往的教育往往把学生当做物质生产的工具，过早开发学生潜力，造成人才培养的工具化、片面化。而全人教育主张教育应更关注人的内在价值，比如创造力、想象力、情感、同情心等，这将给人带来积极的情感体验，增强人的信心，促进人的全面发展。

因此，为了促进青少年球员的全面发展，教练应充分意识到足球对球员真正的教育作用和方式，把外在的足球培训聚焦为内在的立德树人。正如印度哲学家克里希那穆提在其所著的《教育就是解放心灵》一书中所言："教育就是解放人的心灵，而解放心灵就是将人的心灵转向爱、转向善和转向智慧。"[①] 要达到此种境界，要求教练员在青少年球员培养过程中一定要深刻理解"足球就是人生的教育"的深刻内涵，在青少年球员世界观、人生观和价值观形成的关键时期，从尊重球员的角度出发，正确利用足球教学、训练和比赛实践过程中的各种教育元素，让青少年球员在真实的教学情境中学会保持良好的行为规范与礼仪礼节习惯。[②] 比如，借鉴日

---

① ［印］克里希那穆提．教育就是解放心灵［M］．北京：九州出版社，2010.
② 张廷安．中国校园足球未来发展中应当确立的科学发展观［J］．北京体育大学学报，2015（1）：106-113+131.

本青少年球员培养"育球先育人"的训练原则，青训教练在教学、训练与比赛过程中应做到不将比赛胜负放首位，而是更关注青少年球员完整人格的教育与培养。例如，通过足球活动培养青少年球员学会如何与他人交流沟通，以及学会如何尊重自己与他人、尊重规则、尊重胜利者与失败者；树立青少年球员公平竞争与团队协作意识，进而增强集体荣誉感、正义感、责任感与奉献感；提升情绪调控能力、社会交往能力与主观幸福感。通过长期教育，使足球的教育功能成为人生教育的一部分，以潜移默化地培养青少年球员养成良好的社会道德习惯。

综上所述，创新足球后备人才培养理念，树立全人教育思想，将对青少年球员足球知识与技能的传授与青少年球员文化教育、足球教育功能和人文关怀相结合，以全面提升我国足球后备人才培养质量。

第二节　重构人才培养目标，促进"整全人"发展

一、我国足球后备人才培养目标的嬗变

（一）计划经济时期与社会转型期，足球后备人才培养目标为追求运动成绩

计划经济时期，党和国家领导人把竞技体育作为展示国家形象、弘扬民族精神的载体，鼓励运动员顽强拼搏，为国争光。可见，为政治路线服务、为政治目标服务是该时期我国竞技体育的定位，在这一具有中国特色社会主义体育思想引领下，我国的足球事业以政府为单一主体，足球事业的发展战略由政府单独制定，这导致我国足球事业完全依附于政府行政行为，其人才培养目标表现出明显的政治化色彩，如国家队以"提高运动技术水平，为国争光"为目标，明显把国家荣誉放在第一位；而各省（市）

队把"提高运动技术水平，创造优秀运动成绩"作为培养目标，把运动成绩看作最主要的培养目的；青少年体育运动学校则以"培养与输送优秀足球后备人才"作为培养目标。

计划经济向市场经济转变的社会转型期，我国足球后备人才培养逐渐形成政府与社会主体联合进行的模式。在社会转型期，党和国家领导人鼓励运动员为国争光的同时，要求体育工作者通过体育训练和比赛，培养运动员顽强拼搏、诚实守信的优良作风，养成公平竞争、相互关爱的体育道德。可见，该时期中国特色社会主义体育思想在强调体育政治功能的同时，逐渐意识到体育教育功能，这引领我国足球后备人才多元化培养模式首先在目标导向上呈现多元状态，即不仅关注青少年球员竞技能力水平的发展，还注重青少年球员的文化、人格教育等。但总体来看，政府在这种多元化人才培养模式中仍处于主导地位，其制定的人才培养目标在一定程度上呈现出明显的政治化；同时，受社会功利化思想的影响，各培养主体急功近利的人才培养理念严重，在人才培养过程中"重技轻教"，轻视青少年球员文化教育，以取得优异的比赛成绩为人才培养目标。可见，社会转型期我国足球后备人才培养目标定位，仍然把取得优秀的比赛成绩作为首要目标。

（二）现阶段，足球后备人才培养目标为追求人的全面发展

在健康中国战略背景下，习近平同志强调体育强国建设要坚持以人民为中心的发展思想，把人民作为发展体育事业的主体，把满足人民健身需求、促进人的全面发展作为体育工作的出发点和落脚点，落实全民健身国家战略，不断提高人民健康水平。可见，在健康中国战略背景下，党和国家领导人高度重视体育在促进人的全面发展中的作用，这对我国体育事业的发展无疑起到了战略定位与方略引领作用，如不断丰富与发展我国足球后备人才培养目标内涵，具体体现在党和国家领导人颁布的一系列文件中。其中，2015 年 2 月 27 日，习近平同志在中央全面深化改革委员会第

十次会议上指出，"足球要坚持从娃娃抓起，夯实人才根基，特别是要抓好青少年，既重视技术能力培养，又注重意志品质培养，持续用力、久久为功"。2015 年 3 月 16 日，由国务院办公厅印发的《中国足球改革发展总体方案》指出，"通过发展和振兴青少年足球，让更多青少年热爱足球、享受足球，使参与足球运动成为体验、适应社会规则和道德规范的有效途径，以及通过足球活动来提高青少年身体素质、丰富文化生活、弘扬爱国主义集体主义精神、锻炼意志，以促进足球运动员身心全面发展"；2016 年 4 月，由国家发展改革委等部门共同编制的《中国足球中长期发展规划（2016—2050 年）》指出，"应遵循足球运动发展规律，科学谋划，以人为本，从娃娃抓起，从基层抓起，从基础抓起，以服务于人的全面发展为宗旨，有序推进，持之以恒"。2019 年 8 月 26 日，教育部办公厅印发的《全国青少年校园足球教学指南（试行）》指出，"坚持立德树人，以普及校园足球，培养学生综合素质和促进青少年健康成长为目标"。

综上所述，我国足球后备人才培养目标从"重视比赛成绩"到"重视人的全面发展"的演变历程中，"人的全面发展"成为足球后备人才培养目标的新的落脚点。这种变化既体现了足球后备人才培养目标内涵的不断丰富，也表明了"人"在足球后备人才培养过程中主体地位的日益凸显，彰显了足球后备人才培养过程中"工具理性"到"价值理性"的重大转型。

二、我国足球后备人才培养目标的新内涵

通过对我国足球后备人才培养目标内涵嬗变过程的分析，可知足球后备人才培养目标的嬗变顺应时代发展、满足社会需求。随着社会不断进步，特别是在健康中国战略背景下，人们观念不断改变，足球不再是为国争光或者争金夺银的代名词，足球后备人才培养逐渐向人本回归。强调通过足球运动，帮助青少年球员磨炼坚强意志，培养良好品德，开展挫折教

育，养成协作能力，发扬斗争精神，树立规则意识，以促进青少年球员的全面发展，这与全人教育提倡的"整全人"培养目标相契合。全人教育认为全面发展的人应具备"智能、情感、身体、社会性、审美和精神性"等六方面的基本素质，且认为人的基本素质相互联系并以某种方式结为整体，各项素质都有无限发展可能。因此，根据新时代人们对足球后备人才培养目标的总体要求，按照全人教育"整全人"培养目标，将我国足球后备人才培养目标重构为"坚持以人为本，培养青少年球员智能、情感、身体、社会性、审美和精神性的全面发展为目标"。此设定突出强调在足球后备人才培养过程中，我们不仅要培养足球特长突出，同时要培养具有健康的心理素质、较高的人文精神与道德素养等各方面素质全面发展的"整全人"。

第三节　建立协同育人管理机制，合力培育"整全人"

足球后备人才培养作为一项系统工程，为了实现青少年球员"整全人"的培养目标，并非凭一己之力就能达成，而是需要建立多方协同育人的管理机制。通过此举，促进各培养主体发挥各自优势，整合互补性资源，实现各培养主体间的深入合作和资源整合，以产生协调一致的育人合力。从德、法、英、日足球后备人才培养管理经验看，均形成了政府、社会和市场多元培养主体背景下的管理机制。各培养主体通力合作，并且分工明确、权责明晰。同时，政府在足球后备人才培养上发挥着政策法规制定、资金支持等重要作用。这充分反映了全人教育的整体论思想，即将现代教育看作一个开放的体系，是一个系统的工程，认为青少年的成长受到家庭、学校和社会等多方面因素的影响。为了促进青少年身心健康和谐发展，应凝结政府、学校、社会等各方力量，形成政府主导有力、多方协同联动的管理格局。可见，德、法、英、日足球后备人才培养管理机制，正是全人教育思想倡导的为实现青少年身心健康和谐发展须创建教育共同体的具体体现。

反观当前我国青少年足球后备人才培养管理，自党的十八大以来，中国社会发展呈现出全新的治理态势，提出了社会治理新思想，推进了社会治理新实践，开拓了社会治理新境界。① 特别是十九届四中全会提出"要坚持和完善共建共治共享的社会治理制度"，"建设人人有责、人人尽责、人人共享的社会治理共同体"，更加明确了 2020 年以后社会治理应朝着多元主体参与的方向发展。在教育体制改革不断深化、机构改革朝着扁平化方向发展、体教融合全新理念的时代背景下，体育强国建设如何审时度势，与时俱进，明确青少年体育后备人才培养与学校体育全面发展、青少年体质健康全面增强的关系，正视青少年体育后备人才培养多元格局的现实，理顺多元主体各要素间的整合发展，实现协同共治目标，达到时间、空间、途径和效益四大维度协调统一，已成为新时代解决青少年体育后备人才培养的关键之所在。②

然而，虽然在当前体育治理体系和治理能力现代化进程中协同共治社会发展态势的时代背景下，形成以政府为主导，以体育系统、教育系统和社会团体等为"多元化"主体的培养格局，但是各主体在运行过程中并未形成纵向贯通、横向联动的协同发展组织体系，各培养主体间存在责权不明、资源缺乏整合利用的问题。因此，为打破当前我国足球后备人才培养管理条块分割的碎片化局面，突破系统分治造成的封闭性，在借鉴德、法、英、日足球后备人才培养管理成功经验基础上，应充分发挥我国国家制度和国家治理体系优势，结合全人教育的整体论思想，在国家层面加强

---

① 杨桦. 中国体育治理体系和治理能力现代化的概念体系［J］. 北京体育大学学报，2015（8）：1-6.

② 王凯. 新时代体育治理体系与治理能力现代化建设的政府责任——基于元治理理论和体育改革实践的分析［J］. 体育科学，2019（1）：12-19+34.

顶层设计，统筹多方力量，组建"多元主体"合作管理联盟机制、制定和健全"责任共担"法律保障机制、统筹推进"优势互补"资源协调机制和建立科学监督评价机制等四个方面，构建多方协同育人管理机制，以实现各培养主体间的深入融合与资源整合，形成协调一致的育人合力，切实保障青少年球员"整全人"的发展。

一、组织构建"多元主体"合作管理联盟机制

随着党和国家对青少年足球后备人才培养重视程度的日益提高，以及社会主义市场经济的快速发展，各培养主体加大了对足球后备人才培养的工作力度，但因缺乏整体谋划与互通，未能形成一体化育人合力和整体效应。因此，在多元培养主体育人背景下，如何满足不同主体的利益诉求，协调错综复杂的利益关系，使各培养主体从全局的高度各司其职、各负其责、各尽其力、协同配合，充分发挥各自的资源优势，这需要借助社会主义制度优越性，发挥党和政府的主导作用，成立互利共赢的"多元主体"合作管理联盟，并配置专职人员具体负责日常工作管理。同时，通过建立运行有效的统筹管理制度以及形成多方参与的定期会商制度，使各培养主体统一思想、提高认识、细化任务、明确责权利关系，将有利于统合各培养主体育人资源、提高资源优化配置、融通多元育人渠道，打破壁垒界限，确保各培养主体协同培养足球后备人才。

二、建立健全"责任共担"法律保障机制

在新时代青少年体育工作由"政府一元管理"转变为"政府、社会和市场多元化管理"的背景下，政府管理青少年体育事务正由"既管又办"向"放、管、服"的职能转变。① 因此，在足球后备人才管理中，政府应

---

① 柳鸣毅，王梅，徐杰等. 中国青少年体育重点工程建设与创新发展对策［J］. 体育科学，2018（11）：17-27.

逐渐由"划桨"转变为"掌舵"，由"掌舵"转变为"服务"。通过建立健全"责任共担"的法律保障机制，有利于促进和保障各培养主体共担足球后备人才培养责任。具体而言，政府通过建立以财政拨款、企业税收等为主导的政策约束与激励机制，将各培养主体纳入足球后备人才培养的政策法规体系中，以保障各培养主体参与足球后备人才培养的各项权利与义务。如此，才能激发多元主体的责任心和使命感，内在的形塑责任共同体，也内在地形成合作培养足球后备人才的目标合力。

三、统筹推进"优势互补"资源协调机制

国务院等多部门要求大力促进学校、家庭、社区联动，逐渐形成学校、家庭、社区三位一体的青少年教育模式。[①] 可见，足球后备人才培养作为一项跨部门、多元主体的公共事务，涉及资金、信息、人力、设施等多种社会资源的重组、协调和整合。在此背景下，应建立"优势互补"的资源协调机制，以充分调动政府主导、学校主体、家庭辅助与社区指导力量，实现各部门资源的有效开发、配置和利用，具体协调形式如下。

第一，政府主导。在足球后备人才培养过程中，政府要起到主动推动作用，以其特有的职能和资源优势进行统筹协调，通过制定相关制度和法律等，明确不同培养主体的权利与义务，推动合作育人。

第二，学校主体。积极发挥学校的核心引领作用，依托学校的师资队伍、教学体系、场地设施等资源优势，为青少年提供系统全面的教育，如科学文化知识、体育知识及浓厚的体育氛围等。充分发挥学校优势，努力培养青少年球员的核心素养和职业素养，使其成为青少年球员培养的主阵地。

---

① 国务院办公厅. 国务院办公厅关于强化学校体育促进学生身心健康全面发展的意 ［EB/OL］. （2016-05-06）［2019-10-10］. http：//www. gov. cn/zhengce/content/2016-05/06/content_ 5070778. htm.

第三，家庭辅助。家长作为孩子的第一任老师，其价值观对孩子成长有着至关重要的作用，家庭教育理应成为社会教育、学校教育的基础和补充。因此，家庭教育作为影响青少年球员一生最深远的教育，家长应提升重视度、参与度，主动与学校、社会加强联系沟通，同步对子女实施有成效的辅助教育。例如，建立球员家长与学校等联系的新媒体平台，及时发布学校信息和球员成长记录，使家长提高关注学校、关心球员的自觉意识，并通过多种形式参与青少年球员培养工作，以引导青少年球员在足球训练的同时，努力进行文化学习。

第四，社区指导。社区作为执行和操作国家足球后备人才培养政策的社会组织，可在足球后备人才培养工作中强化专业服务能力。应充分发挥社会各类育人资源的作用，使其成为具备承担政府转移、委托、代理或购买青少年足球服务的主体，从场地运行、培训课程开发、赛事组织、人才培养等方面深入学校、社区和青少年身边。

四、建立科学监督评价机制

建立科学有效的监督评价机制是落实青少年球员"整全人"发展的重要举措。科学的监督评价机制作为一种反馈机制，对足球后备人才培养具有"指挥棒"的意义，可以帮助各培养单位查找、分析问题，并针对问题提出具体措施与相应政策，直接影响着足球后备人才培养质量。例如，德国引入 Foot PASS 质量监控系统，对青训各子系统进行全面质量管理和绩效评估，以保障青少年球员的全面发展。

我国可借鉴德国的成功经验，并结合具体国情，进一步完善国家层面的动态跟踪监测和考核评估机制。例如，从培养单位组织结构、足球发展模式、内部选材模式、训练与竞赛模式、培训成果模式、设施与设备、青训战略制定与发展等评估维度出发，制定科学合理的考核评价标准，坚持以球员为中心，以球员"整全人"发展的考核评价为导向，对各培养单位足球后备人才培养质量进行定期督导和评估。依据考核结果，对考核优秀的培养单位给予一定的物质、精神奖励，对考核不合格的培养单位进行问责，让评价标准真正成为检验各培养单位育人成效的"指挥棒"。同时，各培养单位应进一步完善考核评价机制，结合足球后备人才培养考核内容、考核标准，明确职责分工，采取定期考核的办法，及时对足球后备人才培养工作进行经常性总结，分析梳理存在的问题，顶层设计破解对策，从而逐步形成对青训教练培育、选材、训练、竞赛等各个环节的评估和管理，使足球后备人才培养的总目标和总要求真正融入日常工作，转化为育人行动，体现为育人实效。只有这样，青少年球员的培养质量才更有保证。

综上所述，以全人教育的整体论思想为指导，建立多方协同育人的管理机制，有利于实现各培养主体间的深入融合和资源整合，形成协调一致的育人合力，以保障青少年球员"整全人"发展。

第四节　构建横向联动、纵向贯通的"整全人"培养路径

人才培养路径即人才培养通道，构建畅通的足球后备人才培养通道才能吸引更多的青少年学生参与足球运动，才能满足优秀青少年球员继续提高的发展愿望，才更有利于青少年球员的"整全人"发展。德、法、英、日针对足球后备人才培养路径的构建，秉持教育系统与体育系统相结合的双路径培养模式。横向结合上，强调教体系统资源的整合，以促进青少年球员身心全面发展；纵向结合上，强调畅通教体系统的人才培养通道，形成教育系统以普及为主、体育系统以提高为主，"金字塔"结构的人才培养体系。这种教体系统深度融合的培养模式，横向发展上引导学生获得知识与技能、发展人格等理性和非理性因素，纵向发展上强调抓住球员

的知识、技能学习"关键期"并施之以最好的知识、技能学习方式，以保障学生可持续发展，充分体现了全人教育的整体论思想和综合的发展性特征。

然而，审视当前我国足球后备人才培养路径，为贯彻落实习近平同志关于体育强国建设的重要指示和全国教育大会精神，充分发挥党委领导和政府主导作用，进一步打破壁垒、畅通渠道，深化具有中国特色体教融合发展模式，推动青少年文化学习和体育锻炼协调发展，促进青少年健康成长、锤炼意志、健全人格，培养德智体美劳全面发展的社会主义建设者和接班人。在此背景下，虽然在国家层面形成了以政府为主导，以教育系统、体育系统和社会团体等为"多元化"主体的培养格局，但由于长期以来存在的体制壁垒及各培养主体自身的不足，导致教育系统、体育系统和社会团体在横向和纵向上并未形成有效衔接，不利于青少年球员的全面、可持续发展。因此，为了保障青少年球员的发展利益，在借鉴德、法、英、日足球后备人才培养路径成功实践经验基础上，结合当前我国体教融合背景，主张以全人教育的整体论思想和发展性特征为指导，构建横向联动、纵向贯通的"整全人"培养路径，如图3.1所示。

一、构建横向联通的"整全人"培养路径

全人教育以整体论作为自己的主要哲学基础，而整体论的一个核心观念是整体性，其以联系概念为基础，强调事物之间通过广泛的联系结为一个整体，强调系统整体功能大于各组成部分功能之和。因此，在全人教育整体论思想指导下，作为一项复杂的系统工程的足球后备人才培养工作，各培养主体应密切配合，形成一体化育人合力，以实现全面立体育人的整体效应，即在政府主导、学校参与和各级足球协会"引领"下，进一步解放思想、改革创新和广泛团结各方力量，积极加强教育、体育、财政、改革等相关部门的联系，通过厘清各部门间组织关系，加快推进教育系统、

体育系统的横向联通与协作，以建立健全"校园足球、业余俱乐部青训、青训中心、省区体育局青训和职业俱乐部青训"五位一体的"整全人"培养路径（如图3.1）。通过着力联通横向育人的各培养主体，在打破壁垒界限，整合各方优质资源基础上，进一步协同推进教育系统、体育系统和社会团体在价值、功能和目的上的深度融合，以形成更强大的一体化育人的合力和整体效应，达到以文化人、以球育人的目的，保障青少年球员的全面发展。

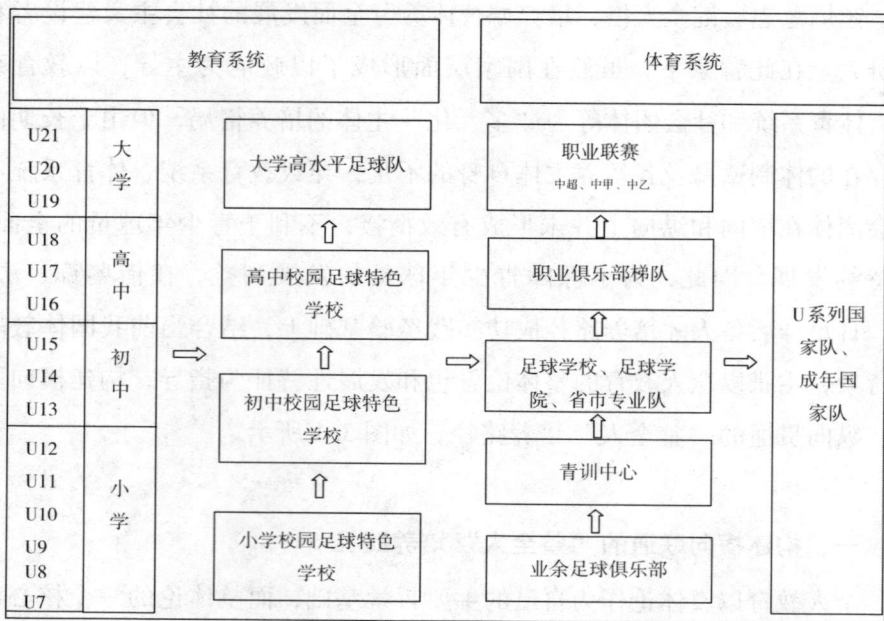

图 3.1　足球后备人才"整全人"培养路径

二、构建纵向贯通的"整全人"培养路径

全人教育的发展性特征强调，在学生纵向发展上，主张抓住知识、技能等学习"关键期"，在其"关键期"以最好的方式传授必要的知识、技能等，以保障学生的可持续发展。这就要求学校在学生培养过程中要有长

远规划，根据学生身心发展规律，制定科学、系统、全面的培养规划，以保障学生全面可持续发展。因此，依据全人教育的发展性特征，为了保障青少年球员全面可持续发展，建议构建纵向贯通的"整全人"双路径模式（如图 3.1），具体如下。

路径一：教育系统进一步落实区域内小学、初中、高中校园足球特色学校 6∶3∶1 的布局比例，并鼓励和支持有条件的普通高校组建高水平足球队，以实现"小学校园足球特色学校—初中校园足球特色学校—高中校园足球特色学校—大学高水平足球队"纵向贯通的足球后备人才培养路径。其人才培养目标是，培养青少年球员的足球兴趣并使其接受专业足球训练，从而促进青少年球员足球技术和健全人格的全面发展。

路径二：体育系统形成"业余足球俱乐部—青训中心—足球学校、足球学院、省市专业队—职业俱乐部梯队、职业俱乐部一线队、U 系列国家队与成年国家队"纵向贯通的足球后备人才培养路径。其人才培养目标是，促进天赋球员综合能力的提升，尽可能将天赋球员培养为职业运动员。

通过着力贯通纵向育人各环节，并在时间维度上依据青少年球员身心发展规律精心做好育人元素在人才培养各个环节中的整体连贯设计，以保障青少年球员在其知识、技能等学习的"关键期"接受及时的最优化教育。

综上所述，针对足球后备人才培养路径的选择，在借鉴世界足球强国足球后备人才培养路径成功实践经验基础上，结合当前我国体教融合背景，以全人教育的整体论思想和发展性特征为指导，通过畅通青少年球员训练、发展与成长通道，构建教育系统和体育系统深度融合、普及与提高相结合的足球后备人才"整全人"培养路径模式，以推进教育系统、体育系统在相关优质资源、价值、功能和目的上的深度融合，形成协同育人的合力和整体效应，才能有效实现青少年球员全面发展的培养目的，才能满足青少年球员继续提高的发展愿望，最终实现青少年球员的全面可持续发展。

第五节 加强教练队伍建设，履行"整全人"培养使命

全人教育的教师观强调，"教育的关键问题是教师，要培养'整全人'，教师首先必须是'全人'，即具备文化修养的全面的人"。可见，青训教练作为青少年球员训练活动的直接组织者、管理者和策划者，加强教练队伍建设，造就一支教学经验丰富、良好师德师风的高素质青训教练队伍是培养高质量球员的重要保证。然而，一方面，虽然当前中国足协构建起 D、C、B、A 和职业级教练员培训体系，并且为了扩大各等级教练员数量以满足我国足球运动快速发展对教练员的需求，近年来中国足协逐年加大对各级教练的培训力度，青训教练的数量也有所增加。但是，由于在教练员培训过程中，特别是针对青训教练的培训过程中，培训目标、内容等缺乏针对性和时效性，以及忽视青训教练的继续教育培训，导致青训教练质量并未得到有效提升。另一方面，部分青训教练未能协调好训练与育人的关系，"重训练，轻教育"思想严重。因此，为了培育一支具有丰富教学经验、良好师德师风的"整全人"素养的青训教练队伍，以履行青少年球员"整全人"培养使命，在借鉴德、法、英、日青训教练培养经验基础上，主张以全人教育教师观为指导，进一步改革教练员培育制度、探索多样化的青训教练教育形式以及提升青训教练德育意识与能力等途径，具体如下。

一、进一步改革教练员培育制度

全人教育以"学生为中心"，视学生为教学活动的主体，主张在学生

成长过程中应抓住其学习知识、技能学习的"机会窗",传授知识、技能等,以保障其长远和可持续发展。德、法、英、日针对青训教练的培育,均能有针对性地设置教练培训教材,严格规定青训教练执教的对象,规定指导不同级别的赛事应具备的教练员等级资格,严格规定各等级教练员定期参加诸如研讨会、进修班以及线上教育等形式的继续培训,这在较大程度上正体现了全人教育以"学生为中心"的理念,对我国足球青训教练员培育具有很好借鉴意义。因此,为保障我国青训教练培养质量,促进青少年球员全面质量培养,拟从以下几个方面进一步改进我国青训教练培育制度。

第一,增强培训的针对性和实效性。针对青训教练的培训课程,在对青少年身心发展特征深刻认识基础上,制定符合青少年球员全面发展的培训目标、培训内容等,使青训教练训练安排满足各年龄段青少年球员实际需求。具体可借鉴日本足球青训教练培育,比如,为了培养"整全人"素养的青训教练,要求针对青训教练培训内容的选择,除了选择足球技战术知识,还包括运动心理学、体育教育学、运动医学、营养学和社会学等知识。

第二,厘定青训教练执教对象以及指导赛事级别。要求执教不同年龄段球员和进行比赛指导时,应具备相应等级的教练员资格。比如,借鉴日本教练员执教对象管理办法,严格规定 E 级教练员主要负责指导 U10 以下球员,D、C 级负责 U12 以下球员,B 级负责 U15 以下球员,A 级负责 U18 以下球员。这有助于各级教练在深刻认知执教对象身心特征基础上进行有针对性的训练安排与竞赛指导,以保障青少年球员在其知识、技能等学习的"机会窗",教练员能够把知识、技能等科学、高效地传授给球员。

第三,建立培训准入和继续培训机制。为青训教练参与培训和继续教育培训提供机会,以促进青训教练明确青少年球员培养标准、熟练掌握足球专业知识、熟悉教育学与心理学等相关知识、掌握青少年身心发展规律和当代足球运动发展趋势，以及时更新足球知识储备，不断提高教学训练水平。

二、创建多样化青训教练教育平台

全人教育强调教师要不断学习，只有不断进步的教师，才有教人的权利。要求教师要有如饥似渴的求知欲和扎实深厚的学问，还要有娴熟的教育技能，全人教育的这种要求在今天看来就是终身教育。因此，为了培育青训教练扎实深厚的学问及娴熟的教育技能，在鼓励青训教练树立终身学习的同时，应为青训教练终身学习构建一个优势互补、资源共享的教育平台，这有助于大幅度提升青训教练队伍素质与质量。具体来说，可尝试以下多样化的教育形式，以促进青训教练队伍素质与质量的快速提升。

第一，搭建发展平台。培养单位应尽可能地为青训教练搭建成长平台，如通过举办足球教育科研讲座、足球专题论坛、观摩研讨、教案展评、展示课等活动，以不断加强青训教练综合素质和专项业务能力，提高青训教练在训练方法和手段、理论知识、指挥比赛、交际沟通等方面的水平和能力。

第二，开拓教练视野。培养单位可通过"走出去，请进来"的方式，开拓青训教练视野。其中，"走出去"指利用一切可能机会，有计划地组织青训教练赴海内外知名足球青训机构听课、观摩、学习和交流；"请进来"指定期或不定期地将足球青训专家请进来，与青训教练进行讲座、交流以及现场教学，提高其知识素养和专业技能。

第三，建立线上研修。为青训教练终身学习构建一个资源共享的网络研修平台，以建立青训教练网上学习共同体。比如，开通青训教练专题微信公众号、优秀青训教练公开视频课平台、青训教练专题培训平台等多种形式，鼓励青训教练参与到网络服务平台的互动之中。通过在线互动学习获得进步，从而全面提升青训教练队伍素质和质量。

第四，做好"传、帮、带"。基于近年来在我国从事足球青训外籍教练人数的增多，其中不乏许多非常优秀的教练，作为培养单位，须充分发挥外籍教练的"传、帮、带"作用。其中，"传"即传授教学、训练的经验和方法；"帮"即帮助熟悉训练大纲、熟悉教案撰写和熟悉训练组织形式等；"带"即以身示范，带出优秀的思想作风和训练风格。

三、提升青训教练德育意识与能力

全人教育强调教师不仅是知识的传授者，更强调教育实际上是从教师的心灵到学生的心灵的教育，是从教师的人格到学生的人格的教育，以帮助学生实现身心全面发展。因此，足球后备人才培养为落实"整全人"培养目的，应高度重视提升青训教练的德育意识与能力，这对培养身心全面发展的青少年球员具有根本性的影响。但是，受传统"重技轻教"育人观念的影响，在我国青训教练中仍普遍存在"重足球知识与技能，轻思想道德教育"的现象，这种情况与中共中央、国务院关于"发展青少年足球，是促进青少年身心全面发展"的愿景相违背。因此，基于青少年球员"整全人"的培养目标，在青训教练培育过程中须着重提升青训教练德育意识与能力。

首先，提升青训教练的德育意识。当前青少年球员培养过程中偏重技能传授，而忽视了教育的对象是人。为了培养身心全面发展的青少年球员，青训教练须走出"重技轻教"的育人观念"樊篱"，在青少年球员培养过程中提升德育意识。比如，青训教练在训练、竞赛过程中，发掘足球运动中蕴含的德育内容的意识，关注自身言行对青少年球员产生道德影响的意识，以及引导青少年球员进行自主道德学习的意识等。

其次，加强培养青训教练德育能力。青训教练须意识到情感的陶冶和意志的磨炼不可能仅靠语言说教，还要靠身教，学会在培养青少年球员的过程中做德行的示范者。正如小原国芳所言："所谓传道，是指伟大的人格对人格的接触而言，此外别无可以替代的方法"①。可见，青训教练个人的世界观、人生观、价值观，对生活、工作、社会的态度，个人的理想、信仰、追求等，对青少年球员的成长产生潜移默化的影响。因此，作为青训教练，在传授青少年球员足球知识、技能的同时，更重要的是努力提高自身的道德品质修养，做德行的示范者。如果青训教练在与球员的交往过程中体现出诚实、善良、公正、担当、关爱和责任，便会潜移默化地成为青少年球员效仿的对象。

通过以上举措，才能有效保障培育具备"整全人"素养的青训教练队伍，从根本上解决我国青训教练质量水平不高的现状，最终实现青少年球员整体质量的提升。

第六节　加强科学选材，确保"整全人"培养质量

2017 年，由国家体育总局和教育部联合下发的《关于加强竞技体育后备人才培养工作的指导意见》指出，应充分认识到科学选材工作的重要性，用科学的理念指导青少年选材。② 这表明，科学理念指导科学选材，而选材工作的实施又是对人才培养理念的深刻体现。比如，德国与英格兰足球后备人才培养在选材过程中秉持多维度评估和长期跟踪的人才识别理念，主要从球员身体、生理、能力、心理和社交等维度进行选材。同时，建立青少年球员电子档案数据库进行长期的跟踪观测，以将青少年球员的短期成绩与未来发展潜力区分开来。通过以上举措来促进青少年全面可持续发展。这是对全人教育评价观主张的建立多维度评价指标以及全人教育

---

① ［日］小原国芳. 小原国芳教育论著选（下）［M］. 刘剑乔，等译. 北京：人民教育出版社，1993：362.

② 关于加强竞技体育后备人才培养工作的指导意见［EB/OL］. http://www.sport.gov.cn/n10503/c838148/content.html.

发展性特征强调的教育要注重学生的长远和可持续发展的要求的具体体现。

长期以来，因受"重训练、轻教育"人才培养理念的影响，我国足球后备人才选材工作中，评价指标过于单一，注重甄别与选拔，偏重技能，多数教练以青少年球员素质、技术能力的高低来作为全面的评价，而忽视对青少年球员全面人格的评估。这样的评价只会束缚青少年球员，不利于他们身心的全面发展。同时，选材中还存在忽视对青少年球员进行长期跟踪评估的现实问题，这不利于青少年球员身心的全面可持续发展。因此，为了促进青少年球员"整全人"发展，针对青少年球员选材工作，在借鉴德、法、英、日足球后备人才选材成功经验的基础上，以全人教育的评价观与发展性特征为指导，从培养"整全人"的目标出发，通过建立多维度选材评估体系、建立长期跟踪的评估系统和建设覆盖全国的选材网络，加强科学选材，以确保青少年球员"整全人"发展。

一、建立多维选材评估体系

全人教育以服务于"人"的发展为核心，以培养"整全人"为根本目的，其评价观建立在学生身心全面发展的基础之上，而不只是关注评价的选拔功能，主张既要考核学生是否具备全面的知识架构，也要注重考核学生是否具备完善的人格和是否全面发展等。因此，就青少年球员选材而言，为促进青少年球员身心全面发展，选材工作者必须抛弃急功近利的思想，可借鉴德国与英格兰足球后备人才培养选材成功经验，即从培养"整全人"角度出发，构建多维选材评估体系，既要从球员的身体、生理、能力维度进行评估，也要从球员心理、社交等维度进行全面考核，以求得青少年球员身心的全面发展。

二、建立长期跟踪评估系统

全人教育强调对学生的评价应是动态的考量，以保障学生的长远和可持续发展。以此为指导，要求青训教练在选材中应更新观念，认识到自己的职责是培养足球人才，而不是以夺取比赛名次为最终目的。通过建立球员长期跟踪评估系统，以发展的眼光对青少年球员的生长发育周期进行纵向长期跟踪，如此才能最终实现青少年球员的长远可持续发展。

球员长期跟踪评估系统，指在依据选材评价标准进行早期选材时，并非教条地严格执行，而须灵活运用、执行动态选材模式。通过将球员身体形态、运动素质、生理机能、足球技战术、运动心理等相关监控数据等全部录入个人电子档案数据库，形成科学的数据分析报告，从而总体掌握全国青少年球员在不同阶段的发育情况、技能状态、参赛技术等统计数据，据此实施科学选材工作，以保障青少年球员的长远可持续发展。相关研究也表明，球员青少年时期的成功并不意味着成年阶段的必然成功。例如，Guellic 主持的一项针对德国足球的研究发现，U11-15 足球学院或国家队的球员，只有 3—14% 进入 U19+ 的足球学院或国家队。[①] Barreiros 等人完成的一项对来自足球等项目的 395 名运动员的研究发现，U14—16 岁的国际水平运动员，只有 1/3 在成年（≥17—20 岁）阶段达到国际水平。[②] 所以，应借鉴德、法、英、日在足球后备人才培养过程中对青少年球员电子档案数据库进行长期跟踪观测的举措，通过建立动态、开放、长期的人才跟踪管理系统，以及时掌握全体球员的动态发展，实现其最大化发展。

---

① GUELLICH A. Selection, de-selection and progression in German football talent promotion. Eur J Sport Sci, 2014（6）：530-537.

② BARREIROS A, COTE J, FONSECA A M. From early to adult sport success: analysing athletes´ progression in national squads. Eur J Sport Sci, 2014（S1）：178-182.

三、构建覆盖全国选材网络

全人教育倡导在学生成长过程中，应抓住学生学习知识、技能等的"机会窗"，将知识、技能传授给学生，以促进学生长远可持续发展。以此为指导，为了保障青少年球员在学习足球知识、技能的"机会窗"能接受到最优质的教学训练资源，以促进青少年球员长远可持续发展，应构建覆盖全国的选材网络。比如，就足球学校选材而言，建议建设三层次的选材网络架构。第一层次为在全国各地建立地区中心校，第二层次为在各地建立校外人才选拔基地，第三层次为正常的大范围选材。这种架构有利于打破地域（省市之间）壁垒，保障青少年获得最大化、最优化发展。同时，在此选材网络模式下，须突出重点区域、注重地域辐射，建立完整的、组织严密的、科学化的球探体系，提高选材质量。

综上，在足球后备人才培养选材中，通过构建完善的选材组织架构、科学全面的选材指标和长期跟踪评估系统，加强科学选材，才能保障青少年球员"整全人"发展。

第七节　完善训练大纲，优化训练实践

一、完善训练大纲：注重培养目标的内在统一与训练内容的有机整合

训练大纲是教练员为实现一定训练目标，在训练活动中使用、供球员选择与处理、负载着知识信息的一切手段和材料，是落实人才培养理念的具体化，是培养青少年球员的育人载体。为实现青少年球员"整全人"培养目标，对训练大纲的科学设计是关键。德、法、英、日青少年足球训练大纲的制定，均通过综合考虑多方因素而制定，如培养目标方面，重视青

少年球员身心全面发展。训练内容方面，既有身体素质、技术、战术等内容，也有心理、社交方面的内容安排。同时，科学规划、有效衔接各年龄段青少年球员训练内容，以保障青少年球员获得可持续发展。这充分体现了全人教育课程观所主张的加强知识、技能等的联系与整合的思想，认为只有建立教学内容安排的整合，以及各年龄段教学内容的有效衔接，才能促进学生知识、能力、情感、道德等的全面发展。

然而，通过前文对当前我国足球后备人才培养训练大纲编写的分析，虽然《大纲》对各年龄段青少年球员训练目标的规定更加细化，并且每个年龄段训练内容都有基本的训练方法示例。但是，其存在的最大问题为，一方面，《大纲》编写"工具性"和"实用性化"严重，忽略了对青少年球员内在情感与人格的全面培养；另一方面，忽视各年龄段球员训练内容的针对性安排，更遑论其有效衔接，这种状况最终阻碍了青少年球员的健康、可持续发展。因此，为了促进青少年球员全面、健康、可持续发展，在科学借鉴德、法、英、日青少年足球训练大纲编制的成功经验基础上，应以全人教育的课程观为指导，改进我国青少年足球训练大纲。建议从以下方面着手。

第一，注重培养目标的内在统一。训练大纲关乎人才培养目标的整体规划，应以青少年球员的全面发展为根本目的，在重视对青少年球员足球知识与技能的传授过程中，还要关注青少年内在情感体验与人格的全面培养，以实现知识与技能、情感态度与人格的有机整合。同时，应依据青少年身心发展特点和足球运动规律，重视对培养目标的长远规划，在相应的年龄段安排与之相适应的培养目标，具体如下。

在球员7—12岁，即小学阶段，主要培养目标是培养兴趣、学习足球基础技术，以及培养球员遵守游戏规则和道德规范的意识；在球员13—15岁，即初中阶段，主要培养目标是提高球员基本技能，以及培养球员习惯、纪律、专注力、团队合作及意志力等行为；在球员16—20岁，即高中、大学阶段，主要培养目标是培养球员比赛能力，同时，注重发挥足球育人功能，使球员体会责任感、尊重感、怜悯心、公平竞赛和道德内省等公民意识。

第二，注重训练内容的整合与衔接。足球后备人才培养目标的实现，须重点落实于训练内容之中，如英格兰为实现青少年球员身心全面发展的人才培养目标，遵循"四角模型"人才培养理念，从技术、身体、心理和社交四个方面安排训练内容。这给予我国青少年足球训练内容安排的启示是，既要重视对身体素质、技术、战术方面的内容安排，也要注重对心理层面和社交层面的内容安排，以体现内容安排的整合性。同时，依据青少年身心发展特征和足球运动规律，科学规划各年龄段青少年球员训练内容，具体如下。

在球员 7—12 岁，即小学阶段，技术训练以传接球、控球、带球、射门等基础技术为主；战术训练以个人战术为主；体能训练以灵活性、平衡能力、协调能力、反应速度为主；心理训练以培养球员想象力、思考力与学习热情、避免焦虑的内容安排为主；社交训练以培养球员公平竞赛、守时和规则意识的内容安排为主。

在球员 13—15 岁，即初中阶段，技术训练以结合速度的技术及在比赛中具体对抗能力的技术为主；战术训练以小组战术及开始学习比赛中复杂的团队配合意识和能力为主；体能训练以有氧耐力、速度和爆发力为主；心理训练以培养球员团队精神、责任感、自信、意志力、尊重等的内容安排为主；社交训练以培养球员价值观、信仰、正确的行为等的内容安排为主。

在球员 16—20 岁，即高中、大学阶段，技术训练以深化结合速度的技术及在比赛中具体对抗能力的技术为主；战术训练以深化加强比赛中复杂的团队配合力为主；体能训练以耐力、速度、力量和爆发力为主；心理训练以培养球员认知、尊重、意志力和求胜欲的内容安排为主；社交训练以培养球员保持稳定的情绪、能够合力处理冲突和懂得欣赏别人的内容安排为主。

通过对各年龄段青少年球员训练内容的科学规划，使青少年球员在最易吸收知识、技能等的"机会窗"时期，将知识、技能等传授给他们，避免将不合时宜的训练内容生搬硬套或对陈旧落后的训练理念墨守成规。虽然各年龄段球员训练内容侧重点有所不同，但各年龄段的训练内容必须实现纵向有机衔接、自然过渡，以保障青少年球员处于长远的训练规划指导下获得长远发展。

二、优化训练实践：立足青少年球员"整全人"发展

全人教育以培养"整全人"为根本目的，而从训练实践对青少年球员所发挥的作用来看，其兼具思想性与工具性的双重作用，成为实现青少年球员"整全人"培养的重要手段。因此，为了实现青少年球员全面发展，在训练实践中必须在重视青少年球员足球专项技能提升的同时，更要促进个体综合素质的提升，以及体验、适应社会规则与道德规范，使青少年球员身心和谐统一。但如何在训练实践中落实全人教育思想，当前我国青训教练普遍缺少有效的途径，面临操作性问题。因此，对我国青少年足球训练实践的改革，在借鉴德、法、英、日足球后备人才培养训练实践成功经验基础上，以全人教育为指导，本书建议通过以下途径实现青少年球员"整全人"培养目的：实现训练与青少年球员心理、生理特点结合；确立"以球员为中心"的训练观念；构建实战化训练模式；建立多元化训练评价体系。具体内容如下。

（一）实现训练与青少年球员心理、生理特点结合

由于青少年正处于身心渐进式发展阶段，但有时又伴随着显著性突变，因此，在青少年足球训练中，必须掌握青少年身心发展特征，只有这样才能合理制定训练目标，促进青少年身心健康发展。

①实现训练与青少年心理特点的结合

第一，小学阶段（7—12 岁）。该阶段球员在思维、感知觉、注意和记忆等方面获得快速发展。其中，在思维特征方面，逐渐由具体形象思维向抽象逻辑思维转变，思维开始具有可逆性和守恒性，但其思维还离不开具体事物的支持；在感知觉特征方面，通过学习活动，听觉、视觉已经逐步接近成年人水平，空间知觉和时间知觉也得到较好发展；在注意特征方面，注意的稳定性与转移能力增强，注意的范围扩大与分配能力提高；在记忆特征方面，理解记忆、有意记忆和抽象记忆得到发展。基于这种情况，训练实践中青训教练一方面要根据青少年球员的思维和感知觉特征，注意理论讲解与动作示范的平衡；另一方面，教练员要根据青少年的注意特征，安排多样化的练习内容；最后，青训教练必须树立自身的良好形象，成为青少年球员的学习榜样。

第二，初中阶段（13—15 岁）。作为从儿童向成人的过渡阶段，在认知发展特征方面，观察、思维和记忆发展迅速。其中，观察的目的性、自觉性提高，观察的持久性、概括性增强；思维能力和水平更接近成人状态，可根据假设来进行逻辑推演；在记忆方面，意义记忆成为主要手段；在情绪发展特征方面，由于正处于心理转折期，情绪主要表现为稳定性与非稳定性共存的两极性特征，导致该阶段青少年经常表现出反抗情绪；在社会性发展特征方面，自我意识和社会性交往得到发展。基于这些特征，在训练实践中，教练员一方面要注重对青少年观察力、思考力和认知力的培养，另一方面要与青少年真诚沟通，学会理解并尊重他们；最后，青少年面对成功或失败时，青训教练要助其学会正确归因，以帮助他们学会正确对待成败得失，提高社会适应能力。

第三，高中阶段（16—18 岁）。该阶段青少年处于成长关键期，认知方面的特征之一即为个性化较强。因此，青训教练训练中需要寻求一种能使球员个性得到充分展示的指导方式；此外，该阶段青少年自信、注意力和专注度增强，已准备好接受各种挑战，因此，青训教练须平等对待球员，引导球员清晰认识自我，明确自己的目标定向和职业规划，培养健全的人格，树立正确的价值观，寻求整体发展的路径。

②实现训练与青少年生理特点的结合

青少年在生长发育过程中，身体素质发展具有明显的阶段性特征，身体形态和身体机能呈现波浪形发展趋势。在特定的年龄阶段，某种运动素质会处于发展的敏感期，获得高速发展（如图3.2）。

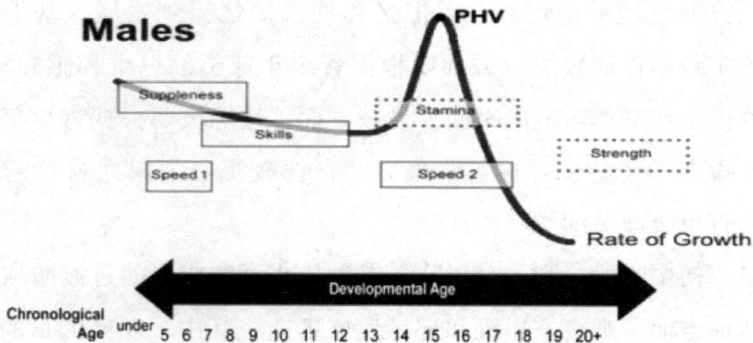

图3.2　青少年生长曲线和不同运动素质发展敏感期
（引自网站 American Development Model，W Window of Trainability）

对于青少年而言，身体形态、身体机能和身体素质发展敏感期有不同的年龄特征。以男性为例，如图3.2所示，男性生长速度高峰期出现在13.5岁左右，身高、体重和体脂百分比增长速率最快；柔韧素质敏感期出现在5—9岁；速度素质的首个敏感期出现在5—8岁，第二个敏感期出现在12—14岁；技术学习和熟练掌握技术的敏感期出现在9—12岁；耐力素质发展的首个敏感期出现在12—14岁，第二个敏感期出现在17—22岁；力量素质的敏感期出现在身高突增期后6—12月；爆发力发展敏感期出现在16—22岁。

基于此，青训教练应设计适合青少年生理特点的训练方案，使青少年各项身体素质在其敏感期获得最大化发展。比如，小学低年级阶段组织足球游戏，重点发展青少年柔韧性和速度；初中阶段重点发展速度素质和有氧耐力；高中阶段重点发展无氧耐力和爆发力。同时，提高专项身体素质，使球员获得全面发展。

（二）确立"以球员为本"的训练观念

当前，我国青训教练训练实践主要强调足球训练的功能性，即"以教练员为中心"，侧重教练员单纯的教授，而忽视青少年球员主动的学习体验。究其原因，可能主要与我国传统教育教学观念影响有关。我国传统教学主张"以教师为中心"，强调教师的教，忽视学生的学。从长远来看，这种教学观具有片面性，即侧重知识与技能的传授，忽视学生健全人格的培养，这对学生的全面发展十分不利。因此，为促进青少年球员自由全面发展，青训教练在借鉴日本训练课中"以球员为本"训练原则基础上，以全人教育思想为指导，转变传统的训练观念，深刻意识到教练员的训练不应该只是单纯的教授，而更要着眼于青少年球员的学习；知识、技能不应该由教练员塞给球员，而应该由球员自己掌握；球员学习质量的提高不应该仅仅依靠让球员掌握知识、技能，而应该让球员产生好学的精神。具体而言，确立"以球员为本"的训练观念，须做好以下三个转向。

第一，从"注重教练的教"转向"以球员为中心"。青训教练应深刻认识到每个青少年球员都是独立的、有价值的个体，天生具有创造性和能动性，具有个性化需求和能力，教育的根本使命就是促进球员主动发展。只有认识到这一点，才有利于青训教练在训练实践中转变传统的训练观念，树立"以球员为中心"的训练观念，自觉站在青少年球员立场思考其现实需求，通过积极引导、帮助和促进，让青少年球员拥有更多的自主权，进行主动的创造性学习。第二，从"注重知识、技能的传授"转向"教会球员如何学习"。青训教练通过精心设计教学内容、安排学习过程、选择学习方式，以创建情境、协作、会话和意义构建等学习环境，来引导青少年球员主动地进行有意义的探索学习。第三，从关注球员的"工具理性"转向关注球员的"价值理性"。青训教练通过创设关爱青少年球员的育人环境，使球员在轻松、愉悦的训练氛围中感受和体验，从而使球员在掌握知识、技能的同时，促进内在情感体验和完整人格的形成。

（三）构建实战化训练模式

足球训练实践作为一个良好的社会化平台，对青少年球员的成长具有举足轻重的作用。在足球活动中不仅是足球技能的学习，还能培养青少年球员学会沟通与合作、团队精神、竞争意识、意志品质，以及能有效促进青少年社会交往能力的提升。[①] 而为了促进青少年球员在训练实践中身心全面发展，构建实战化训练模式是关键。比如，德国采取热身、基础比赛、练习、补充的小型比赛形式、放松的实战化训练模式，法国采取热身运动、迷你比赛Ⅰ、训练、迷你比赛Ⅱ、结束放松的实战化训练模式。实战化训练模式的突出特点是在训练实践中以"球员为中心"，通过创设符合真实比赛的训练情境，将身体素质、技术、战术、心理和社交素质等整合在一起进行训练，促进球员身体、情感、思维、想象等多种认知方式的共同参与，实现球员素质和能力的全面发展。

足球训练实践的上述特征，与全人教育的整合学习观如出一辙。全人教育整合学习观认为，一方面，学生学习依赖一定的教学情境。生成性、动态性和建构性的教学情境，有助于学生的各种经验深化及融通，实现学生知识、能力、情感、道德等的全面发展；另一方面，学生学习的核心是联系。在学习过程中应建立联系思想，如个体与群体之间的联系、课程内容与日常生活的联系等，以促进学生对自我、他人与社会等的充分认识与理解；最后，学习过程中应充分调动学生的身体、情感、思维、想象等多种认知方式的有机融合，以培养具有整合思维的公民。

然而，审视当前我国青少年足球训练模式，受传统训练观念的影响，

---

① 刘雨. 校园足球的教育价值及其实现途径 [J]. 首都体育学院学报，2019（5）：417-421+437.

青训教练在训练实践中普遍采用"填鸭式"训练模式，视青少年球员为被动接收的"容器"，一切行动听从教练指挥，球员只需按照预设的重复套路进行技战术练习，以形成与巩固条件反射，这种机械的训练模式对青少年球员完整人格的发展没有太多益处，反而阻碍了青少年球员人际交往能力、情感能力、认知能力等的发展。因此，为实现"整全人"的培养目的，在足球后备人才培养训练实践中，在参照德、法、英、日青少年足球训练实践成功经验基础上，主张以全人教育整合的学习观为指导，要求青训教练在训练实践中须转变以"教练员为中心"的训练观念及"填鸭式"的训练模式，构建热身对抗、情境训练、练习、比赛、放松的实战化训练模式，即训练实践中以"球员为中心"，构建接近实战的训练情境。此举能使青少年球员在实战训练情境中通过建立与他人的联系及多种认知方式的有机融合，不仅有利于青少年球员在不同的训练情境中运用足球技术，而且有利于激发其学习内驱力，让其全身心投入训练中，通过全人教育提倡的自主、合作和探究的学习方式，获得积极的情感体验和意义构建，最终实现技能、人际交往能力、情感能力、认知能力等的全面发展。

（四）建立多元化训练评价体系

评价实质上是对评价对象做出的价值判断，评价与价值密切相关。[1]因此，针对当前我国青训教练对球员训练评价中存在评价类型、评价指标、评价方法与评价主体单一等现象，青训教练首先须确定正确的评价价值取向，即认识足球后备人才培养目标是什么的问题，此举对评价类型、评价主体、评价指标、评价方法等的选择发挥重要的导向作用。

全人教育的评价观基于"整全人"的培养目的，认为教学评价首先应着眼于如何培养一个完整的人而设定，而不是片面地对学生知识、技能进行评价，并以长远的视角看待学生的成长发展；同时，认为教学评价应重

---

① 李秉德. 教学论 [M]. 北京：人民教育出版社，2001：307.

视评价的过程，评价的结果是为学生的发展提供反馈。因此，为了促进青少年球员身心全面发展，针对青少年球员进行的训练评价在设计评价主体、评价方法、评价类型、评价指标等时，应坚持全人教育"整全人"培养的价值取向，建立教练员评价与球员自评相结合、总结性评价与过程性评价相结合、定性评价与定量评价相结合、评价指标多维化的训练评价体系。

第一，评价主体上，实现教练员评价与球员自评相结合。球员的自我评价并不是球员对训练结果进行简单的评价，而是让球员本人确定发展目标来承担评价责任，通过对自己训练结果的评价，以验证与预期目标是否一致。这种自我评价模式中，球员同时扮演评价的发起者、参与者、执行者与反馈者等多重角色，使球员对自己的训练负责。这不但有利于激发球员的训练动机，在促进球员足球知识与技能提升的同时，更有助于球员个性、创造性思维和社会适应能力等的培养。同时，教练员对球员的自我评价进行及时反馈，不但可以保证球员自我评价的客观性，还可以提升球员自我评价的效果。

第二，评价方法上，实现总结性评价与过程性评价、定性评价与定量评价相结合。首论总结性评价与过程性评价相结合。这种结合模式强调应突破原有的总结性评价，注重过程性评价，因为对球员训练的动机态度、过程和效果进行三位一体的过程性评价，可为球员训练过程提供及时的反馈与激励，使训练在经常性的测评、反馈和改进中不断趋于完善，从而激发球员的训练兴趣，促使球员在训练过程中注重足球知识与技能掌握、能力培养、素质提升、人格塑造的有机结合，从而突显"整全人"发展的培养目标。次论定性评价与定量评价相结合。这种结合模式有利于促进青少年球员身心全面发展，这是因为，虽然定性评价在一定程度上可对青少年球员心理品质，如训练动机态度、团结协作意识、拼搏精神等做出较好评价，但对球员足球知识、技能水平进行评价时，又往往带有主观随意性，不能客观、准确地体现球员足球知识、技能掌握情况。因此，在评定球员足球知识、技能水平时，应采取定量评价的方式，按照一定的客观标准对球员足球知识、技能掌握情况进行全面的、科学的测定，并以量化的形式体现出来，以在一定程度上克服定性评价带来的主观随意性。

第三，评价指标上，实现评价指标的多维化。作为教练首先应认识对青少年球员的培养，不仅只是传授知识、技能，更重要的任务是育人，是青少年球员具有健全的人格，身心得到全面的发展。因此，在评价指标的选取上，既要注重对青少年球员足球知识、技能掌握程度的评价，更要关注对球员能力形成和态度养成等的评价。如此多措并举，从不同角度共同促进青少年球员"整全人"培养目标的实现。

第八节　完善训练大纲，优化训练实践

一、优化竞赛组织：构建"体教融合"、系统完善的竞赛体系

随着工业化、城镇化、人口老龄化进程加快，中国居民生产生活方式和疾病谱不断发生变化，2017 年 10 月 18 日，习近平同志在十九大报告中提出实施健康中国战略。在此背景下，习近平同志在全国教育大会上对体育提出了"四位一体"的目标，那就是要通过体育课、体育锻炼、体育竞赛，让孩子们享受乐趣、增强体质、健全人格、锤炼意志。可见，竞赛作为实现育人功能的重要载体，构建科学完善的青少年竞赛组织体系，有利于促进青少年球员"整全人"发展。德、法、英、日青少年足球竞赛组织视青少年球员为竞赛活动的主体，为创造青少年期望的竞赛环境，满足青少年球员发展需求，将青少年球员视为独立的"个体"。依据青少年球员身心发展特点，按年龄段分组竞赛，建立起系统而完善的青少年竞赛体

系，以促进青少年球员个人能力与潜力的全面挖掘，这充分体现了全人教育的主体性、发展性特征。

但是，审视当前我国足球后备人才培养竞赛组织，中国足协从2018年开始，重点打造了全国青少年足球锦标赛、全国青少年足球超级联赛、青少年中国足球协会杯赛和全国青少年冠军杯赛等四类青少年足球赛事，此举虽然改变了以往竞赛场次少、竞赛种类单一、竞赛组织只设单年龄段和赛练分离严重等问题。然而，在实际运作过程中又呈现出新的问题，如高质量比赛少、忽视低年龄段球队联赛组织等，这种状况不利于青少年球员身心健康发展和个人能力与潜力全面挖掘。因此，要改变此种不足，可在借鉴德、法、英、日青少年足球竞赛组织成功经验基础上，以全人教育的主体性、发展性特征为指导，通过以下举措，来优化我国足球后备人才培养竞赛体系。

（一）实现体育系统与教育系统竞赛体系的深度融合

全人教育视学生为教学活动的主体，尊重学生的现实需求，而不用成人的思维替代青少年的想法，也不用成人的标准审视或主宰青少年的世界。因此，构建体育系统与教育系统竞赛体系的深度融合，应视青少年球员为竞赛活动的主体，根据青少年成长、成才规律，遵循各年龄段竞赛愿景，创造一个满足青少年期望的比赛环境，以满足青少年球员的现实需求，并随着球员年龄的增长而引入竞争机制。正如教育部体育卫生与艺术教育司司长王登峰所言，"教育部门学校赛事与体育部门 U 系列赛事的组织，按照'先分后合'的模式进行，即教育系统的班级、学校比赛与体育系统的俱乐部比赛可独立进行，其后，俱乐部的前几名队伍可与教育系统的前几名队伍进行比赛"[①]。这种体育部门青少年竞赛体系与教育部门学校竞赛体系的有机结合，使青少年球员在走向成人的足球比赛中，能够为青

---

① 王登峰. 新时代体教融合的目标与学校体育的改革方向 [J]. 上海体育学院学报，2020（10）：1-4.

少年球员建立适合其年龄特征的发展环境，有利于球员身心的健康发展。

（二）建立系统完善的青少年竞赛体系

全人教育强调教育的主要目的是实现人发展的可能性，为了实现人的长远发展，强调在人才培养过程中应依据各年龄段学生的身心发展特征对学生培养制定长期规划。因此，在建立青少年竞赛体系时，应重视包括U12年龄段以下球员的竞赛组织。这不但有利于青少年球员在学习足球技能的黄金年龄段能熟练掌握各项足球技能，而且有利于球员竞技能力的持续提升，以促进个人能力与潜力的全面挖掘。而在考虑U12年龄段以下球员竞赛组织中，应基于以下原则。

第一，教育为先。因U12年龄段以下球员正是接受文化教育的关键期，为避免球员长途奔波而耽误文化课学习，竞赛组织的最高级别应为省级联赛。

第二，兴趣为主。竞赛组织中对球队成绩均不做具体要求，以培养球员足球兴趣为主要目的，有助于促进球员身心健康发展。

第三，分组竞赛。由于各年龄段球员身心发展特征及竞技能力水平存在显著差异，因此竞赛组织应依据球员年龄分组竞赛，具体可借鉴法国针对U12年龄段以下球队的竞赛组织。比如，U6、U7年龄组，采用3VS3或4VS4，无替补球员和成绩排名，场地规格为30×20m；U8、U9年龄组，采用5VS5，无替补球员和成绩排名，场地规格为40×30m；U10、U11年龄组，采用8VS8，最多4名替补，所有球员都应有50%的上场时间，比赛当天确定排名，场地规格为半场；U11、U12年龄组，采用8VS8，最多4名替补，所有球员相同出场时间，有越位，采用传统主客场制，没有升降级制度，场地规格为半场。

综上，只有构建体育系统与教育系统竞赛体系的深度融合，以及建立系统而完善的青少年竞赛体系，才能满足青少年球员的竞赛需求，才能保障青少年球员竞技能力的不断提升，最终实现青少年球员身心健康发展和个人能力与潜力的全面挖掘。

二、改进竞赛问题：立足于青少年"整全人"发展需要解决竞赛问题

开展竞赛活动是培养足球后备人才成为"整全人"的主要手段之一。通过参与竞赛，在促进青少年球员足球技能提升的同时，可以培养青少年球员的规则意识、团队合作精神、自尊自信、顽强拼搏、公平竞争、相互尊重等品德，全面促进青少年球员的健康成长。然而，当前我国青少年球队竞赛中存在的来自心智能层面、道德层面的问题，表明足球竞赛的教育功能没有得到真正发挥。

全人教育主张在教育过程中应以培养"整全人"为目标，以促进个体在知识、能力、情感、道德等方面的全面发展，从而达到个体精神世界与物质世界的和谐统一。因此，在全人教育指导下，为改善青少年球员竞赛中心智能层面与道德层面的问题，作为青训教练须从以下两方面做起。

首先，青训教练须提高青少年"整全人"的培养意识，认识到足球竞赛具有其他学科无法替代的重要教育价值，既有育体功能，更有育心价值。具体可借鉴日本针对青少年球员所持的"育球先育人"教育理念，如从低年级开始，教练就开始有意识地引导球员正确对待比赛胜负；要求所有球员在比赛前后，服装鞋帽要摆放整齐，垃圾要清理干净；尊重观看比赛的球迷与家人。这样通过长期教育，培养球员公平、公正、团结合作的道德风尚，培养球员尊重自己与他人、公平竞争的道德品质，培养球员良好的个性品质，培养球员规则意识，提升球员的内在情感体验。

其次，青训教练须关注和引导青少年球员比赛过程中的各种心智能、道德表现，正如小原国芳说的"教练在擅长运动的同时，还应该是优秀的道德家"①。一方面，面对青少年球员心智能层面的问题，如针对球员自信

---

① ［日］小原国芳. 小原国芳教育论著选（下）［M］. 刘剑乔，等译. 北京：人民教育出版社，1993：304.

心的缺乏，要求青训教练在面对球队输球时不能盲目责怪球员，而要学会关怀球员，客观评价球员比赛的失败，帮助球员分析失败原因、找出对策，使球员重新确立目标、树立自信；而针对球员拼搏精神与团队精神的缺乏，作为青训教练要学会与球员进行朋友式的谈心，让球员知道要时刻把拼搏精神与团队精神放在心中。另一方面，面对道德层面的问题，青训教练要学会抓住比赛中的典型事例对球员进行道德教育。例如，针对球员在比赛中的摩擦和争吵等不懂得尊重他人的现象，要求青训教练在赛后及时分析原因并给予球员适当的教育，以培养球员忍让、尊重和善待他人的优良品质。同时，青训教练要发挥榜样作用，礼貌地对待裁判与对手来引导青少年球员尊重规则、尊重裁判和对手，以进行堂堂正正的纯洁比赛；而针对球员责任感的缺失，作为青训教练，面对比赛中球员摔倒的情况，要有意识地培养球员互相帮助、团结协作、关心他人的良好品质。通过以上手段，使竞赛真实成为一种育人活动。这样，青少年球员在足球技能提高的同时，也获得了人格的健全发展。

参考文献

一、论著文献

［1］［日］小原国芳．小原国芳教育论著选（下）［M］．北京：人民教育出版社，1993．

［2］张丽娜．"全人教育"的理论与实践［M］．长春：吉林人民出版社，2018．

［3］Ron Miller. What are Schools for?［M］. Holistic Education，1990.

［4］Miller，John P. The Holistic Curriculum［M］. OISE Press，2019.

［5］Miller，John P. Holistic Learning：A Teacher´s Guide to Integrated Studies［M］. OISE Press，1990.

［6］［加］约翰·米勒．如何成为全人教师［M］．李昱平，等译．心理出版社股份有限公司，2013．

［7］谢安邦，张东海．全人教育的理论与实践［M］．武汉：华东师范大学出版社，2011．

［8］Ron Miller. What Are Schools for? Holistic Education in American Culture［M］. Holistic Education Press，1997.

［9］John P. Miller. The Holistic Curriculum［M］. Ontario Institute for

Studies in Education Press，1988.

［10］ Yoshiharu Nakagawa. Education for Awakening－－An Eastern Approach to Holistic Education. Foundation for Educational Renewal ［M］. Brandon，2000.

［11］叶忠海. 人才学基本原理［M］. 蓝天出版社，2004.

［12］中国社会科学院语言研究所词典编辑室. 现代汉语词典［M］. 北京：商务印书馆，2016.

［13］夏征农. 辞海［M］. 上海：上海辞书出版社，1999.

［14］刘明浚. 大学教育环境论要［M］. 航空工业出版社，1993.

［15］［美］杜威. 外国教育名著丛书：民主主义与教育［M］. 北京：人民教育出版社，1990.

［16］编写组. 中国师德风范总卷［M］. 上海：华中师范大学出版社，2005.

［17］中国足球协会. 中国青少年足球训练大纲［M］. 北京：人民体育出版社，2013.

［18］田麦久. 运动训练学［M］. 北京：人民体育出版社，2000.

［19］［德］斯特凡·阿斯穆斯等. 青少年足球训练［M］. 詹霞，译. 北京：人民体育出版社，2001.

［20］［日］岛田信幸. 少年足球练习菜单200［M］. 北京：人民体育出版社，2019.

［21］ Edward T. Clark. Designing and Implement Ignited Curriculum：A Student－Centered Approach［M］. Holistic Education Press，1997.

［22］国际足联. 国际足联草根足球培训手册［M］. 北京：人民体育出版社，2010.

［23］［印］克里希那穆提. 教育就是解放心灵［M］. 北京：九州出版

社，2010.

[24] 李秉德. 教学论 [M]. 北京：人民教育出版社，2001.

二、论文文献

[1] 柳鸣毅，丁煌，闫亚茹等. "体育强、中国强"的学理阐述——习近平总书记体育思想初探 [J]. 武汉体育学院学报，2018 (1).

[2] 张旺，杜亚丽. 两种人才培养模式的反思与启示 [J]. 东北师大学报（哲学社会科学版），2016 (5).

[3] 孙健，陈效科. 从教育视角审视中国青少年足球人才培养的问题及出路 [J]. 北京体育大学学报，2018 (11).

[4] 赵玉生. 十余年来我国全人教育研究述要 [J]. 太原师范学院学报（社会科学版），2012 (4).

[5] 谭敏. 台湾地区大学全人教育的理念及实践——以台湾中原大学为例 [D]. 厦门大学硕士论文，2006.

[6] 贡建明. 基于"全人教育"理念的大学英语阅读教学新探 [J]. 太原城市职业技术学院学报，2016 (4).

[7] 杨亚辉. 全人教育：培养全面发展的人的一种视角 [J]. 中国高等教育，2010 (12).

[8] 邓惠. 全人教育在小学语文教学中的探索与实践 [D]. 贵州师范大学硕士论文，2016.

[9] 谢水南. 全人教育 [J]. 研习咨讯，1992 (2).

[10] 柳东梅. 全人教育理念在会计本科教育中的实践 [J]. 财会通讯，2012 (10).

[11] 张东海. 全人教育思潮与高等教育实践研究 [D]. 华东师范大学博士论文，2007.

［12］赵祥麟．外国教育家评传［J］．甘肃教育，2015（15）．

［13］徐金山，陈效科，金嘉燕．对日本青少年足球发展进程的研究［J］．中国体育科技，2002（5）．

［14］钟启泉．"整体教育"思潮的基本观点［J］．全球教育展望，2001（9）．

［15］郑国桂．全人教育视域下贵州高职院校学生素质和能力培养研究［D］．贵州师范大学硕士论文，2016．

［16］刘宝存．全人教育思潮的兴起与教育目标的转变［J］．比较教育研究，2004（9）．

［17］吴立保，谢安邦．全人教育理念下的大学教学改革［J］．现代大学教育，2008（1）．

［18］修彦，杜桂娥．全人教育理念下的思想政治课教学探析［J］．吉林省教育学院学报，2010（1）．

［19］肖菁敏．全人教育在小学语文教学中的探索与实践［J］．名师在线，2018（14）．

［20］蒋文昭．建构基于全人教育观念的教师角色：高校教学改革的一个视角［J］．中国大学教学，2010（8）．

［21］罗利琴．全人教育理念视域下高职学生教育管理工作创新［J］．教育与职业，2019（4）．

［22］纪超香．全人教育理念下运动员文化教育体系重构［J］．南京体育学院学报（社会科学版），2016（6）．

［23］文辅相．文化素质教育应确立全人教育理念［J］．高等教育研究，2002（1）．

［24］刘桂芬．全人教育理念在高校辅导员队伍建设中的应用［J］．教育与职业，2014（26）．

［25］蔡奇航，靳能泉．基于全人教育视角的会计继续教育研究［J］．财会通讯，2013（22）．

［26］张建敏．全人教育理念下的高校教师教学能力培养探讨［J］．教育与职业，2009（35）．

［27］文旭，滕超．英语专业"全人"培养模式探索与实践［J］．中国高等教育，2018（6）．

［28］张加亮．全人教育理念下"三维一体"育人模式的创新实践［J］．黑龙江高教研究，2011（12）．

［29］郭元凯．全人教育理念下新生代农民工职业教育的发展路径［J］．中国职业技术教育，2016（25）．

［30］刘亚．基于"全人教育"理念下高校公共体育创新培养模式的探索［J］．首都体育学院学报，2016（4）．

［31］余丽红．全人教育理念下的学校变革个案研究——以辽宁省丹东市凤城六中为例［J］．中国教育学刊，2010（12）．

［32］金玉，潘绍伟，彭杰等．我国竞技体育后备人才培养现状与对策［J］．体育与科学，2006（5）．

［33］刘仁盛，庞立春．我国竞技体育后备人才培养研究［J］．中国体育科技，2017（4）．

［34］王雷．我国竞技体育后备人才培养现状及发展对策［J］．武汉体育学院学报，2007（2）．

［35］吴有凯，曾秀端．我国竞技体育后备人才培养现状及发展对策［J］．体育科学研究，2010（2）．

［36］赵杨．忧虑与出路—我国竞技体育后备人才培养现状及对策［D］．首都体育学院硕士论文，2017．

［37］张波，汪作朋，葛春林等．我国竞技体育后备人才培养的审视

与发展路径［J］.体育文化导刊，2018（7）.

［38］卢文云.迈向体育强国我国竞技体育发展面临的问题与对策［J］.沈阳体育学院学报，2020（2）.

［39］马志和，徐宏伟，赵鸽尔.中外竞技体育后备人才培养体制的比较研究［J］.体育科研，2003（3）.

［40］张贵敏，曹继红.论我国竞技体育后备人才培养体制的转型［J］.沈阳体育学院学报，2005（5）.

［41］张凤珍.我国竞技体育后备人才培养体制的现状分析及对策［J］.体育与科学，2008（2）.

［42］潘前，陈伟霖，吴友凯.对新时期我国竞技体育后备人才培养体制改革的思考［J］.首都体育学院学报，2007（2）.

［43］马志和，徐宏伟，赵鸽尔.中外竞技体育后备人才培养体制的比较研究［J］.体育科研，2003（3）.

［44］徐伟宏，柯茜.构建新型"小学－中学－大学"一条龙竞技体育后备人才培养模式［J］.武汉体育学院学报，2012（11）.

［45］李松华.竞技体育后备人才培养研究［J］.教育教学论坛，2019（26）.

［46］李丹丹，杨宇飞.基于"体教共生"视角下竞技体育后备人才多元培养与路径优化研究［J］.南京体育学院学报，2020（6）.

［47］阳艺武，刘同员."体教结合"与"教体结合"的内涵解读［J］.体育学刊，2009（5）.

［48］吴建喜，池建.论我国竞技体育发展方式转变中体教结合向体教融合的嬗变［J］.北京体育大学学报，2014（4）.

［49］刘扶民，汪晖.基层竞技体育后备人才培养新模式探索——以浙江衢州为例［J］.体育文化导刊，2018（12）.

[50] 王松，张凤彪，崔佳琦. 我国竞技体育后备人才培养研究述评 [J]. 上海体育学院学报，2020（7）.

[51] 胡小明. 从"体教结合"到"分享运动"——探索竞技运动后备人才培养的新路径 [J]. 体育科学，2011（6）.

[52] 贺新奇. 我国足球后备人才培养体制研究 [D]. 北京体育大学博士论文，2008.

[53] 阳艺武. 体育强国背景下我国竞技体育后备人才培养的理论问题思考 [J]. 第 3 届中国体育博士高层论坛论文集，2010.

[54] 莫晓春. 关于"青少年"年龄界定问题的思考 [J]. 广西青年干部学院学报，2009（2）.

[55] 宋遂周. 中国民族院校人才培养模式研究 [D]. 中央民族大学博士论文，2010.

[56] 董泽芳. 高校人才培养模式的概念界定与要素解析 [J]. 大学教育科学，2012（3）.

[57] 林俐. 中国青少年足球培养模式研究 [D]. 北京体育大学硕士论文，2012.

[58] 俞信. 对素质和人才培养模式的基本认识 [J]. 高等工程教育研究，1997（4）.

[59] 李志义. 谈高水平大学如何构建本科培养模式 [J]. 中国高等教育，2007（3）.

[60] 李培凤，王生钰. 跨学科人才培养模式案例分析 [J]. 国家教育行政学院学报，2004（1）.

[61] 龚怡祖. 略论大学培养模式 [J]. 高等教育研究，1998（1）.

[62] 阴天榜，张建华，杨炳学. 论培养模式 [J]. 中国高教研究，1998（4）.

[63] 杨杏芳. 论中国高等教育人才培养模式的多样化 [J]. 高等教育研究，1998（6）.

[64] 梁栋. 可持续发展理论原则与转型期我国足球后备人才培养的研究——中国足球学校与 BTV 三高足球俱乐部的剖析 [D]. 北京体育大学博士论文，2002.

[65] 曹卫华. 中国女足后备人才培养研究 [D]. 北京体育大学硕士论文，2008.

[66] 贺春亮. 北京市青少年足球运动员培养路径研究 [D]. 北京体育大学硕士论文，2008.

[67] 周刚，贺凯. 我国"体教结合"足球后备人才培养体系研究分析 [J]. 湖北体育科技，2011（2）.

[68] 陈宝生. 在第四次全国青少年校园足球工作领导小组会议上的讲话 [Z]. 北京：2018-12-10.

[69] 毛振明，刘天彪，李海燕. 校园足球实施一年来的成绩、经验与问题——论"新校园足球"的顶层设计之四 [J]. 武汉体育学院学报，2016（3）.

[70] 袁田. 新周期下我国校园足球发展若干问题的理性思考 [J]. 武汉体育学院学报，2017（10）.

[71] 娄方平，向禹. 校园足球实践发展审视：现象、成因与治理 [J]. 武汉体育学院学报，2016（3）.

[72] 段炼，张守伟. 中国校园足球后备人才培养的现实困境与破解之道 [J]. 体育文化导刊，2019（11）.

[73] 张廷安. 中国校园足球未来发展中应当确立的科学发展观 [J]. 北京体育大学学报，2015（1）.

[74] 何强. 校园足球热的冷思考 [J]. 体育学刊，2015（2）.

[75] 李卫东，刘艳明，李溯等．校园足球发展的问题审视及优化路径 [J]．上海体育学院学报，2019（5）．

[76] 毛振明，刘天彪．再论"新校园足球"的顶层设计——从德国青少年足球运动员的培养看中国的校园足球 [J]．武汉体育学院学报，2015（6）．

[77] 石鑫．内蒙古自治区足球后备人才培养体系的研究 [D]．北京体育大学硕士论文，2018．

[78] 罗冲，龚波．新形势下中国校园足球青训体系的内涵、困境与出路 [J]．武汉体育学院学报，2019（4）．

[79] 刘海元，冯爱民．对全国青少年校园足球特色学校建设若干问题的思考 [J]．体育学刊，2019（2）．

[80] 龚波，陶然成，董众鸣．当前中国校园足球若干重大问题探讨 [J]．上海体育学院学报，2017（1）．

[81] 董众鸣，柳志刚．上海市校园足球活动开展现状、存在的问题及建议 [J]．上海体育学院学报，2015（4）．

[82] 颜中杰．我国职业足球俱乐部后备人才培养现状与发展对策研究 [D]．上海体育学院博士论文，2009．

[83] 彭玲群，颜中杰．我国中超职业足球俱乐部梯队运动员现状研究 [J]．山东体育学院报，2012（6）．

[84] 李瀚宇．中超职业足球俱乐部后备足球人才培养模式研究 [D]．山东体育学院硕士论文，2013．

[85] 周远清．关于深化教育体制改革，培养适应21世纪需要高质量人才的意见 [R]．1998．

[86] 韩勇，王蒲．中国足球学校现状与对策研究 [J]．首都体育学院学报，2001（2）．

［87］刘江南．中国青少年足球训练理论与实践探索：恒大足球学校的实证研究［J］．首都体育学院学报，2017（5）．

［88］王长权，郎健，叶志竞．中国青少年足球俱乐部发展现状的研究［J］．沈阳体育学院学报，2008（5）．

［89］侯志涛．中、日、德三国青少年男子足球培养模式的比较分析［D］．北京体育大学硕士论文，2011．

［90］国景涛．中德青少年足球人才培养模式的比较研究［D］．山东师范大学硕士论文，2011．

［91］范海龙．中日德足球后备人才培养模式比较研究［D］．上海师范大学硕士论文，2013．

［92］罗建钢．国外足球后备人才培养体系及其启示［J］．体育学刊，2013（4）．

［93］邱林，王家宏，戴福祥．中法青少年足球培养体系比较研究［J］．上海体育学院学报，2017（6）．

［94］李春阳．法国青少年足球训练实践与理念及其启示［J］．体育学刊，2017（6）．

［95］李志荣，杨世东．英、德、法、日四国校园足球后备人才培养特点分析［J］．体育文化导刊，2018（1）．

［96］陈栋，周红妹，李博等．英格兰足球后备人才培养体系解读及启示［J］．体育文化导刊，2017（8）．

［97］英国学校优秀足球苗子选拔培养制度及教学指南调研［J］．基础教育参考，2015．

［98］李博，陈栋，陈国华．英格兰足总《精英球员表现计划》解读与启示［J］．沈阳体育学院学报，2017（1）．

［99］徐金山，陈效科，金嘉燕．对日本青少年足球发展进程的研究

［J］．中国体育科技，2002（5）．

［100］王朋涛．对日本足球后备力量培养状况的研究［J］．辽宁体育科技，2003（2）．

［101］陆小聪，乔超，郑莉敏．日本职业足球运动的历史与现状［J］．体育科研，2009（5）．

［102］任春刚．世界主要足球强国后备人才培养模式及启示［J］．沈阳体育学院学报，2011（6）．

［103］毛振明，何宜川，查萍．"足球操"辨析与校园足球大课间的发展构想［J］．沈阳体育学院学报，2018（6）．

［104］孙一，梁永桥，毕海波．中、日、韩三国青少年足球培养体系比较研究［J］．中国体育科技，2008（4）．

［105］江金哲，郑华玲．中韩足球后备人才培养渠道的对比研究［J］．宜春学院学报，2010（4）．

［106］颜中杰，马成全，矫洪申．中外职业足球俱乐部后备人才培养比较研究［J］．武汉体育学院学报，2009（8）．

［107］孙一，梁永桥，毕海波．中日足球青少年培养比较［J］．北京体育大学学报，2008（9）．

［108］郝纲．中国校园足球活动开展的现状问题及对策研究［J］．当代体育科技，2018（26）．

［109］胡琦，谢朝忠．中德青少年足球人才培养体系比较研究［J］．体育文化导刊，2019（10）．

［110］任春刚．世界主要足球强国后备人才培养模式及启示［J］．沈阳体育学院学报，2011（6）．

［111］陈志辉，梁斌，田建强．英格兰青少年足球训练理论与实践分析——基于四角模型和STEPS原则［J］．海南师范大学学报（自然科学

版），2017（1）.

[112] 陈安．日本足球青训模式对中国足球青训模式的启示——基于对中日青训模式的差异性分析 [D]．成都体育学院硕士论文，2019.

[113] 聂啸虎．德国足球改革的重要举措 [J]．体育文化导刊，2003（1）.

[114] 杨世东，段博文，杨祖辉．法国足球管理研究 [J]．体育文化导刊，2011（3）.

[115] 李岩．德国足球协会天才球员发展计划效果评估 [J]．体育与科学，2012（3）.

[116] 胡琦，谢朝忠．中德青少年足球人才培养体系比较研究 [J]．体育文化导刊，2019（10）.

[117] 陈志辉，梁斌，田建强．英格兰青少年足球训练理论与实践分析——基于四角模型和 STEPS 原则 [J]．海南师范大学学报（自然科学版），2017（1）.

[118] 李守江，蔡向阳．英格兰青少年足球培养体系研究 [J]．体育科学研究，2018（1）.

[119] 谭刚．日本青少年足球发展策略对中国足球发展的启示 [J]．南京体育学院学报（社会科学版），2012（1）.

[120] 孙一，饶刚，李春雷等．日本校园足球：发展与启示 [J]．上海体育学院学报，2017（1）.

[121] 朱柏学．关于校园文化建设的思考 [J]．牡丹江师范学院学报，（哲社版）2009（2）.

[122] 杨桦．中国体育治理体系和治理能力现代化的概念体系 [J]．北京体育大学学报，2015（8）.

[123] 王凯．新时代体育治理体系与治理能力现代化建设的政府责

任——基于元治理理论和体育改革实践的分析 [J]. 体育科学, 2019 (1).

[124] 柳鸣毅, 王梅, 徐杰等. 中国青少年体育重点工程建设与创新发展对策 [J]. 体育科学, 2018 (11).

[125] GUELLICH A. Selection, de-selection and progression in German football talent promotion [J]. Eur J Sport Sci, 2014 (6).

[126] BARREIROS A, COTE J, FONSECA A M. From early to adult sport success: analysing athletes′ progression in national squads [J]. Eur J Sport Sci, 2014 (S1).

[127] 刘雨. 校园足球的教育价值及其实现途径 [J]. 首都体育学院学报, 2019 (5).

[128] 王登峰. 新时代体教融合的目标与学校体育的改革方向 [J]. 上海体育学院学报, 2020 (10).

附 录

附录 1 访谈对象信息汇总

受访者	访谈时间	主要访谈地点	转录	对象类型
LDF	2018 年 5 月 16 日上午	LDF 任教学校足球场	5759	青少年足球领域相关专家
GEX	2018 年 5 月 16 日下午	GEX 办公室	8648	
BL	2018 年 6 月 7 日上午	BL 办公室	10537	
HYJ	2018 年 7 月 7 日上午	中国足球运动学院	7329	
DAG	2018 年 7 月 18 日上午	DAG 办公室	8593	
CXK	2018 年 10 月 23 日上午	电话访谈	11364	
CC	2018 年 10 月 24 日上午	电话访谈	8576	
LN	2018 年 10 月 19 日上午	电话访谈	10329	
LXL	2018 年 5 月 16 日上午	LXL 校长办公室	6396	校长
HZJ	2018 年 7 月 13 日下午	HZJ 校长办公室	8674	
WHJ	2018 年 7 月 15 日上午	WHJ 任教学校足球场	7437	
LYC	2018 年 7 月 15 日下午	LYC 校长办公室	9035	
SHL	2018 年 7 月 12 日上午	SHL 办公室	8573	青少年足球领域管理者

受访者	访谈时间	主要访谈地点	转录	对象类型
HCS	2018 年 7 月 13 日上午	电话访谈	7452	
LJB	2018 年 7 月 19 日上午	LJB 办公室	9537	
WXX	2018 年 7 月 10 日上午	WXX 教师办公室	5537	教育系统足球教师
TC	2018 年 7 月 10 日下午	TC 任教学校足球场	5492	
XHB	2018 年 7 月 11 日上午	XHB 任教学校足球场	8593	
LGH	2018 年 7 月 11 日下午	LGH 教师办公室	9764	
WC	2018 年 7 月 14 日上午	WC 教师办公室	6894	
NC	2018 年 7 月 14 日下午	NC 教师办公室	8536	
CLL	2018 年 10 月 15 日上午	电话访谈	10537	
CK	2018 年 10 月 19 日上午	电话访谈	13866	
XM	2018 年 10 月 27 日上午	电话访谈	5028	
XP	2018 年 5 月 22 日上午	XP 办公室	10477	体育系统足球教练员
MB	2018 年 5 月 23 日上午	MB 办公室	8493	
LXB	2018 年 5 月 25 日上午	LXB 办公室	7489	
FEND	2018 年 5 月 29 日上午	FEND 任教学校足球场	17845	
YYW	2018 年 5 月 30 日上午	YYW 办公室	8643	
WGH	2018 年 5 月 31 日上午	WGH 办公室	9645	
YB	2018 年 6 月 13 日上午	YB 办公室	7943	
CTAZ	2018 年 6 月 17 日上午	CTAZ 任教学校足球场	14064	
ZS	2018 年 7 月 8 日上午	电话访谈	9567	
ZT	2018 年 7 月 14 日上午	ZT 办公室	5543	
DYG	2018 年 7 月 29 日上午	电话访谈	7905	
SWG	2018 年 11 月 7 日上午	电话访谈	6043	

附录 **2**　《访谈提纲》

《中国足球后备人才培养模式研究——基于全人教育视角》
专家学者访谈提纲

1. 您认为当前中国足球后备人才培养理念是什么？存在哪些问题？应当如何解决？

2. 您认为当前中国足球后备人才培养过程中是否存在人才输送渠道不畅的问题？如果存在，应当如何解决？

3. 足球后备人才培养应在统一训练大纲指导下进行，您对此是如何看待的？当前中国编写的训练大纲存在哪些问题？应当如何解决？

4. 当前青训教练在训练实践指导中存在哪些问题？应当如何解决？

5. 当前青少年足球竞赛组织中存在哪些问题？球员在竞赛中又存在哪些问题？

6. 您认为中国足球后备人才培养选材中存在哪些问题？应当如何解决？

7. 您认为当前中国教练员培训过程中存在哪些问题？应当如何解决？

8. 您认为当前中国足球后备人才培养体制存在哪些问题？应当如何解决？

9. 您认为当今足球后备人才培养过程中还存在哪些需要解决的问题？应当通过哪些途径解决？

《中国足球后备人才培养模式研究——基于全人教育视角》
教育、体育系统管理人员访谈提纲

1. 您认为家长送孩子参与足球训练的目的是什么？

2. 您认为青少年足球人才输送渠道是否畅通？哪些方面须进一步改进？

3. 足球教练在教学、训练中是否有统一的训练大纲作参考？

4. 您认为当前中国青少年足球联赛开展得如何？哪些地方需要进一步完善？

5. 当前怎样对青少年球员进行选拔？您认为存在哪些问题？应如何完善？

6. 您认为当前青少年足球师资队伍建设如何？如果存在不足，应如何完善

7. 您认为当前在足球后备人才培养过程中，教育系统与体育系统的地位、职责是怎样的？应怎样进一步完善？

《中国足球后备人才培养模式研究——基于全人教育视角》
青少年足球教练、足球教师访谈提纲

1. 您从事足球后备人才培养的目标是什么？

2. 家长送孩子参与足球训练的目的是什么？

3. 球员不重视文化课学习，您认为原因是什么？应当如何解决？

4. 足球教练忽视足球教育功能、缺乏对球员的人文关怀，对此现象你是如何看待的？

5. 您认为当前球员出路是否有保障？如果存在不足？应当如何解决？

6. 当前足球教练在指导青少年训练中，是否有统一的训练大纲？

7. 当前足球教练指导青少年训练实践，您认为存在哪些不足？应当如何改进？

8. 您认为当前青少年足球竞赛组织是否合理？如果不合理您的建议是什么？

9. 您认为青少年球员比赛中存在哪些问题？原因是什么？应当如何解决？

10. 您如何对球员进行选拔？您认为今后对青少年球员的选拔需要完善的方面是什么？

11. 您参与教练员培训的机会多吗？您认为针对青少年足球教练的培训存在哪些不足？应当如何改进？

附录3　《调查问卷》

《中国足球后备人才培养模式研究——基于全人教育视角》
青少年足球教练调查问卷

第一部分：基本信息

1. 性别：男□　　　女□　2. 年龄_____　　　3. 执教年限_____

4. 运动经历

①业余体校□　　②足球学校□　　　③职业俱乐部梯队□

④职业队□　　⑤其他□

5. 学历

①专科□　　　②本科□　　　　③研究生□　　　　④博士□

6. 教练员证书级别

①D 级□　　②C 级□　　③ B 级□　　④A 级□　　⑤职业级□

第二部分：中国足球后备人才培养模式发展现状调查

请您根据真实想法和实际情况，在您认可的分数栏上划"√"，"1"表示非常不同意，"2"表示不同意，"3"表示一般，"4"表示同意，"5"表示非常同意。

具体内容	非常 不同意	不同意	一般	同意	非常 同意
1. 青训教练重视足球教育功能	1	2	3	4	5
2. 教练训练中以球员为中心，培养球员创新思维	1	2	3	4	5
3. 教练训练中善于倾听球员想法，常与球员进行有效的沟通	1	2	3	4	5
4. 教练训练中采用积极或鼓励性的语言或动作激励球员	1	2	3	4	5
5. 教练在训练、比赛中球员出现错误后训斥、惩罚球员	1	2	3	4	5
6. 教育系统内足球后备人才培养输送渠道畅通（注：校园足球教练填答）	1	2	3	4	5
7. 体育系统内足球后备人才培养输送渠道畅通（注：除校园足球之外的教练填答）	1	2	3	4	5
8. 教育系统与体育系统之间足球后备人才培养输送渠道畅通	1	2	3	4	5
9. 青训教练人数满足青少年足球活动开展的需求	1	2	3	4	5
10. 青训教练质量水平高	1	2	3	4	5
11. 足球后备人才培养已形成完善的选材组织架构	1	2	3	4	5
12. 足球后备人才培养选材途径多样	1	2	3	4	5
13. 足球后备人才培养已建立起科学全面的选材评估标准	1	2	3	4	5

具体内容	非常不同意	不同意	一般	同意	非常同意
14. 足球后备人才培养已建立人才档案信息库	1	2	3	4	5
15. 足球教练采用统一的训练大纲实施训练	1	2	3	4	5
16. 足球教练清楚各年龄段的培养目标	1	2	3	4	5
17. 足球教练清楚各年龄段的训练内容	1	2	3	4	5
18. 足球教练清楚各年龄段采取的训练方法、手段	1	2	3	4	5
19. 足球教练清楚如何进行训练评价	1	2	3	4	5
20. 青少年球员在比赛中基本功差、实战技术能力不强	1	2	3	4	5
21. 青少年球员在比赛中战术适应能力不强	1	2	3	4	5
22. 各年龄段青少年球队比赛阵型不统一	1	2	3	4	5
23. 青少年球员在比赛中心智能欠缺	1	2	3	4	5
24. 青少年球员在比赛中思想品德有待加强	1	2	3	4	5
25. 青少年球员在比赛中团队意识不强	1	2	3	4	5
26. 青少年球员在比赛中比赛风格不鲜明	1	2	3	4	5
27. 青少年球员在比赛中身体素质能力不强	1	2	3	4	5